鲁迅正传

非凡与平凡

汪兆骞 著

图书在版编目（CIP）数据

鲁迅正传：非凡与平凡 / 汪兆骞著. -- 北京 : 现代出版社, 2025. 7. -- ISBN 978-7-5231-1388-2

Ⅰ．K825.6

中国国家版本馆CIP数据核字第20250B3M25号

鲁迅正传：非凡与平凡
LUXUN ZHENGZHUAN : FEIFAN YU PINGFAN

著　　者	汪兆骞
责任编辑	姚冬霞
责任印制	贾子珍
出版发行	现代出版社
地　　址	北京市安定门外安华里504号
邮　　编	100011
电　　话	(010) 64267325
传　　真	(010) 64245264
网　　址	www.1980xd.com
印　　刷	三河市中晟雅豪印务有限公司
开　　本	710mm×1000mm　1/16
印　　张	25
字　　数	350千字
版　　次	2025年7月第1版　2025年7月第1次印刷
书　　号	ISBN 978-7-5231-1388-2
定　　价	89.00元

版权所有，翻版必究；未经许可，不得转载

鲁迅人生足迹图

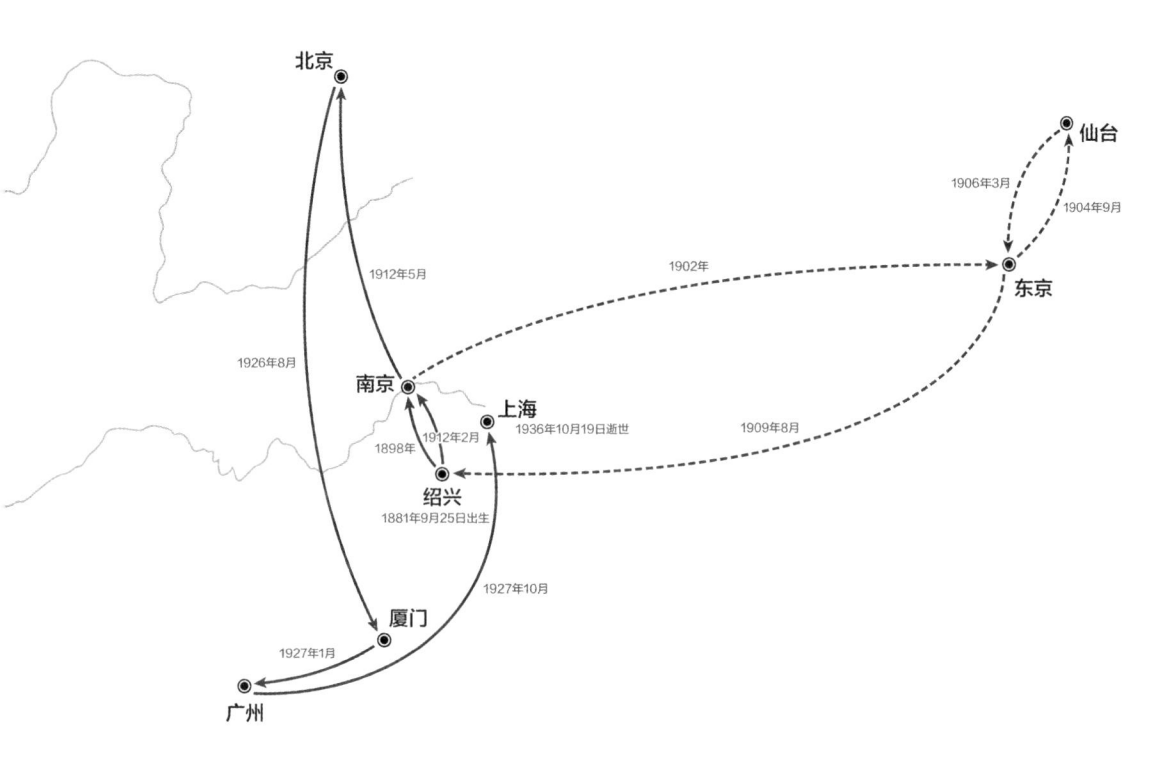

代　序

一、鲁迅研究中的问题

据阎愈新口述、阎喜记录整理的《茅盾：反对"神化鲁迅"》一文（载《文汇报》），1979年，时任《鲁迅研究年刊》主编、西北大学教授阎愈新到北京采访茅盾，茅盾谈及鲁迅研究中的问题：

> 鲁迅研究中有不少形而上学，把鲁迅神化了，把真正的鲁迅歪曲了。鲁迅最反对别人神化他。鲁迅也想不到他死了以后，人家把他歪曲成这个样子。
> ……………
> 鲁迅研究中也有"两个凡是"的问题。比如说有人认为凡是鲁迅骂过的人就一定糟糕，凡是鲁迅赏识的就好到底。我看并非如此。这类事情要实事求是。

二、我们为什么需要鲁迅

钱理群在《我们今天为什么需要鲁迅》一文（载《社会科学论坛》）中谈道：

> 是的，鲁迅和我们一样：他不是神，是人，和我们一样的普通人。

但，鲁迅又和我们，和大多数中国人不一样：他是一个特别，因而稀有的人。因此，我们才需要他。

....

当然，任何时候，真正关注，以至接受鲁迅的，始终是少数：一个大家都接受的鲁迅，就不是鲁迅了。我曾在《与鲁迅相遇》里说过："人在春风得意，自我感觉良好的时候，大概是很难接近鲁迅的，人倒霉了，陷入了生命的困境，充满了困惑，甚至感到绝望，这时就接近鲁迅了。"换一个角度说，当你对既成观念、思维、语言表达方式深信不疑，或者成了习惯，即使读鲁迅作品，也会觉得别扭，本能地要批判他、拒绝他。但当你对自己听惯了的话，习惯了的常规、常态、定论产生不满，有了怀疑，有了打破既定秩序，冲出几乎命定的环境，突破自己的内心欲求，那么，你对鲁迅那些特别的思想、表达就会感到亲切，就能够从他那里得到启发。这就是鲁迅对我们的意义：他是另一种存在、另一种声音、另一种思维，因而也就是另一种可能性。

而鲁迅同时又质疑他自己，也就是说，他的怀疑精神最终是指向自身的，这是他思想的彻底之处、特别之处，是其他知识分子很难达到的一个境界。因此，他不要求我们处处认同他，他的思想也处在流动、开放的过程中，这样，他自己就成为一个最好的辩驳对象。也就是说，鲁迅著作是要一边读一边辩驳的：既和自己原有的固定的思维、观念辩驳，也和鲁迅辩驳，辩驳的过程就是思考逐渐深入的过程。在鲁迅面前，你必须思考，而且是独立地思考。正是鲁迅能够促使我们独立思考，激发我们的想象力和创造力：他不接受任何收编，他也从不试图收编我们；相反，他期待并帮助我们成长为一个有自由思想的、独立创造的人——这就是鲁迅对我们的主要意义。

目 录

第一章 从百草园到三味书屋 / 001

● 鲁迅热爱自己的故乡，青少年时代，他便这样赞美绍兴："于越故称无敌于天下，海岳精液，善生俊异，后先络驿，展其殊才；其民复存大禹卓苦勤劳之风，同勾践坚确慷慨之志，力作治生，绰然足以自理。"

● 为了双喜临门，鲁瑞即于（1899年）二月十五日派人往朱家请庚行聘。"请庚"是绍兴旧俗，由男方家去女方家询问女方的生辰八字，如八字相合，就可以考虑订婚。周作人当天就写信告知了大哥周树人："晴……上午素兰换盆，又遣人往丁家弄朱宅请庚……夜作至大哥信三纸，拟明日由邮发。"

第二章 从日本仙台到东京 / 023

● 1904年4月，周树人自弘文学院毕业，按规定应该升入东京帝国大学工科所属的采矿冶金科，但他已经决意要学医了，因为他知道新的医学对日本维新有很大的助力。"我的梦很美满，预备卒业回来，救治象我父亲似的被误的病人的疾苦，战争时候便去当军医，一面又促进了国人对于维新的信仰。"

● 1906年7月的一天，周树人从日本回到绍兴。周树人踏进家门，见到家里张灯结彩，喜气洋洋，母亲鲁瑞也没有病重，而是为他准备好了婚礼。

第三章　从绍兴到北京 / 053

● 南京临时政府准备迁往北京。1912年4月中旬，周树人回到绍兴安顿家事，5月初与许寿裳等人一起赴北京，被任命为教育部社会教育司第二科科员。

● 1919年，周树人决定举家移居北京时，朱安的去留不成问题：她作为周家一员，地位稳固。离开绍兴时，朱安与寡母、兄弟、弟媳以及侄子合影留念。离开绍兴那天，其胞妹特意前往码头送行。

第四章　八道湾十一号 / 091

● 八道湾十一号于1919年11月4日收房屋讫，不算中介费，付款共计三千五百元。之后，鲁迅开始报告、验契、下定、凑钱、领凭单、修缮、过户、购置家具。鲁迅几经寻觅才选定八道湾十一号，就是因为它房间多，屋外空地大得能开运动会，孩子们能有游玩的去处——周作人和周建人当时都生有子女。

● 冬天很冷，鲁瑞让朱安给鲁迅做了一条新棉裤，朱安将新棉裤放在鲁迅的床上，鲁迅没有穿。鲁瑞让孙伏园劝劝鲁迅，也没有奏效。朱安的心如同冬天一般寒冷。

第五章　西三条二十一号 / 123

● 鲁迅借的钱，一直到离京执教于厦门大学还在还。"直至一九二六年离北京向厦门之际，始从厦门大学的薪水中陆续筹还那买屋的借款。"西三条二十一号是一所小小的三开间四合院，院子不大，房子很破旧，相当于买地造屋，鲁迅自己进行设计改造，劳心劳力。

● 俞芳和朱安聊天，说："大先生和许广平姐姐结婚，我倒想不到。"朱安说："我是早想到了的。"俞芳好奇地问："为什么？"朱安说："你看他们两人一起出去……"看似心已平静如无波的朱安，早已知道一切。

第六章　南赴厦门、广州 / 157

- 许广平回忆："为了新的胜利，他痛心疾首地离去了当时由革命策源地一变而为反革命策源地的广州。面对着这座由共产党员和革命青年的鲜血染遍，由反革命刽子手的血手染污的城市，鲁迅余怒未息地对我说：'一同走吧！还有什么可留恋的！'就这样，我们终于在一九二七年九月二十七日离开广州，共同向未来的战斗阵地——上海去了。"
- 1926 年 8 月，鲁迅离京南行之后，西三条二十一号周宅清静而寂寞。在鲁迅学生宋紫佩、俞氏三姐妹的陪伴和照料下，朱安和鲁瑞还算平安。

第七章　上海景云里 / 195

- 鲁迅和许广平看了景云里第二弄最末的一家二十三号，还算满意，就定了下来，雇人收拾了一下后于 1927 年 10 月 8 日搬入。周建人住在第一弄十号，鲁迅的前门与周建人的后门斜对。一年后，鲁迅移到十八号，周建人也搬过来。五个多月后，隔壁十七号空了出来，十七号两面可见太阳，鲁迅又租了下来搬过去，但还是从十八号门出入。
- 周氏兄弟二人在上海景云里金屋藏娇的消息不胫而走，传回了北京。朱安心里早已明白一切，脸上虽有黯然之色，却无怨怒之气。原来她的心还有一点盼头，现在这点盼头也跌进了深渊。

第八章　上海北四川路 / 237

- 由于受到国民党反动派的通缉，再加上邻居律师之子投引火纸于鲁迅家的厨房险成火灾，他们于 1930 年 5 月 12 日迁居于北四川路公寓（拉摩斯公寓）。"在北四川公寓，鲁迅住在二楼右边一个小门里。这套房间有一个客厅、一个卧室、一个吃饭间、一个客室，后边还有几间小房间。"
- 鲁迅每月通过北新书局寄回一百元版税，全由朱安当家。鲁瑞婆媳生活宽裕，至 1932 年 11 月有储蓄八百余元。鲁迅还额外每月给朱安十元作为零用钱，后来朱安身体差，要加强营养，零用钱就增加到十五元。

第九章　上海大陆新村 / 315

● 1933年4月11日，鲁迅全家迁至施高塔路大陆新村九号，与瞿秋白家只隔一条马路。后来瞿秋白离开上海，把他使用的西式拉盖书桌、箱子和木框椭圆形镜子，寄存于大陆新村九号。

● 鲁迅逝世后，朱安悲痛欲绝，在家里设置了灵堂，灵堂日夜点着香和烛，把上面挂着的那幅鲁迅最喜欢的陶元庆画的肖像炭画都熏黄了。

第一章 从百草园到三味书屋

花迎喜气皆知笑,鸟识欢心亦解歌。
——唐·王维《既蒙宥罪旋复拜官伏感圣恩窃书鄙意兼奉简新除使君等诸公》

1881年，周树人出生于绍兴官宦世家。

周树人童年时期，其祖父周福清（1838—1904），身为翰林，因科举贿考，被判斩监候，秋后处决。周树人父亲周凤仪（1861—1896）受牵连，被夺去秀才功名。

1898年，十七岁的周树人参加科考落榜，后考取江南水师学堂，赴南京读书，下半年考入江南陆师学堂附设矿务铁路学堂，后以一等第三名毕业。

周树人于1881年9月25日（清光绪七年八月初三）出生在浙江省绍兴府会稽县东昌坊新台门周家。绍兴地灵人杰，民风刚悍，历史悠久。公元前490年，绍兴建城，是为越国古都。南宋高宗赵构取"绍奕世之宏休，兴百年之丕绪"之意，称名绍兴。绍兴出了大禹、勾践、西施、王充、王羲之、贺知章、陆游、蔡元培、秋瑾等历史名人。绍兴古迹有大禹陵、兰亭、沈园等。

　　鲁迅热爱自己的故乡，青少年时代，他便这样赞美绍兴："于越故称无敌于天下，海岳精液，善生俊异，后先络驿，展其殊才；其民复存大禹卓苦勤劳之风，同勾践坚确慷慨之志，力作治生，绰然足以自理。"更可贵的是，鲁迅也没有无视绍兴的缺陷："世俗递降，精气播迁，则浙专实利而轻思理，乐安谧而远武术，鸷夷乘之，爰忽颠陨，全发之士，系踵蹈渊，而黄神啸吟，民不再振。"（《集外集拾遗补编·〈越铎〉出世辞》）

　　1927年7月28日，鲁迅致信同乡及北大同事章廷谦说："夫浙江之不能容纳人才，由来久矣，现今在外面混混的人，那一个不是曾被本省赶出？"8月8日，鲁迅又致信章廷谦说："江浙是不能容人才的，三国时孙氏即如此，我们只要将吴魏人才一比，即可知曹操也杀人，但那是因为和他开玩笑。孙氏却不这样的也杀，全由嫉妒。"所以，鲁迅定居上海之初，原有回乡一游之想，但离乡已久，故乡亦不易归矣。

　　周家原系官宦之家，在古城绍兴曾显赫一时。周树人的祖父周福清在《恒训》中写道："予族明万历时，家已小康，累世耕读，至乾隆年，分老七房、小七房，合有田万余亩，当铺十余所，称大族焉。"

周家始迁祖逸斋（佚名）自明正德年间从外地迁到会稽竹园桥。其六世祖周煌（1689—1746），字公允，号韫山，于乾隆元年（1736）考中恩科举人，获得"拣选知县"的资格。从此周家进入官宦阶层。周树人出世时，已是十四世矣。

周树人祖父周福清，原名周致福，字震生，号介孚，又号梅仙。周福清苦读诗书，于同治十年（1871）辛未科考中进士，授翰林院庶吉士。曾任江西省金溪县知县，后又任内阁中书。

周树人生父周凤仪，后改名周用吉，字伯宜。周凤仪身体羸弱，三十五岁便逝世。周树人生母鲁瑞（1858—1943），系绍兴举人鲁希曾的三女儿。

周树人三弟周建人曾回忆新台门周家：

> 我们新台门有大门（内有门房间）和仪门（挂额），这是第一进；大厅是喜庆、祝福用的，是第二进；大堂（也称神堂）是挂新台门共同的祖像、祭祖和停放死人用的，平时只当作通路走，是第三进。另外，在大厅西南还有大书房，供子弟读书用。这些都是公共的。住房是按房族分配的。我们兴房住的是第三进四楼四底，其中一间小堂前（对大堂和小堂的称呼，习惯上加一"前"字）是悬挂兴房祖像的，小堂前东一是祖母和二哥住，楼上姑母回娘家时住；东二前半间曾祖母楼上是长妈妈带大哥或我住。小堂前和曾祖母楼上堆放杂物。小堂前西二是立房的。住屋前面有廊厦，廊厦外面是桂花明堂，廊厦东头偏南有一扇黄漆的门，黄门一闩上，我们就是一个小天地。另外，大厅旁的七间厅房，也是我们的。（周建人《鲁迅故家的败落》）

原本的名门望族，无限风光的周家，因周福清科举贿考案，被朝廷缉拿，判处死刑，而名声扫地。

贿考案并不复杂。被周福清贿赂者，是该次乡试科考主考官——周福清的同科进士殷如璋。周福清想利用这层关系，为三次乡试未中的长子周用吉打通中举门路。殷如璋守正清廉，将情况上报。浙江巡抚崧骏派人彻查。周福清急忙逃到上海。官府缉拿了周用吉顶罪，周福清无奈回绍兴自首。

浙江巡抚崧骏给皇帝光绪的奏折，将此事说得清清楚楚，兹抄录如下：

七月二十日，周福清携仆陶阿顺，由绍郡起程进京探亲。二十三日路过上海，探问浙江正考官殷如璋与伊有年谊，周福清一时胡涂，起意为子求通关节，并欲为亲友中马、顾、陈、孙、章五姓有子弟应试者嘱托，希图中式，各主考允诺，再向各亲友告知，择其文理清通诸生列名。周福清素知各亲友家道殷实，不患无人承应，事后必有酬谢之资。即由上海雇船开驶，二十五日晚至苏州停泊，周福清独自拟写关节一纸，内开五人马（官卷）、顾、陈、孙、章，又小儿第八，均用"宸衷茂育"字样，并写洋银一万元空票一纸，加具名片，装入信封。二十七日，正考官船抵苏州阊门码头，周福清嘱令陶阿顺先去投帖拜会，如不见，再投信函。陶阿顺将名帖信函一并呈送正考官船上，当经正考官扣留，押交苏州府收审，转解到浙，饬府讯供，将官卷马家坛暨周用吉一并扣考，并经奏请将周福清革职，委员查拿。周福清先避住上海患病，随后回籍，闻拿畏罪，自行赴县投首，并饬查提马家坛、周用吉到案。由县先后解省，发委讯办。钦奉谕旨，遵经饬据讯认前情不讳，诘无预谋买求中式之人，矢口不移，案无遁节。

此奏折写于光绪十九年十一月初十（1893年12月17日）。光绪十九年十二月二十五日（1894年1月31日），光绪帝发布上谕，要对周福清处以极刑：

> 科场舞弊例禁綦严，该革员辄敢遣递信函，求通关节，虽与交通贿买已成者有间，未便遽予减等。周福清著改为斩监候，秋后处决，以严法纪，而儆效尤。钦此。

同时，周树人父亲早年考取的秀才，也被革除。周建人回忆说：

> 我父亲在开春以后，回到家来，先在小堂前坐下。他本来不大有笑容的脸，显得更加阴郁。我母亲把四弟抱给他看，我赶上去叫"爹爹"，跪下磕了一个头，他也只是呆呆地点了点头，没有说什么。
>
> 他到自己的房间，就不大出房门了。有一次，我到他房里去，向他请安，听见他向我母亲说："'用吉'这名字多不好，把'周'拆散了！奇怪！怎么会起这样一个名字？"
>
> 这我到不久的后来才知道，他的秀才因我祖父出事而被革了。
> （周建人《鲁迅故家的败落》）

周福清被抓入狱，被判"斩监候"，但并未被抄没家产。周家名声扫地，成为绍兴街谈巷议的话题，但家道尚未中落。周家马上败落之说，是无稽之谈。

周家经济真正败落，是在周福清入杭州府监狱八年，将家产挥霍殆尽之后。周福清入狱后，托关系，走门路，在狱中锦衣玉食，还让小妾潘氏和小儿伯升就近在花牌楼租房服侍自己。后来，伯升被南京水师学堂录取。潘氏是女子，不方便露面，1897年初，时年十三岁的二孙子周作人来到杭州花牌楼，服侍祖父，"我每隔三四天去看他一回，陪他坐到下午方才回来"。周作人"初到杭州，第一觉得苦恼的是给臭虫咬的事"，"更觉得苦恼的，乃是饥饿……没有别的办法，我就来偷冷饭吃，独自到灶头，从挂着的饭篮内拣大块的饭直往嘴里送"。（周作人《知堂回想录》）

1901年，周福清因友人疏通被开释回家，1904年于周家大院逝世，终年六十七岁。

回忆这段家史时，周树人已成为鲁迅，他在《呐喊·自序》中简约地写道："有谁从小康人家而坠入困顿的么，我以为在这途路中，大概可以看见世人的真面目。"

1935年8月24日，鲁迅致信萧军，说："我的祖父是做官的，到父亲才穷下来，所以我其实是'破落户子弟'，不过我很感谢我父亲的穷下来（他不会赚钱），使我因此明白了许多事情。"

* * *

祖父周福清被收监羁押，是在1894年，当时周树人十三岁，长着一头浓密的黑发，双目炯炯有神。少年时代，周树人的眼睛是晶亮的。很小，便有"一向带领着我的女工，说得阔气一点，就是我的保姆"阿长妈妈，帮他搜集绘图版的《山海经》，给他讲太平天国"长毛"军的故事。

她告假回家以后的四五天，她穿着新的蓝布衫回来了，一见面,就将一包书递给我,高兴地说道:"哥儿,有画儿的'三哼经',我给你买来了!"

我似乎遇着了一个霹雳,全体都震悚起来;赶紧去接过来,打开纸包,是四本小小的书,略略一翻,人面的兽,九头的蛇,……果然都在内。(《朝花夕拾·阿长与〈山海经〉》)

这激起了鲁迅的阅读兴趣。此后,鲁迅自己也搜集绘图的书,便有了石印的《尔雅音图》《毛诗品物图考》《点石斋丛画》《诗画舫》以及石印的《山海经》。

周树人和其他孩子每年要到东关看五猖会。五猖会即迎神赛会,这是以仪仗、鼓乐、杂戏迎神出庙,周游街巷,酬神祈福的民间活动。因东关离城远,大家要很早起来。工人将船椅、饭菜、茶炊、点心盒子等,搬上泊在河埠头的三道明瓦窗的大船。

我笑着跳着,催他们要搬得快。忽然,工人的脸色很谨肃了,我知道有些蹊跷,四面一看,父亲就站在我背后。"去拿你的书来。"他慢慢地说。

这所谓"书",是指我开蒙时候所读的《鉴略》。因为我再没有第二本了。我们那里上学的岁数是多拣单数的,所以这使我记住我其时是七岁。

我忐忑着,拿了书来了。他使我同坐在堂中央的桌子前,教我一句一句地读下去。我担着心,一句一句地读下去。

两句一行,大约读了二三十行罢,他说:

"给我读熟。背不出,就不准去看会。"(《朝花夕拾·五猖会》)

少年周树人拿书走进父亲的书房,一口气背了出来。父亲很满意,说:"不错,去罢。"工人将他高高抱起,快步走向河埠头。

少年周树人还有一个乐园,就是自家后面那座很大的园子,相传叫作百草园。那里有碧绿的菜畦、光滑的石井栏、高大的皂荚树、紫红的桑椹,可听树上蝉的长吟,可见伏在菜花上肥胖的黄蜂,时不时有云雀从草间直窜向蓝天。这位少年得意地说:"单是周围的短短的泥墙根一带,就有无限趣味。"(《朝花夕拾·从百草园到三味书屋》)

阿长妈妈给少年讲了一个故事。先前,有一个读书人在古庙里读书,晚间在院子里乘凉,听到有人在叫他,他望过去,见一张美女的脸向他一笑,隐去了。后来书生遇到走来夜谈的老和尚,说他一脸妖气,一定是遇见"美女蛇"了。它若唤你的名,一答应,就要被它吃掉。书生听罢,吓得要死。老和尚给他一个小盒子,说放在枕边,可以高枕无忧。果然,深夜它伴随着风雨声来了。书生抖作一团,忽听豁的一声,小盒子里飞出一道金光,把那妖怪收在了盒子里。

少年问:"后来呢?"

阿长妈妈说:"老和尚说,这是飞蜈蚣,它能吸蛇的脑髓,美女蛇就被它治死了。"

少年望着满天星斗,不再发话。他不怕美女蛇,到冬天下雪时,他独自一人去堆雪人,或用带绳的小木棍支起大竹筛,下面撒些谷粒,牵着绳躲在远处,等有小鸟食谷粒时,便牵动绳子拉下竹筛罩小鸟。

长辈不允许少年成天在百草园疯玩,便将他送进出宅门向东半里的私塾。先生的书房中间挂一匾额——三味书屋。匾额下面是一幅梅花鹿的画作。

少年和几个小朋友恭敬地拜完孔子,再拜先生。先生瘦而高,须发皆白,戴着老花镜。

第一天,少年"上了生书,将要退下来的时候",赶忙问先生:"先生,'怪哉'这虫,是怎么一回事?……"

先生很不高兴,脸上有了怒意:"不知道!"

从此,他们跟着先生读书。先生教他们大声朗读:"铁如意,指挥倜傥,一座皆惊呢~~;金叵罗,颠倒淋漓噫,千杯未醉嗬~~……。"

这是先生教学生练习对仗的一种功课。少年利用先生读书入神时描书上的绣像,"最成片断的是《荡寇志》和《西游记》的绣像,都有一大本。后来,因为要钱用,卖给一个有钱的同窗了"(《朝花夕拾·从百草园到三味书屋》)。

年岁稍长,周树人便有了当哥哥的责任感。二弟周作人十岁了,却瘦弱不堪且多病,周树人感到当哥哥的应该照顾他。周树人不喜欢放风筝,但是周作人喜欢风筝,常常"张着小嘴,呆看着空中出神",当看到远处的蟹形风筝掉下来,周作人会惊呼。当看到两个瓦片风筝的缠绕解开了,周作人会欢呼。与弟弟相反,周树人"不但不爱,并且嫌恶它",他认为"这是没出息孩子所做的玩艺"。(《野草·风筝说》)

有一天,周树人忽然想起多日不见二弟,只记得他在后园拾枯竹。周树人推开堆杂物的小屋的门,果然在杂物堆中发现了二弟——他正在制作一只蝴蝶风筝的竹骨。二弟很慌张,周树人"在破获秘密的满足中,又很愤怒他的瞒了我的眼睛","即刻伸手折断了蝴蝶的一支翅骨,又将风轮掷在地下,踏扁了"。(《野草·风筝说》)周树人当时完全不知道,这件事对他内心的惩罚以及他的后悔,要到中年时才到来。

在私塾读书的时候,周树人收到一位长辈的赠品——《二十四孝图》。《二十四孝》书是元代郭居敬编写的,辑录二十四个孝子的故事,配上图画后通称《二十四孝图》。这是宣扬孝道的通俗读物。周树人早就听阿长妈妈讲过这些故事。他对这些故事并不感兴趣,甚至认为是谣言，不能当真。孝是人性中的好东西，但不是做出来的，周树人小小年纪，已具有不俗的判断力。

1925年7月13日，鲁迅在《语丝》周刊第三十五期发表了《立论》一文，写他梦见自己正在小学校的讲堂上向老师请教立论的方法。老师给学生讲了一个故事，说一家人家生了一个男孩，全家非常高兴，满月的时候抱出来给客人看。一个客人说"这孩子将来要发财的"，得到一番感谢。另一个客人说"这孩子将来是要死的"，得到大家合力的痛打。老师说："说要死的必然，说富贵的许谎。但说谎的得好报，说必然的遭打。"学生问老师："我愿意既不说谎，也不遭打。那么，老师，我得怎么说呢？"老师说："那么，你得说：'啊呀！这孩子呵！您瞧！那么……阿唷！哈哈！Hehe！he，hehehehe！'"（《野草·立论》）这或许写的就是少年自己的真实经历，那时的周树人，已经具有极高的情商。

让少年周树人最感兴趣的，要算少年闰土了。他们相识于周家"大祭祀的值年"。正月里供祖像，供品很多，祭器要防偷。周家的忙月（过年过节来做工者）说可以叫儿子闰土来管祭器。一天，母亲告诉周树人，闰土来了。周树人飞跑过去，见到了"紫色的圆脸，头戴一顶小毡帽，颈上套一个明晃晃的银项圈"的少年闰土。闰土见人很怕羞，只是不怕周树人。他们很快成了朋友。闰土肚子里有无穷无尽的稀奇事，在周树人的心里永远留下了一幅神异的画面：

> 深蓝的天空中挂着一轮金黄的圆月，下面是海边的沙地，都种着一望无际的碧绿的西瓜，其间有一个十一二岁的少年，项带银圈，手捏一柄钢叉，向一匹猹尽力的刺去，那猹却将身一扭，反从他的胯下逃走了。（《呐喊·故乡》）

这样的田园生活场景，对常年关在高墙深院的周树人来说，是真正的乐园。后院泥墙根的景物与之相比，逊色多了。

二十年后，已经成为鲁迅的周树人，冒着严寒，乘着船，驶过萧索的荒村，回到故乡，见到了儿时的伙伴闰土。艰难的岁月，已经将闰土塑造成了面色灰黄，有着很深的皱纹，眼睛红肿，头戴破毡帽，身着极薄棉衣，浑身瑟缩，手里提着一个纸包和一支长烟袋，手像松树皮的半老男人。

少年周树人，寂寞时喜欢与小动物打交道。住在后进院子里的三太太为了哄自己的孩子，买了一对白兔。院子里的孩子也借了光，有了玩物。白兔很乖，竖起耳朵，动着鼻子，惹人喜爱。兔子天性好自造洞府，狡兔三窟，经常让三太太找不到，孩子们就帮忙来找，找不到就怀疑大黑猫。三太太只好给兔子做了木箱。

嗥的一声，又是两条猫在窗外打起架来。

"迅儿！你又在那里打猫了？"

"不，他们自己咬。他那里会给我打呢。"（《呐喊·兔和猫》）

其实，因猫害了兔，周树人"师出有名"地收拾猫。不仅打猫，他还在书箱里准备一瓶剧毒的"青（氰）酸钾"。

大概正是在这段岁月里，浓浓短发的少年还有好戏可看。鲁镇出嫁的女儿，如果尚未当家，夏天能回母家消夏。但鲁瑞时已当家，周树人只能每年在扫墓完毕跟母亲到外祖母家住几天。那个村庄离海边不远，也临河，住户不满三十家。这里被少年称为"乐土"，不但得到优待，还无背诵"秩秩斯干，幽幽南山"之苦。

周树人和那些没有条件读书的孩子玩耍，他们掘蚯蚓、钓虾、放牛，最好玩的是到五里外的赵庄去看社戏。一次，在小伙伴的撺掇下，周树人与十来个孩子跳上一只白篷的航船去看社戏。

周树人看见"台上有一个黑的长胡子的背上插着四张旗，捏着长枪，和一群赤膊的人正打仗"。小伙伴双喜说，那就是有名的铁头老生，能连翻八十四个筋斗。几个赤膊的人翻了一阵，都进去了，走出一个小旦咿咿呀呀地唱。周树人最爱看的是"一个人蒙了白布，两手在头上捧着一支棒似的蛇头的蛇精，其次是套了黄布衣跳老虎"，但一直没出来。

看倦了，大家回转船头，驾起橹回家。月光皎洁，回望戏台灯火，感觉飘渺得像仙山楼阁。

船行到蚕豆长得正旺的岸边，船上又有柴火，大家商量下船去偷蚕豆。双喜先跳下船，问："阿发，这边是你家的，这边是老六一家的，我们偷那一边的呢？"阿发也跳下船，摸了摸豆荚，说："偷我们的罢，我们的大得多呢。"但大家还是各偷一些。

大家生火煮豆，吃完豆，继续开船回家。船到村口，桥脚上站着一个人，正是周树人的母亲鲁瑞，笑着邀大家去吃炒米。

第二天，小伙伴们又去钓虾。

"双喜，你们这班小鬼，昨天偷了我的豆了罢？又不肯好好的摘，踏坏了不少。"我抬头看时，是六一公公棹着小船，卖了豆回来了，船肚里还有剩下的一堆豆。

"是的。我们请客。我们当初还不要你的呢。你看，你把我的虾吓跑了！"双喜说。

六一公公看见我，便停了楫，笑道，"请客？——这是应该的。"于是对我说，"迅哥儿，昨天的戏可好么？"

我点一点头，说道，"好。"

"豆可中吃呢？"

我又点一点头，说道，"很好。"

不料六一公公竟非常感激起来，将大拇指一翘，得意的说道，"这真是大市镇里出来的读过书的人才识货！我的豆种是粒粒挑选过的，乡下人不识好歹，还说我的豆比不上别人的呢。我今天也要送些给我们的姑奶奶尝尝去……"（《呐喊·社戏》）

少年周树人在闭塞沉寂的绍兴老宅里，经受着孤独、寂寞而又快乐的时光。成为鲁迅后，他以优美沉稳的笔触，写下多篇以故乡为背景，以自身经历为题材的散文。这些散文，后来汇集成为著名的《朝花夕拾》。那是鲁迅对故乡、对童年温馨的回望。鲁迅在《忽然想到（十一）》一文中写道：

旧家庭仿佛是一个可怕的吞噬青年的新生命的妖怪，不过在事实上，却似乎还不失为到底可爱的东西，比无论什么都富于摄引力。儿时的钓游之地，当然很使人怀念的，何况在和大都会隔绝的城乡中，更可以暂息大半年来努力向上的疲劳呢。

生活会改变命运。祖父周福清贿考案发，父亲周凤仪患病故去，这些变故改变了周树人。

1894年冬，周凤仪突然大吐血，大夫开始说是肺痈，后又说是臌胀。诊治费用不菲，周树人经常被家里派去典当衣物，得了钱后就去给父亲买药。

几乎是每天,出入于质铺和药店里,年纪可是忘却了,总之是药店的柜台正和我一样高,质铺的是比我高一倍,我从一倍高的柜台外送上衣服或首饰去,在侮蔑里接了钱,再到一样高的柜台上给我久病的父亲去买药。回家之后,又须忙别的事了,因为开方的医生是最有名的,以此所用的药引也奇特:冬天的芦根,经霜三年的甘蔗,蟋蟀要原对的,结子的平地木,……多不是容易办到的东西。然而我的父亲终于日重一日的亡故了。(《呐喊·自序》)

周树人目睹父亲将要断气,家人给他父亲换了寿衣,"又将纸锭和一种什么《高王经》烧成灰,用纸包了给他捏在拳头里"(《朝花夕拾·父亲的病》),少年大叫"父亲,父亲",父亲恋恋不舍地咽了气。少年看着父亲的脸,想起自己不到一岁,父亲便将他领到长庆寺拜一个和尚为师。那是父亲让他健康成长的祈愿。

父亲故去后,外人鄙视、轻蔑、嫌弃甚至欺负他。作为长子,鲁迅有时出席本房家族会议。有一次,会议要做出损害他家利益的决定,长辈要他签字,他没有答应,表示要请示祖父后才能决定。那位长辈严厉地训斥他,但他终于没有屈服。(据《鲁迅年谱长编》)

周树人想买东西,但没有钱,有人教他到母亲"大厨的抽屉里,角角落落去寻去,总可以寻出一点珠子"。不久,他就听到流言,说他偷了家里的东西去变卖,这让他"觉得有如掉在冷水里"。更可怕的是,"一遇流言,便连自己也仿佛觉得真是犯了罪,怕遇见人们的眼睛,怕受到母亲的爱抚"(《朝花夕拾·琐记》)。

那个一头浓发、双目炯炯、幸福欢快、贪玩任性的少年不见了,他突然成熟了。周树人鲁迅在《呐喊·自序》中说:

我要到N（南京）进K学堂（江南水师学堂）去了，仿佛是想走异路，逃异地，去寻求别样的人们。我的母亲没有法，办了八元的川资，说是由我的自便；然而伊哭了，这正是情理中的事，因为那时读书应试是正路，所谓学洋务，社会上便以为是一种走投无路的人，只得将灵魂卖给鬼子，要加倍的奚落而且排斥的，而况伊又看不见自己的儿子了。

当时，进洋学堂被视为"把灵魂卖给洋鬼子"的走投无路之人才会做的。少年周树人在三味书屋读书成绩好，大家都劝他参加科举考试，但是，周树人目光长远、思想开阔，怀里揣着母亲给的八元川资，义无反顾地离开周家老宅，到陌生的世界里寻求未来。

当年十二月，因为大先生（鲁迅）的四弟病了，病情危急。大先生接到家信，就请假回来看望。那时正好遇上会稽县县考，大先生、二先生都被本家叔叔等人劝说，拉去参加县考，他们没有准备，可是都考中了。县考以后，本应该参加府考的，但大先生不要"功名"，他坚决不参加府考，多少人劝他也劝不转，他仍旧回南京读书。别人求之不得的"功名"，送到他面前，他都不要。（俞芳《我记忆中的鲁迅先生》）

1898年首次离开家乡赴南京求学时，周树人写下一篇散文《戛剑生杂记》：

行人于斜日将堕之时，暝色逼人，四顾满目非故乡之人，细聆满耳皆异乡之语。一念及家乡万里，老亲弱弟必时时相语，谓今当至某处矣;此时真觉柔肠欲断,涕不可仰。故予有句云:日暮客愁集,烟深人语喧。皆所身历,非托诸空言也。(《集外集拾遗补编·戛剑生杂记》)

文中描绘了一幅暮色苍茫、空阔寂寥之境,呈现了一个负笈远游者哀婉的乡关之情。

1900年1月26日,鲁迅由南京回绍兴,返校后写下三首惜别的旧体诗《别诸弟三首,庚子二月》:

谋生无奈日奔驰,有弟偏教各别离。
最是令人凄绝处,孤檠长夜雨来时。

还家未久又离家,日暮新愁分外加。
夹道万株杨柳树,望中都化断肠花。

从来一别又经年,万里长风送客船。
我有一言应记取,文章得失不由天。

周树人先考取江南水师学堂试习生,三个月后转为三班正式生。这位清瘦的少年,平日少语,但他那深邃的双眼,敏锐地打量着学堂的一切。"功课也简单,一星期中,几乎四整天是英文","一整天是读汉文","一整天是做汉文"(《朝花夕拾·琐记》),水师方面的专业知识和训练非常少。周树人发现江南水师学堂是一个"乌烟瘴气"的地方,毅然退学,于下半年转入江南陆师学堂附设矿务铁路学堂。

周树人在南京求学,注意体魄和毅力的锻炼。学校不重视学生身体状况，但周树人自己坚持锻炼，最喜爱的课余运动是骑马，曾自号"戎马书生"。"我是南边人，但我不会弄船，却能骑马，先前是每天总要跑它一两点钟的。"（鲁迅1935年1月29日致萧军、萧红信）

周树人常骑马到明故宫满人驻防兵驻地去示威，"这里本是明的故宫，我做学生时骑马经过，曾很被顽童骂詈和投石，——犹言你们不配这样，听说向来是如此的"（《坟·杂忆》）。

周作人在《鲁迅的青年时代》中回忆：

> 鲁迅和几个同学可能受了陆师的影响，却喜欢骑马，有一回从马上摔了下来，碰断了一个门牙。他们又长跑马到明故宫一带去。那时明故宫是满洲人驻防兵的驻所，虽然在太平天国之后，气焰已经下去了不少，但是还存在很大的歧视，至少汉人骑马到那里去是很不平安，要遇着叫骂投石的。鲁迅他们冒了这个危险去访问明故宫，一部分也由于少年血气之勇，但大部分则出于民族思想，与革命精神的养成是很有关系的。

周树人骑马经常跌落，皮破血流，也不以为意，还常常说"落马一次，即增一次进步"（《张协和《忆鲁迅在南京矿路学堂》》）。他还敢与旗人子弟比骑术。

> 那时他最得意的是骑马，据说程度还不错，敢于和旗人子弟竞赛（清朝时旗人子弟是以善于骑射自豪的，对于汉人善骑马的不很满意）。有一回就因竞赛而吃旗人暗算（他们把腿搁在马颈上，很快地奔驰过来，用马鞍来迅速地刮别人的腿脚，有时甚至可以刮断的），几乎跌下马来。（《许广平《关于鲁迅的生活》》）

▲ "戎马书生" 章

矿路学堂的总办俞明震是一位"新党",看新书的风气便流行起来。鲁迅买了一本赫胥黎的著作《天演论》。

> 白纸石印的一厚本,价五百文正。翻开一看,是写得很好的字,开首便道:"赫胥黎独处一室之中,在英伦之南,背山而面野,槛外诸境,历历如在机下。乃悬想二千年前,当罗马大将恺彻未到时,此间有何景物?计惟有天造草昧……"(《朝花夕拾·琐记》)

这些新鲜的文字深深地吸引了周树人,他一口气读下去,读到了"物竞""天择""苏格拉第"(苏格拉底)、"柏拉图""斯多噶"等陌生的外国名词。

一天,一位觉得周树人"有点不对"的本家长辈,递给他一张报纸,让他认真地阅读并抄写——原来是反对维新变法、曾任礼部尚书的许应骙的文章。周树人仍然不觉得有什么"不对","一有闲空,就照例地吃侉饼、花生米、辣椒,看《天演论》"。

1902年,经历学校裁撤风波,总算要毕业了,周树人以一等第三名的优异成绩毕业,但"有些爽然若失。爬了几次桅,不消说不配做半个水兵;听了几年讲,下了几回矿洞,就能掘出金银铜铁锡来么?实在连自己也茫无把握……学问是'上穷碧落下黄泉,两处茫茫皆不见'"(《朝花夕拾·琐记》)了。在年轻的周树人看来,自己只剩下一条路——出国。

* * *

20世纪80年代初的一个秋季,在《青年文学》当编辑的马未都,给我打来一个电话:"汪爷,咱一起下江南去组稿如何?"我当时在《当代》分管江苏、浙江、江西、福建等江南地区的稿件。于是,我与马未都有了江南之行。

我与马未都先到南京,拜访了《青春》杂志主编斯群大姐。斯群大姐让编辑周梅森负责接待我们。后来周梅森将他的《人民的名义》等重要作品寄给我,我在《当代》上刊发。

我们拜谒了中山陵,去了玄武湖。后来,我们又去了苏州,游了拙政园。我们再走水路,雇了一顶小篷船,在舱中一边喝茶,一边看青石板建的长长的栈道,在摇橹声中到了绍兴古城。

在《绍兴日报》朋友的陪同下,我们去了禹陵,游了兰亭,参观了鉴湖女侠秋瑾的故居,看了当时已苍凉的沈园。我们吟着陆游的《沈园》诗:"梦断香消四十年,沈园柳老不吹绵。此身行作稽山土,犹吊遗踪一泫然。"我们叹惋着陆游与唐婉凄美的爱情故事。

我们找到了鲁迅笔下的"咸亨酒店",要了一盘茴香豆和几盘小菜,温了一壶绍兴黄酒。马未都喝了几口黄酒,似自语曰:"我要替孔乙己还欠咸亨酒店那十九个钱的酒债。"

下午,我们走过一道小石桥,桥下流水浅浅,清澈见底。我们来到三味书屋参观。大门依旧黑油油的,书房里的方桌和左右两把椅子尚在。我们拍照留念。

太阳西斜,我们在《绍兴日报》朋友的陪同下,走进已修缮但尚未开放的鲁迅故居。房舍已百多年,气势依然恢宏,依稀可见昔日的富气。光亮的石板路贯穿着深深的大宅院。我们来到后院,驻足良久。我看着光滑的石井栏、高大的皂荚树和桑树,看着一段短短的泥墙根,浮想联翩。这里原本不大,景物也一般,但在那位浓密短发、双目炯炯的少年周树人眼中,竟成了美妙的百草园天地。可见当时这位少年的生活是多少寂寞和孤单。

朋友又带我们走进周树人出生和生活的房舍。那是盖在用青石板铺的平台上的高大屋子，石板下是深深的池塘。

夕阳西下，马未都突发奇想，恳切地说："天色已晚，让我和汪爷住这里吧。"

朋友们一愣，然后为难地表示没有这个先例，而且这里没有蚊帐，又无被褥，不方便吧。

马未都忙说："没关系，我们并不想只是睡觉，想在此追怀伟人，了却我们对鲁迅先生的景仰，借借仙气。"

朋友出去找公用电话，向有关方面请示后，回来告诉我们："没想到领导同意了。"

于是，马未都和我便有了在鲁迅故居与鲁迅精神对话的传奇。这间屋子只有一张木床，我们盘腿坐于其上，忍受着秋后虫蚊的疯狂叮咬。屋下池塘里的鱼也不消停，不断跃出水面，然后咕咚跃回池塘。

一夜无眠，我们却有了兴致勃勃地谈鲁迅的机会。我在东方欲晓之时，心里有了谈鲁迅的腹稿。后来，我将文字整理出来，发表在天津《今晚报》上。记得我的文章与刘心武兄的文章在同一版。

第二章 从日本仙台到东京

胸中有誓深于海,肯使神州竟陆沉。

——宋·郑思肖《二砺二首·其一》

1902年，周树人得以官派留学日本，初入弘文学院补习日语，与许寿裳等浙江籍留学生在东京组成浙江同乡会。

1903年1月，周树人与许寿裳等绍兴籍留日学生在东京召开同乡恳亲会，联名发出《绍兴同乡公函》，劝导乡人留学学习先进文化科学技术以救国。

在弘文学院学习期间，大量阅读文史书籍，最喜欢严复翻译的外国著作。有诗作《自题小像》。

1904年4月，周树人从弘文学院毕业。9月，周树人进入仙台医学专门学校学习，结识日本教师藤野严九郎，建立深厚的师生情谊。

1906年1月，周树人决定弃医从文。3月，退学前往东京。6月，周树人将学籍列入东京独逸语学会所设德语学校，自修德语。

夏天，周树人忽然接到母亲鲁瑞"病危"的电报，归国，迎接他的是母亲为他安排的婚礼。婚后，周树人赴东京继续研究文艺。周作人获准赴日留学，一同出发。

1907年夏，周树人与许寿裳、周作人、袁文薮、苏曼殊等人筹办文艺杂志《新生》，终未能出版，此后集中精力翻译作品。

1907年7月15日，鉴湖女侠秋瑾就义于绍兴轩亭口。在同乡会举办的追悼徐锡麟、秋瑾的大会上，周树人坚决主张打电报到北京痛斥清政府。

这一年，周树人与周作人合译英国小说《红星佚史》等，还为河南留学生出版的《河南》杂志撰稿，写有《人之历史》《摩罗诗力说》《科学史教篇》《文化偏至论》等文章。

1908年，周树人师从章太炎，为"光复会"会员，并与周作人合译域外小说。

先觉者在精神的原野上总是走得很远,特别是在黑暗的年代,他们的意识是难以被同代人接受的。但他们为了寻找真理,为祖国的进步,毅然走出国门,去打量陌生的世界。

周树人化名"迅行",在1908年8月《河南》月刊第七号发表了《文化偏至论》一文,文章开篇即说:"中国既以自尊大昭闻天下,善诋諆者,或谓之顽固;且将抱守残阙,以底于灭亡。"然后引用德国哲学家尼采《查拉图斯特拉如是说》的一段,描写一个精神探索者的命运:

> 吾行太远,孑然失其侣,返而观夫今之世,文明之邦国会,斑斓之社会矣。特其为社会也,无确固之崇信;众庶之于知识也,无作始之性质。邦国如是,奚能淹留?吾见放于父母之邦矣!聊可望者,独苗裔耳。

学者王家平认为:"鲁迅从古今中外精神文化史上无数的事实和自身的遭遇出发,提炼出了这样的重大命题,即永世浪流和四方漂泊正是精神探索者的生存方式与悲剧命运,精神探索者是永失故乡的'过客'。"(王家平《永世流浪的"过客"境遇》)

在《文化偏至论》文章末尾,周树人说:

> 夫中国在昔,本尚物质而疾天才矣,先王之泽,日以殄绝,逮蒙外力,乃退然不可自存。而轻才小慧之徒,则又号召张皇,重杀

之以物质而围之以多数，个人之性，剥夺无余。往者为本体自发之偏枯，今则获以交通传来之新疫，二患交伐，而中国之沉沦遂以益速矣。呜呼，眷念方来，亦已焉哉！

周树人到日本后，坚信自己东渡是正确的选择。

回想在绍兴老家，得知清廷有办留学之举，无比兴奋，两江总督拟派五人前往日本留学，"其中的一人因为祖母哭得死去活来，不去了，只剩了四个"。一直想走出国门的周树人，去请教早自己一年毕业的前辈同学，觉得他曾游历日本，应该了解情况。那位前辈同学郑重地说："日本的袜是万不能穿的，要多带些中国袜。我看纸票也不好，你们带去的钱不如都换了他们的现银。"（《朝花夕拾·琐记》）周树人将钱都换了日本银圆，还带了十双中国袜。结果到了日本，要穿制服和皮鞋，中国袜穿不了，一元的银圆日本早已废置。

1902年以留学生身份远渡重洋的周树人，心情一定是兴奋的，一定是怀着一腔热血和雄心壮志，甚至是悲壮的。

1903年3月，周树人在江南班中第一个剪掉辫子，拍摄断发照片，并在照片背后自题一首诗赠许寿裳：

灵台无计逃神矢，风雨如磐暗故园。
寄意寒星荃不察，我以我血荐轩辕。

有学者认为此诗表达了鲁迅强烈的革命热情和献身民族的宏伟志愿，表明鲁迅开始接受民主革命的思想，他的人生视野，已经从怀乡、恋家、思念弟弟，到了广阔的社会，进入了正在逐渐高涨的民主运动，并认为"它是鲁迅思想发展和文学创作中的里程碑"。不过，这种离开

▲1903年3月,周树人摄于东京

诗句本身的解读值得商榷。

许寿裳在《我所认识的鲁迅》里说:"鲁迅对于民族解放事业,坚贞无比,在1903年留学东京时,赠我小象,后补以诗。"许寿裳还在《怀旧》一文中说:"首句说留学外邦所受刺激之深,次写遥望故国风雨飘摇之状,三述同胞未醒,不胜寂寞之感,末了直抒怀抱,是一句毕生实践的格言。"

1931年2月,鲁迅重新录写此诗,在此诗跋语中这样写道:"二十一岁时作,五十一岁时写之,时辛未二月二十六日也。"之后不久,又一次在跋文中写道:"二十一岁时作,五十一岁时写之,时辛未二月下旬在上海也。"鲁迅二十一岁,当是1901年至1902年。

周振甫在《鲁迅诗歌注》中说:"神矢本是恋爱的箭,这里就引申作爱祖国,诗人已经给爱祖国的感情占有了整个心灵了。"我们不禁要问:中国那么多表达爱国之心的典故,鲁迅不用,为何偏偏从爱情引申为爱国呢?在单演义《鲁迅行年考略》的批注中,许广平认为:"'灵台无计逃神矢'句,疑是先生旧式结婚后回日所写,因神矢典故,乃爱神之矢,示婚姻乃盲目被迫。"诗无达诂,正是诗的高妙之处。

早在1901年,周树人就写有《和仲弟送别元韵》,其中有四句:"春风容易送韶年,一棹烟波夜驶船。何事脊令偏傲我,时随帆顶过长天!"(《集外集拾遗补编·和仲弟送别元韵并跋》)其意气风发,胸怀壮志,不负韶华,为国家建功立业之气概,流露于笔端。

周树人到了日本东京弘文学院,先进入速成班学习日语课程。

东京的春天是美丽的,特别是上野公园樱花盛开时节,成片的樱花就像绯红的轻云。花下是成群结队的清国留学生,"头顶上盘着大辫子,顶得学生制帽的顶上高高耸起,形成一座富士山。也有解散辫子,盘得

▲1903年,周树人与绍兴同学摄于东京。左起:邵文镕、许寿裳、周树人、陈仪

平的,除下帽来,油光可鉴,宛如小姑娘的发髻一般,还要将脖子扭几扭。实在标致极了"。周树人内心是不自在的。其实大可不必,从闭关锁国到派留学生走出国门,顺应时势,何尝不是一次壮举呢?

周树人有时到中国留学生会馆的门房买书,或到里面的几间洋房里坐坐。但到了傍晚,留学生们就在那里学跳舞,长辫飞舞,香汗如油,激起"满房烟尘斗乱"。"我们去留学,是为了使祖国富强,可是有的学生却不争气,有空便在宿舍里煮牛肉吃。"(周建人《鲁迅故家的败落》)为了避开这些不争气的留学生,周树人决定到远离东京、地处偏僻的仙台医学专门学校去。"其次却只记得水户了,这是明的遗民朱舜水先生客死的地方。仙台是一个市镇,并不大;冬天冷得利害;还没有中国的学生。"《朝花夕拾·藤野先生》)

* * *

1904年4月,周树人自弘文学院毕业,按规定应该升入东京帝国大学工科所属的采矿冶金科,但他已经决意要学医了,因为他知道新的医学对日本维新有很大的助力。"我的梦很美满,预备卒业回来,救治象我父亲似的被误的病人的疾苦,战争时候便去当军医,一面又促进了国人对于维新的信仰。"(《呐喊·自序》)

6月,周树人向仙台医学专门学校递交用日文写的入学申请书和学业履历书。据《鲁迅年谱长编》录入学申请书译文如下:

入学志愿书

我今志愿进入贵校医学科一年级学习,
敬请批准。另附学业履历书,

请查阅。

明治三十七年六月一日，

清国留学生　周树人（印）

二十二岁

此致仙台医学专门学校校长山形仲艺阁下

据《鲁迅年谱长编》录学业履历书译文如下：

学业履历书

一、自光绪二十四年九月至二十七年九月，毕业于本国南京官立江南陆师学堂普通科。

一、明治三十五年四月至三十七年四月，毕业于东京私立弘文学院速成普通科。

明治三十七年六月一日，

清国留学生　周树人（印）

二十二岁

入学后，周树人受到优待，仙台医学专门学校不收学费，有几个职员还照顾他的食宿。周树人遇到了教解剖学的藤野严九郎先生，结下了铭记一生的情缘，是"在我所认为我师的之中，他是最使我感激，给我鼓励的一个"。

其时进来的是一个黑瘦的先生，八字须，戴着眼镜，挟着一叠大大小小的书。一将书放在讲台上，便用了缓慢而很有顿挫的声调，向学生介绍自己道："我就是叫作藤野严九郎的……"（《朝花

夕拾·藤野先生》)

藤野严九郎（1874—1945），日本福井县人，毕业于爱知县立医学专门学校，留校任教，1901年应聘仙台医学专门学校讲师，1904年升任教。时年三十岁的藤野先生，成为鲁迅的解剖学老师。

藤野先生教学认真严格，一到上课时间就关闭教室门，迟到的学生无论如何不能进入。而且，藤野先生评分也非常严格。上学年不及格的留级学生记恨藤野先生，给同学讲藤野先生的坏话，但也无非"忘记带领结"，被人"疑心他是扒手"之类。

藤野先生授课一周后，让助手把周树人叫到研究室，问他能否跟得上做课堂笔记。得到肯定答复后，藤野先生让周树人把课堂笔记给他看。拿回笔记后，周树人吃惊地发现，藤野先生不但帮他改正记错的地方，还添加了遗漏的知识点，连日语文法错误也仔细订正。藤野先生这样做，一直持续到他教完担任的功课。

我交出所抄的讲义去，他收下了，第二三天便还我，并且说，此后每一星期要送给他看一回。我拿下来打开看时，很吃了一惊，同时也感到一种不安和感激。原来我的讲义已经从头到末，都用红笔添改过了，不但增加了许多脱漏的地方，连文法的错误，也都一一订正。这样一直继续到教完了他所担任的功课：骨学、血管学、神经学。（《朝花夕拾·藤野先生》）

周树人在仙台的日子寂寞，思念故国和朋友。1904年10月8日，周树人致信同为留日学生，先行回国的蒋抑卮，说收到"任君克任寄至《黑奴吁天录》一部及所手录之《释人》一篇，乃大欢喜，穷日读之，

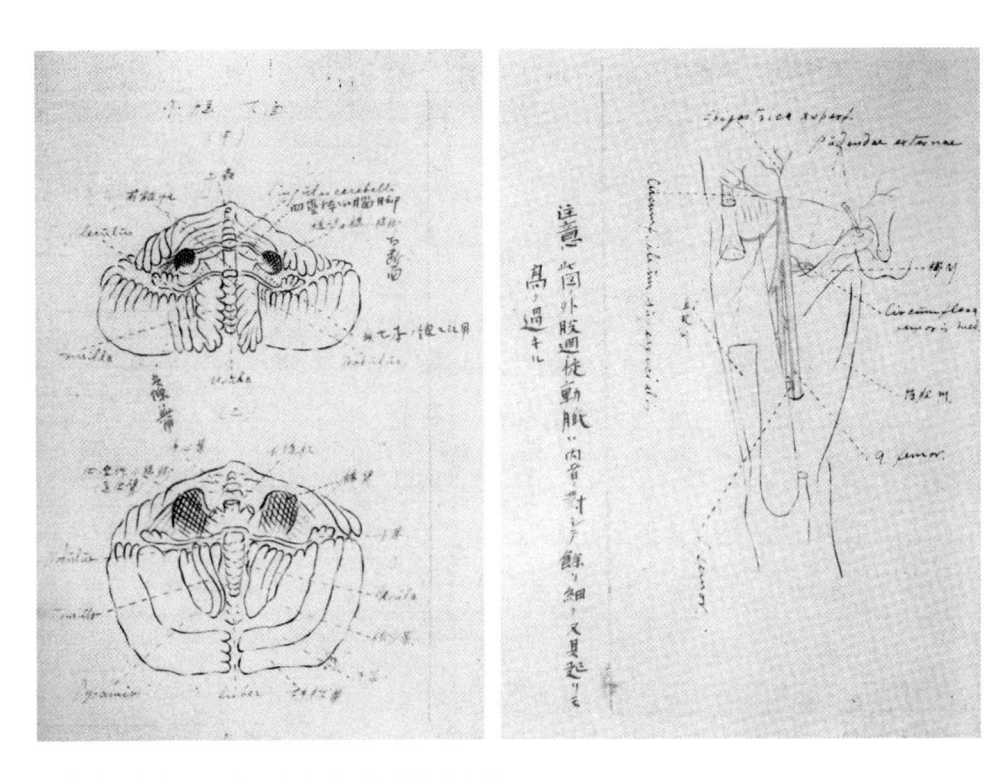

▲有藤野先生订正笔迹的周树人解剖学课堂笔记

竟毕。拳拳盛意，感莫可言"。《黑奴吁天录》即《汤姆叔叔的小屋》，周树人看了书中美洲黑奴的悲惨遭遇，"弥益感喟"。同时，他感慨"校中功课，只求记忆，不须思索，修习未久，脑力顿锢"，担心自己学习四年后会变成木偶人。他原想利用课余时间进行翻译工作，但"只成其《世界进化论》及《原素周期则》二章，竟中止，不暇握管。而今而后，只能修死学问，不能旁及矣，恨事"。

1905年9月，第二学年开始，周树人的成绩在全班一百四十名同学中排名第六十八，考试成绩合格，准予进入二年级。班里有三十名学生因为考试不合格而留级。因为藤野先生一直帮助周树人，同班一些人就开始诋毁周树人，说是因为藤野先生"漏"了题目，否则，一个中国人怎么可能合格？他们翻看周树人的课堂笔记，还写了一封警告信。幸而一些同学为周树人鸣不平，还陪着他去据理力争，才平息了流言。这件事在周树人的心中埋下了一根刺。

1906年1月，第二学年的第二学期开学，增加了霉菌学的课程，老师在课堂上用幻灯片让学生看细菌的形态，再对图片进行解说，如果还有多余时间，就放些关于日俄战争的片子。

  自然都是日本战胜俄国的情形。但偏有中国人夹在里边：给俄国人做侦探，被日本军捕获，要枪毙了，围着看的也是一群中国人；在讲堂里的还有一个我。

  "万岁！"他们都拍掌欢呼起来。

  这种欢呼，是每看一片都有的，但在我，这一声却特别听得刺耳。此后回到中国来，我看见那些闲看枪毙犯人的人们，他们也何尝不酒醉似的喝彩，——呜呼，无法可想！但在那时那地，我的意见却变化了。（《朝花夕拾·藤野先生》）

▲1905年，周树人与仙台医专同学合影

这些画面深深地刺激了周树人，他的思想发生了质的改变，他终于决定——弃医从文。

这一学年没有完毕，我已经到了东京了，因为从那一回以后，我便觉得医学并非一件紧要事，凡是愚弱的国民，即使体格如何健全，如何茁壮，也只能做毫无意义的示众的材料和看客，病死多少是不必以为不幸的。所以我们的第一要著，是在改变他们的精神，而善于改变精神的是，我那时以为当然要推文艺，于是想提倡文艺运动了。(《呐喊·自序》)

3月，下定决心的鲁迅申请退学获准，从此一步一步成为唤醒国人的"呐喊者"。

离别仙台的时候，藤野先生神色悲哀。周树人安慰老师，说自己想去学生物学，现在所学的医学知识还是有用的。藤野先生将自己的一张照相赠给周树人，背面写下"惜别"二字，希望周树人也送他一张照片。但是，周树人"适值没有照相了；他便叮嘱我将来照了寄给他，并且时时通信告诉他此后的状况。我离开仙台之后，就多年没有照过相，又因为状况也无聊，说起来无非使他失望，便连信也怕敢写了"(《朝花夕拾·藤野先生》)。

周树人与藤野先生的师生情缘只有一年多。周树人去了东京之后，此生与藤野先生断了联系。

1912年，仙台医学专门学校并入东北帝国大学（今日本东北大学），1915年升格为东北帝国大学医科大学，藤野先生因"学历不够"，"请求免职"，回到故乡福井开了小诊所行医。1935年，由增田涉、佐藤春夫翻译的《鲁迅选集》在日本出版，遵鲁迅嘱咐收入《藤野先生》一文。

藤野先生之子读到了这篇文章，问父亲是不是写的他。藤野先生沉默良久，说：写的是我，但是你不要和别人说。

鲁迅一直珍藏藤野先生批改过的课堂笔记，惜在迁居途中被烧毁。鲁迅去世前多方打听藤野先生下落，想见一面，未能如愿。鲁迅去世时，床头还摆着藤野先生赠他的"惜别"照片。

1936年鲁迅去世后，有人拿着有鲁迅去世报道的报纸终于找到了藤野先生。藤野先生看着报纸上鲁迅的照片，把报纸举过头顶，拜了几拜。后来，他写下《谨忆周树人君》一文，文中对关照鲁迅的原因有了解释：

> 尽管日清战争已过去多年，还有很多日本人把中国人骂为"梳辫子和尚"，说中国人的各种坏话。在仙台医学专门学校也有这么一伙人以白眼看待周君，把他当成异己。我在少年时代时，曾经跟福井藩校毕业的野坂先生学习过汉文，我很尊敬中国的先贤，同时也认为要爱惜来自这个国家的人。这大概就是我让周君感到特别亲切、特别感激的缘故吧。

这篇文章发表在日本《文学指南》1937年3月号。1937年7月，卢沟桥事变爆发，有药商高价求购藤野先生诊所的药，说日本军队需要。藤野先生缺钱，但是一点都不卖。

* * *

周树人正在日本东京研究文艺之时，绍兴兴起一股谣言，说周树人同日本女子结了婚，还生了孩子。

鲁瑞十分着急，称自己病重，有时一天寄两封信，还请人打电报催促周树人回国。

1906年7月的一天，周树人从日本回到绍兴。周树人踏进家门，见到家里张灯结彩，喜气洋洋，母亲鲁瑞也没有病重，而是为他准备好了婚礼。

周建人回忆："没有人正式告诉我，不过我隐约知道，母亲急于修理房子，是因为准备给大哥结婚了。母亲什么时候为大哥定的亲，我根本不知道，当事人大哥也不知道，因为婚姻要由父母包办，是不能过问的。"（周建人《鲁迅故家的败落》）当时周建人还小，不知道母亲什么时候给大哥订的婚，也算说得通，但其他人是知道的。

朱安是周树人本家叔祖周玉田夫人的内侄女，生于绍兴都昌坊口丁家弄，距新台门周家只有两里地。1899年，朱安二十岁，偶尔跟玉田夫人到周家做客。鲁瑞一眼就喜欢上了静雅的朱安，听亲戚说朱安祖上曾在扬州做官，在当时绍兴城里也算殷实之家，又知朱安大周树人两岁，便有了结亲的意愿。

周作人在二月初二的日记中记载："偕叔辈登舟往兰亭。同舟朱霞汀舅公、衍生伯，及伯翚［执］、茗三二叔，同余五人。"这一天，周作人陪同族中长辈及朱家亲戚登舟游玩，实际是双方家庭进行交流。

二月初五，周作人记："朱宅出口讬［托］惠叔备席，约洋五元。"

四月初五，周作人记："晨同朱筱云兄、伯执叔、衡廷叔、利冰兄下舟，往夹塘看戏。"此时，周作人将朱安之弟朱可铭称作朱筱云兄，两家人一起热热闹闹地去看戏。次日，周家的用人阿长妈发病身故，朱可铭留在周家帮忙料理。可见两家关系已非比寻常。

鲁迅本人是否知道议婚之事，已无法证实。但周作人能不告诉兄长吗？

1901年，朱安二十二岁。周作人正月廿三的日记记载："下午同大哥、蕙[惠]叔往楼下陈看戏，遇朱氏舟，坐少顷，演《盗草》《蔡庄》《四杰村》，讫即拟回家，被留不获行，慧[惠]叔与大哥先回，予留观夜剧……"按周作人的记述，大哥周树人提前回家，似乎有未过门的姑爷回避的意味。

周树人祖父即将出狱回家。周家正月廿七日得到了消息，周作人日记记载："……接廿二杭信，云已奉恩旨，准其释放，拜读之下，庆怀不胜。并云月杪月初可以回家。"其二月十三日的日记又记："晴，暖可穿单棉。下午接杭十一函，云文已到府，刻日即可回家。"

为了双喜临门，鲁瑞即于二月十五日派人往朱家请庚行聘。"请庚"是绍兴旧俗，由男方家去女方家询问女方的生辰八字，如八字相合，就可以考虑订婚。周作人当天就写信告知了大哥周树人："晴……上午素兰换盆，又遣人往丁家弄朱宅请庚……夜作至大哥信三纸，拟明日由邮发。"

六月十五日是伯挚的生日，周作人日记道："予去拜，留餐，遇朱霞汀舅公、朱印亭[耀庭]姻长，沈叔丞表叔。"朱耀庭就是朱安的父亲，周作人已在日记中称朱耀庭为姻长。

周树人获准留日，一切只好延期。应该是1903年夏，周树人自日本弘文学院回绍兴度暑假，鲁瑞告诉儿子要把亲事定下来。鲁瑞对俞芳说过："当时我为大先生订了亲，事后才告诉大先生。后来得知对方（朱安女士）是缠脚的，大先生不喜欢小脚女人，但他认为这是旧社会造成的，并不以小脚为辞，拒绝这门婚事，只是从日本写信回来，叫家里通知她放脚。"（俞芳《我记忆中的鲁迅先生》）

由此可知，周树人与朱安是在1899年议婚，在1903年订婚。周树人留日在外，朱安年纪渐长，绍兴有谚语"养女不过二十六"，所以朱家不时来催婚。鲁瑞知道周冠五（周树人堂叔）在跟周树人通信，让他写

信劝自己儿子完婚。周冠五回忆,周树人也回了信,表示定了日子就回来结婚,但有两个条件:

> 一要放足,二要进学堂。安姑娘思想很古板,回答脚已经放不大了,妇女读书不太好,进学堂更不愿意。后来把这情况又告诉鲁迅,结果鲁迅回信很干脆,一口答应了,说几时结婚几时到,于是定局结婚。定了日子,鲁迅果然从日本回国,母亲很诧异,又是高兴又是怀疑,就叫我和鸣山两人当行郎,他穿套袍褂,跪拜非常听话。(周冠五《鲁迅家庭和当年绍兴民俗》)

1906年7月26日(农历六月初六),周树人与朱安成了亲。鲁迅回忆:"那时,家里的人因为听说我是新派人物,曾担心我可能不拜祖先,反对旧式婚礼。可我还是默默地按他们说的办了。"(见鲁迅与日本鹿地亘的谈话,载1937年《大鲁迅全集》)

周家新台门办的婚礼,也算隆重热闹。周树人的从弟周光义回忆:

> 六月初六日这一天,新台门周家办起喜事来。早上,新郎本来是剪掉辫子的,如今戴着一顶罗制的筒帽(有点象后来的拿破仑帽),装着一支拖出在帽下的假辫子,身上的服装用袍套,外面罩上纱套,脚上穿着靴子。礼堂不知道什么道理设在神堂下。新娘从花轿里走出来,看去全身古装,穿着红纱单衫,下边镶有棉做的滚边,下面是黑绸裙。一对新夫妇拜堂过后,被老嫚等人拥挤的送进楼上的新房。(《陈云坡《鲁迅家乘及其佚事》)

周家工人王鹤照回忆,结婚当晚,周树人哭湿了新被褥,新被褥上脱落的染料还染到了他的脸上。第二天，周树人就睡到了书房中。

> 鲁迅先生结婚是在楼上，过了一夜，第二夜鲁迅先生就睡到书房里去了，听说印花被的靛青把鲁迅先生的脸也染青了，他很不高兴。当时照老例新婚夫妇是要去老台门拜祠堂的，但鲁迅先生没有去。后来知道是鲁迅先生对这桩包办封建婚姻很不满意，故第二天就在自己的书房里睡了。（王鹤照《回忆鲁迅先生》）

周光义的回忆也可以印证王鹤照之说。

> 新做阿婆的周伯宜夫人耽心着新夫妇的动静，一到夜深，她亲自到新房隔壁去听。他俩很少谈话，儿子总爱看书，迟迟才睡。二三天以后，儿子住到母亲的房间里了。晚上先看书，然后睡在母亲的床边的一张床里……以后鲁迅再回家来住宿，和母亲在一间屋子里或单独一房，他们始终是一对挂名夫妻。（《陈云坡《鲁迅家乘及其佚事》）

"父母之命、媒妁之言"，是老祖宗的宗法，还在主宰着青年男女的终身大事。周树人已经二十六岁了，鲁瑞为儿子操办婚事，也不算过错。但作为一个已经在日本接受了四年高等教育，早已接纳新世界、新文明的知识青年，鲁迅遵从母命，接受这桩婚姻，只能说是个孝子。问题是，无爱的婚姻的真正受害者，是可怜的朱安。她一生侍奉婆母，像蜗牛一样打发着孤独的岁月，却得不到丈夫的一点点怜爱。一开始，朱安还对丈夫回心转意抱有期待，但当丈夫跟学生走到了一起，朱安绝望了。

* * *

结婚没多久,周树人再次前往东京,跟他一起走的还有二弟周作人。此时周作人经过努力,也获准留日。

在东京,周树人学籍是独逸语学会的独逸语学校,但他不在那里上学,而是在准备他一生的文学工作。周作人回忆:

> 有一个时期在学习俄文,晚饭后便要出发,徒步走到神田骏河台下,不知道学了几个月,那一本俄文读本没有完了,可见时间并不很长。要到什么时候睡觉,别人不大晓得,因为大抵都先睡了,到了明天早晨,房东来拿洋灯,整理炭盆,只见盆里插满了烟蒂头,像是一个大马蜂窠,就这上面估计起来,也约略可以想见那夜是相当的深了。(周作人《鲁迅的故家·日常生活》)

1907年3月,周树人与周作人合作翻译英国哈葛德、安特路朗合著小说《红星佚史》(*The World's Desire*),书中的十六节诗歌是周树人所译。

在东京的客店里,留学生看得最多的是日本老牌的《朝日新闻》《读卖新闻》等报,1907年7月8日和9日,报上报道了徐锡麟刺杀恩铭一案。大家非常震惊,作为同乡的周树人自然格外关注。

当时传言"徐锡麟是被挖了心,给恩铭的亲兵炒食净尽"(《朝花夕拾·范爱农》)。"在日本报上见到徐案消息的时候,留在东京的这一派人对于与徐秋有关的人的安全很是忧虑,却没有人可以前去,末后托了一个能懂中国话的日本同志,设法混进绍兴去,可是一切混乱,关系的

人一个都找不到。"（周作人《鲁迅的故家·秋瑾》）

果然，很快清政府查获秋瑾和徐锡麟往来函件，加之绍兴劣绅胡道南向绍兴府告密，浙江巡抚派兵缉捕秋瑾。7月13日，秋瑾被捕。"秋瑾被捕的消息很快传了出来，我们台门里的人都知道秋瑾，因为秋家也是书香门第，也许和我们有什么亲戚关系。她的侄子和我是县学堂的同学，不过大家都说她不守妇道，穿了男装，骑着马，跑来跑去。"（周建人《鲁迅故家的败落》）

徐锡麟（1873—1907），字伯荪，号光汉子，浙江绍兴山阴东浦人。徐锡麟自幼崇拜英雄豪杰，好纵论国事，同情劳苦人民。他曾出任绍兴府学堂教习，后赴日本参观大阪博览会，受拒俄事件影响，逐渐产生反清革命思想。回国后，他积极传播新译书报，宣传反清革命，并创立体育会、大通学堂，培训革命骨干。为了深入清政府内部进行革命活动，徐锡麟捐资为道员，分发安徽，先后担任陆军小学会办、巡警学堂监督等职。在安庆，他宣传革命，争取新军，与秋瑾准备在浙、皖两省同时起义。

7月6日，徐锡麟借安徽巡抚恩铭参加巡警学堂毕业典礼之机，与陈伯平、马宗汉等人发动起义，枪杀恩铭，攻占军械所。但因寡不敌众，起义失败，徐锡麟被捕，次日英勇就义。

秋瑾（1875—1907），原名闺瑾，字璇卿，小字玉姑，号竞雄、旦吾，别号鉴湖女侠、汉侠女儿，浙江绍兴人。秋瑾喜爱古典诗词，常以花木兰自况。她七岁入家塾读书，十一岁能习作诗，跟随表哥学习剑术、骑马。婚后，秋瑾随丈夫来到北京，接触到新的解放思想，立志献身救国事业。

1904年，秋瑾自费前往日本留学，积极参与革命活动，加入光复会、同盟会并担任要职，创办《白话》杂志，发表了诸多抨击封建制度、为女权发声、号召救国的文章。

1905年11月2日，清政府驻日公使杨植串通日本文部省，颁发《清国留日学生取缔规则》，规则共十五条，其中规定取缔中国留学生一切爱国活动的自由，镇压学生的民主革命思潮，剥夺言论自由，禁止集会结社，检查书信，强迫学生严格遵守清廷法令。中国留学生群情激愤，有八千余人实行总罢课集会。秋瑾和同盟会发起人之一陈天华等人主张回国革命。更多同盟会会员主张继续留在日本学习。

1905年12月8日，陈天华投海殉国，死前写下《绝命辞》："雪日本报章所言，举行救国之实。则鄙人虽死之日，犹生之年矣。"秋瑾在纪念陈天华的集会上慷慨陈词，从靴内拔出一把锋利的倭刀，插在桌上，厉声说道："如有人回国投降满虏，卖国求荣，欺压汉人，吃我一刀。"（徐双韵《记秋瑾》）不久，有二百余人与秋瑾一起回国。

周树人、许寿裳等留学生主张继续留在日本学习，坚持斗争，成立留学界维持会。周树人捐款一元。许寿裳回忆："他在留学时期，养成了冷静而又冷静的头脑，惟其爱国家爱民族的心愈热烈，所以观察的愈冷静。"（许寿裳《鲁迅的生活》）

回国后，秋瑾参与创办中国公学，安置留日回国学生，并在绍兴建议设立学务公所以推动教育事业。1907年，秋瑾创办《中国女报》，宣传革命，主持大通学堂事务，组织会党成员成立"光复军"，制订起义计划。被捕后，秋瑾留下"秋雨秋风愁煞人"七字绝命书，于7月15日就义于绍兴轩亭口。

在同乡会举行的追悼徐锡麟、秋瑾的大会上，周树人坚决主张打电报到北京，痛斥清廷行径，与不同意向清廷打抗议电报的同乡发生争执，其中一位同乡是范爱农。范爱农"高大身材，长头发，眼球白多黑少"，说："杀的杀掉了，死的死掉了，还发什么屁电报呢。"周树人觉得范爱农离奇且可恶。

后来，鲁迅在故乡与范爱农重逢。范爱农说自己回国后受排斥，只能在乡下教书糊口。此后范爱农每次进城必来看望鲁迅，二人冰释前嫌。武昌起义后，绍兴光复，鲁迅被任命为师范学校校长，范爱农做监学。几个少年想办报监督军政府，鲁迅答应参与。但报馆后来被捣毁，范爱农的监学也被孔教会会长的校长设法去掉。范爱农四处漂泊，最后淹死，鲁迅疑心他是自杀，对他的遭遇充满了同情和惋惜，并写下著名的《范爱农》一文悼念他。

最终，1907年7月18日，留学生以"留东全浙学生"名义向江督和浙江巡抚发出抗议电，指出屠杀和株连政策违背了"永远删除戮尸、枭首、凌迟三项，宽免连坐各条"之上谕。（据《鲁迅年谱长编》）

鲁迅对秋瑾一直怀有敬意，称她为"秋瑾姑娘"。在后来的小说《药》中，鲁迅以人物夏瑜隐喻秋瑾。"在他面前，显出一条大道，直到他家中，后面也照见丁字街头破匾上'古口亭口'这四个黯淡的金字。"秋瑾就义的轩亭口街，有一牌楼，匾上就题有"古轩亭口"四字。在《论"费厄泼赖"应该缓行》一文中，鲁迅说："秋瑾女士，就是死于告密的，革命后暂时称为'女侠'，现在是不大听见有人提起了。"鲁迅在《而已集·通信》一文中提到，他到中山大学教书，在欢迎会上被称为"战士""革命家"，礼堂上一阵拍手，他很惶恐，"想到敝同乡秋瑾姑娘，就是被这种劈劈拍拍的拍手拍死的"。在《华盖集续编·空谈》一文中，鲁迅反对像三国人物许褚那样赤膊上阵，说不应该"虚掷生命，因为战士的生命是宝贵的"。那么，像秋瑾这样的战士白白牺牲，一定是很大的损失。

* * *

中国留学生在日本，思想活跃。在东京，浙江籍的学生于1903年2月创办《浙江潮》月刊。周树人读到了章太炎的诗，"这使我感动"：

狱中赠邹容

邹容吾小弟，被发下瀛洲。快剪刀除辫，干牛肉作餱。
英雄一入狱，天地亦悲秋。临命须掺手，乾坤只两头。

狱中闻沈禹希见杀

不见沈生久，江湖知隐沦。萧萧悲壮士，今在易京门。
螭魅羞争焰，文章总断魂。中阴当待我，南北几新坟。

章太炎，名炳麟（1869—1936），又名绛，号太炎，浙江余杭人。光复会的发起人之一。这位经学和小学大师，因驳斥康有为，支持写《革命军》的邹容，被监禁于上海的西牢。1906年6月出狱，即日东渡，到了东京，不久就主持《民报》。

周树人爱看《民报》，"并非为了先生的文笔古奥，索解为难，或说佛法，谈'俱分进化'，是为了他和主张保皇的梁启超斗争，和'××'的×××斗争，和'以《红楼梦》为成佛之要道'的×××斗争，真是所向披靡，令人神旺"（《且介亭杂文末编·关于太炎先生二三事》）。

鲁迅评价章太炎先生：

考其生平，以大勋章作扇坠，临总统府之门，大诟袁世凯的包藏祸心者,并世无第二人;七被追捕,三入牢狱,而革命之志,终不屈挠者,并世亦无第二人:这才是先哲的精神,后生的楷范。(《且介亭杂文末编·关于太炎先生二三事》)

周树人到东京之后,经常赴会馆,跑书店,往集会,听演讲。1908年7月,周树人、周作人、许寿裳等人到民报社请章太炎先生讲《说文解字》。逢周日,在民报社章太炎寓所内,"师生环绕一张矮矮的小桌,席地而坐。先生讲段氏《说文解字注》、郝氏《尔雅义疏》等,神解聪察,精力过人,逐字解释,滔滔不绝,或则阐明语原,或则推见本字,或则旁证以各处方言。自八时至正午,历四小时毫无休息,真所谓'诲人不倦'"(许寿裳《亡友鲁迅印象记·从章先生学》)。后来,《民报》被日本政府查封,这个每周日举办的国学讲习班无奈中止。鲁迅回忆这段经历,说"先生的音容笑貌,还在目前,而所讲的《说文解字》,却一句也不记得了"(《且介亭杂文末编·关于太炎先生二三事》)。

1909年3月3日,章太炎交不出《民报》被封的罚金,被日本警察署拘留,要罚做一百五十天苦力。章太炎女婿龚未生来找周树人、许寿裳等人商量营救的办法,挪用了一本书的译本印费来缴纳罚金,救出了章太炎。5月3日,章太炎致信周氏兄弟,请他们5月5日到智度寺随梵师密史逻学习梵文。周树人没有去,周作人去了两次,因为太难而中止。

章太炎弟子众多,其中最出色的有黄侃、汪东、钱玄同、朱希祖和吴承仕,五人并称章门"五大天王",各有所长,各有成就。后来,章太炎依附孙传芳,身为学生的周作人批评章太炎"只落得培养多少复古的种子,未免是可惜的"(《思想界的倾向》),并效仿章太炎对待其师俞樾之举,发表《谢本师》一文嘲讽章太炎,与章太炎脱离关系。

章太炎附和复辟之举,也遭到鲁迅嘲讽,说"康有为永定为复辟的祖师，袁皇帝要严复劝进，孙传芳大帅也来请太炎先生投壶了。原是拉车前进的好身手，腿肚大，臂膊也粗，这回还是请他拉，拉还是拉，然而是拉车屁股向后，这里只好用古文，'呜呼哀哉，尚飨'了"（《花边文学·趋时和复古》）。

1936年6月，章太炎逝世后，鲁迅不顾自身病重，写下《关于章太炎先生二三事》一文，感慨章太炎追悼会"赴会者不满百人，遂在寂寞中闭幕"，为老师鸣不平，给予老师最公正、客观的评价。之后，鲁迅又写下人生最后一篇文章——《因太炎先生而想起的二三事》。

* * *

明治维新之后的日本，在保护自己传统文化的同时，全面向西方开放，西方的现代文明特别是先进的科技，潮水般涌进日本。1907年夏天，周树人与周作人、许寿裳、袁文薮、苏曼殊等志同道合者，积极筹办《新生》杂志。前期准备工作很充分，刊名、封面、插图等方面都做了安排。

《新生》杂志第一期的封面原定选用的是一幅具有象征意义的画作。这幅画是英国19世纪画家瓦支的油画《希望》，画面上描绘了一位蒙着眼睛的姑娘，抱着一张只剩下一根琴弦在振动的竖琴，屈腿坐在地球仪上。这幅画的主题是"希望"，寓意着即使在最艰难的时刻也要坚持希望。然而，因为被撤资，《新生》杂志最终未能成功出版，因此这个封面设计也未能面世。

在东京的留学生很有学法政理化以至警察工业的，但没有人治文学和美术；可是在冷淡的空气中，也幸而寻到几个同志了，此外又邀集了必须的几个人，商量之后，第一步当然是出杂志，名目是取"新的生命"的意思，因为我们那时大抵带些复古的倾向，所以只谓之《新生》。

《新生》的出版之期接近了，但最先就隐去了若干担当文字的人，接着又逃走了资本，结果只剩下不名一钱的三个人。创始时候既已背时，失败时候当然无可告语，而其后却连这三个人也都为各自的运命所驱策，不能在一处纵谈将来的好梦了，这就是我们的并未产生的《新生》的结局。（《呐喊·自序》）

这一次的经验，使周树人开始反省，知道自己不是振臂一呼应者云集的英雄。此后，周树人全力从事翻译和著述工作。

这一年，周树人与周作人开始筹备《域外小说集》，集录当时外国优秀的短篇小说作品，引入中国。当时中国流行林琴南用古文翻译的外国小说，误译较多，周氏兄弟想加以纠正，所译偏东欧和北欧的文学作品，尤其是弱小民族的作品，因为富于挣扎、反抗、怒吼的精神。周树人和周作人合作共译。1909年3月，《域外小说集》第一册在东京出版，印了一千册。同年7月，第二册问世，印了五百册。书籍采用精装小本，用纸优良。然而，当时国内新文学尚未兴起，加之发行渠道有限，销售情况惨淡，第三册就没有继续出版。但是，《域外小说集》在文学史上意义重大，为日后新文化运动中的文学翻译奠定了基础，对中国现代文学的发展起到了启蒙作用。

寄售的地方，是上海和东京。

半年过去了，先在就近的东京寄售处结了帐。计第一册卖去了二十一本，第二册是二十本，以后可再也没有人买了。

那第一册何以多卖一本呢？就因为有一位极熟的友人，怕寄售处不遵定价，额外需索，所以亲去试验一回，果然划一不二，就放了心，第二本不再试验了——但由此看来，足见那二十位读者，是有出必看，没有一人中止的，我们至今很感谢。

至于上海，是至今还没有详细知道。听说也不过卖出了二十册上下，以后再没有人买了。于是第三册只好停板，已成的书，便都堆在上海寄售处堆货的屋子里。过了四五年，这寄售处不幸被了火，我们的书和纸板，都连同化成灰烬；我们这过去的梦幻似的无用的劳力，在中国也就完全消灭了。(《译文序跋集·〈域外小说集〉序》)

1907年至1908年，周树人为《河南》杂志撰写了《人之历史》《科学史教篇》《破恶声论》《摩罗诗力说》《文化偏至论》等文章。

《人之历史》一文，以人类起源与进化为核心，梳理了西方生物进化思想的发展历程。重点梳理生物进化思想的发展脉络，介绍林奈、居维叶、拉马克、达尔文、海克尔等科学家的理论，以此唤起国人科学意识。

《科学史教篇》一文，论述了希腊罗马以至18世纪后期的欧洲科学发展史，探索西方科学史能给中国的启示，认为追求科学真理是根源，技术实业是枝叶，同时强调科学与文学艺术的相通，呼唤培养中国人的求真探索创造精神。

《破恶声论》一文，批判当时盛行的"国民说"和"世界人说"中的六种"恶声"——"破迷信""崇侵略""尽义务""同文字""弃祖国""尚齐一"，认为它们灭裂个性，泯灭自我。文章认为，要发挥"心声者"和"内曜者"的作用，提倡"人各有己"的个性解放思想，从而唤起人们心灵的光辉，使"群之大觉近矣"，最终打破中国"缄口无言"

的寂寞。

《摩罗诗力说》一文，是周树人早期文艺思想的集中体现，也是中国现代文学史上倡导浪漫主义的纲领性文献。此文对尼采思想有独特的理解和选择性吸收。在日本留学期间的周树人，没有对尼采哲学思想体系进行全面深入的研究，但掌握了尼采思想中符合自身目的的部分，并加以利用和发挥。尼采的思想体系，特别是其"超人"哲学和"唯意志论"，在他看来，具有反封建、反传统的积极意义。周树人赞扬尼采对资本主义社会的深刻批判，以及他揭露社会庸俗、腐朽、颓败等现象的勇气，在《摩罗诗力说》中引用尼采的观点来支持自己对于摩罗诗派的推崇，认为这些诗人的精神能够感于后世，激励人们追求真理和自由。

鲁迅受到过尼采的深刻影响。学者统计，鲁迅一生在自己的创作中直接或间接提及尼采的名字、观点或语句有三十多次，《鲁迅全集》中有《文化偏至论》《摩罗诗力说》《破恶声论》《热风》《渡河与引路》《再论雷峰塔倒掉》等二十多篇杂文和十多封书信中谈到尼采。

鲁迅是格外赞赏尼采的，尼采所谓哲学，无非便是选择有理那一套，他的"超人妄想"分明是反众生的。

尼采有名句："我根本上就是战士，攻击就是我的本能。""勇敢就是击杀，每次击杀，伴随着一次凯旋。"鲁迅也曾写过："真的猛士，敢于直面惨淡的人生，敢于正视淋漓的鲜血。"

最初，鲁迅把尼采视为代表新生力量的进步思想家，这显然是一种误解。后来，鲁迅对尼采的看法有了明显的改变。1935年，鲁迅在《中国新文学大系·小说二集序》中，称尼采为"世纪末"的思想家（《且介亭杂文二集》）。观察鲁迅思想的变化，可以对比鲁迅署名唐俟，发表于1919年1月15日《新青年》第六卷第一号，后收入《热风》的《随感录四十一》一文对尼采的评价：

尼采式的超人，虽然太觉渺茫，但就世界现有人种的事实看来，却可以确信将来总有尤为高尚尤近圆满的人类出现。到那时候，类人猿上面，怕要添出"类猿人"这一个名词。

第三章 从绍兴到北京

东道若逢相识问，青袍今日误儒生。

——唐·刘长卿《别严士元》

1909年8月底，周树人结束七年的留学生涯，从日本回到绍兴。9月，到杭州担任浙江两级师范学堂的初级化学和优级生理学教员，兼任日本教员翻译。

1910年7月，周树人回到绍兴府中学堂任博物学教员。

1911年，绍兴光复，周树人担任浙江山会初级师范学堂监督，并聘请范爱农担任学堂监学。

1912年2月，周树人应教育总长蔡元培之邀到教育部任职。5月，周树人随教育部迁往北京。8月，任教育部佥事兼教育部社会教育司第一科科长。

政治环境动荡，在北京的最初几年，周树人住在山会邑馆，受人监视。经常到琉璃厂购买书籍、字画，抄古碑和古籍，大量阅读宗教书籍。

1916年1月1日，袁世凯称帝。3月22日，袁世凯被迫撤销帝制。6月6日，袁世凯去世。

9月1日，《青年杂志》更名《新青年》，同时成立新青年杂志社。

12月26日，总统黎元洪任命蔡元培为北京大学校长。

1917年1月，蔡元培任命陈独秀为北京大学文科学长，《新青年》编辑部随之北迁。

1月1日，胡适在《新青年》第二卷第五号发表《文学改良刍议》。

2月1日，陈独秀在《新青年》第二卷第六号发表《文学革命论》。

7月1日，张勋复辟，周树人脱离教育部。张勋复辟失败，段祺瑞重新执政。十三天后，周树人回归教育部。

1918年5月，周树人首次用"鲁迅"的笔名发表短篇小说《狂人日记》，从此横空出世。《狂人日记》是中国现代白话小说的开端。同年冬，鲁迅发表《孔乙己》，继续以白话文进行文学创作。

1919年4月，鲁迅发表小说《药》，进一步丰富了他的文学创作。

1919年5月4日，五四运动爆发。

1909年6月，周作人与日本女子羽太信子结婚。8月底，周树人结束七年的留学生涯，从日本回到绍兴。此时周树人已二十八岁，头发依旧浓密，脸上却多了几分沧桑。鲁迅后来回忆："因为我的母亲和几个别的人很希望我有经济上的帮助，我便回到中国来。"(《集外集·俄文译本〈阿Q正传〉序及著者自序传略》)鲁瑞对俞芳说过："你们大先生（鲁迅）一向以长兄自居，他不惜牺牲自己，照顾弟弟，把一家的重担放在自己肩上。他回国后拿到薪金，确实是全家合用的；那时你们二先生在日本读书，大学没有毕业就结婚了，官费不够用，大先生就放弃在国外的学习研究，回国找了工作，寄钱去接济他，甚至还接济羽太信子一家人。"(俞芳《我记忆中的鲁迅先生》)

9月，周树人又匆匆离家，将妻子朱安留在家中，只身赴杭州，担任浙江两级师范学堂的初级化学和优级生理学教员，并兼任日本教员铃木珪寿的植物学翻译。

浙江两级师范学堂是在废止科举之后，由贡院改建而成，有很多日籍教师。许多课程，日本教师讲一遍，需要有人在旁边翻译。许寿裳比周树人先回国两个月，正担任浙江两级师范学堂监学（教务长），所以他向学堂监督（校长）沈钧儒推荐了周树人。

曾为同事的夏丏尊回忆，周树人教生理卫生，有一次坦然地答应学生讲生殖系统，要求就是他讲的时候不许笑。

他曾向我们说："在这些时候，不许笑是个重要条件。因为讲的人的态度是严肃的，如果有人笑，严肃的空气就破坏了。"大家都佩服他的卓见。据说那回教授的情形果然很好。别班的学生因为没有听到，纷纷向他来讨油印讲义看，他指着剩余的油印讲义对他们说："恐怕你们看不懂的，要末，就拿去。"原来他的讲义写得很简，而且还故意用着许多古语，用"也"字表示女阴，用"了"字表示男阴，用"糸"字表示精子，诸如此类，在无文字学素养未曾亲听过讲的人看来，好比一部天书了。（夏丏尊《鲁迅翁杂忆》）

周树人经常和植物学教师铃木珪寿一起，带领学生到孤山、葛岭、北高峰、钱塘门一带采集植物标本，进行研究，并按法国恩格勒的分类法进行分类、定名。每逢星期六的下午，周树人就和同事杨莘耜结伴外出消遣，"鲁迅专事采集植物，常常背着一个植物采集箱；杨莘耜则喜欢打鸟，擎了一支鸟枪。两人出了校便分途去西湖各干各的。回来以后，两人就各自叙说交流自己的收获，随后就动手做标本。杨莘耜因常常剥制动物标本而亚砒酸中毒，脸面发肿，鲁迅就劝杨莘耜别搞动物，跟他一起搞植物。杨莘耜却提出了个反建议，劝鲁迅搞动物，两人哈哈大笑，结果还是自搞一套"（马青云《一个湖州人的历史天空：杨莘耜传略》）。

浙江两级师范学堂是一所新式学校，从建立的那天起就被浙江巡抚视为异端，一年内多次更换校长。沈钧儒当选为浙江省咨议局副议长，被任命为省教育总会长的夏震武成为第五任监督。

夏震武为人保守顽固，上任前一天要求教务长许寿裳设好孔子牌位，带领全体教师穿清朝礼服拜孔子。第二天，夏震武与十几名随员穿戴着清朝礼服来到，迎接他的只有一群短头发甚至光头的教师。双方争执起来。夏震武开除了许寿裳，教师愤而集体辞职。夏震武态度强硬，学生请愿支持教师，并得到全省学界的声援。教师暂时取得了胜利。但

▲1909年，周树人在杭州

是，接任的校长徐定超同样是御史出身，一身官气。

1910年7月，教师陆续辞职，周树人也回到绍兴，在府中学堂担任博物学教员，收入微薄，不足以养家。

杨莘耜接任许寿裳代理监学，坐着乌篷船到绍兴请周树人回去当生物教师。周树人说有老母在家不便出门，婉言谢绝，并提醒杨莘耜："徐班侯（徐定超）也不是一个好相识，你要当心。"不久，杨莘耜也辞职。

除教学外，周树人忙于录辑《古小说钩沉》和《会稽郡故书杂集》。

8月，绍兴府中学堂学生掀起反对新任代理监督杜海生的学潮，周树人同情学生，给予指导。从11月15日致许寿裳信中可知，9月周树人"暂为监学，少有建树，而学生亦尚相安"，而他自己"搜采植物，不殊曩日，又翻类书，荟集古逸书数种，此非求学，以代醇酒妇人者也"，道出了自己的孤独以及对自己婚姻生活的失望。

周树人在绍兴府中学堂任教，常常带学生去远足，先后到过绍兴的兰亭、快阁、宋六陵、柯桥、七星岩和杭州西湖等地，深受关在校内枯读的学生欢迎。在学生眼中，这位留学归来的老师，是学问渊博和满口新名词的学问家。

1911年3月7日，周树人致信许寿裳，说因为家中经济困难，想让在日本学习法语的二弟周作人回国，自己也想离开绍兴：

> 师范收入意当菲薄，然教习却不可不为……卖田之举去年已实行，资亦早罄，迩方析分公田，仆之所得拟即献诸善人，事一成当即为代付刊资也……起孟来书，谓尚欲略习法文，仆拟即速之返，缘法文不能变米肉也，使二年前而作此语，当自击，然今兹思想转变实已如是，颇自闵叹也。（1911年3月7日致许寿裳信）

暑假，周树人辞去府中学堂所有职务，想到上海的一个书店做编译员，被拒绝了。他又收集一些关于新知识的外文丛书打算翻译出版，译稿寄到上海也被退稿了。周树人继续辑录《会稽郡故书杂集》和《古小说钩沉》，年底基本完成。

> 我一回国，就在浙江杭州的两级师范学堂做化学和生理学教员，第二年就走出，到绍兴中学堂去做教务长，第三年又走出，没有地方可去，想在一个书店去做编译员，到底被拒绝了。但革命也就发生，绍兴光复后，我做了师范学校的校长。革命政府在南京成立，教育部长招我去做部员，移入北京，一直到现在。(《俄文译本〈阿Q正传〉序及著者自叙传略》)

1911年4月27日（农历三月二十九日），同盟会成员黄兴于广州策划并发起反清武装起义。黄兴率领一百三十余名敢死队员，直扑两广总督署。起义军英勇奋战，但因寡不敌众而失败。众多革命党人英勇牺牲，其中七十二人的遗体被安葬于广州市郊黄花岗，史称"黄花岗七十二烈士"。鲁迅后来回忆，"但是三月二十九日的事却特别，当时虽然失败，十月就是武昌起义，第二年，中华民国便出现了"(《而已集·黄花节的杂感》)。

10月10日，辛亥革命爆发，武昌起义成功，起义军占领重镇武昌，次日成立湖北军政府。沪、黔、苏、浙、桂、皖、闽、粤、川等地相继光复。

绍兴城人心惶惶，怕失败的清兵回来骚扰。绍兴府中学堂监督辞职，学生邀请周树人回来主持工作。周树人组织学生上街游行，自己手执钢刀，带领手持毛瑟枪的学生绕城一周。

绍兴在11月6日宣布独立，但新推举的绍兴军政分府府长还是原来的知府，新推举的治安科长是原来浙江巡抚衙门的刑名师爷。"走了一通，满眼是白旗。然而貌虽如此，内骨子是依旧的，因为还是几个旧乡绅所组织的军政府。"（《朝花夕拾·范爱农》）

三天后，革命军到来，改组旧绍兴军政府。

周树人被聘为浙江山会初级师范学堂监督，请范爱农担任学堂监学。周树人深受学生欢迎，学堂经费很少，但他仍然付出心血办学，亲自查看学生晚习和就寝情况，代请假的教师上课，鼓励青年"学好一种外国文，专心一门科学"。（据《鲁迅年谱长编》）

但是，时间一长，绍兴军政分府的官员就原形毕露了。

> 民元革命时候，我在S城，来了一个都督。
>
> 他虽然也出身绿林大学，未尝"读经"，但倒是还算顾大局，听舆论的，可是自绅士以至于庶民，又用了祖传的捧法群起而捧之了。这个拜会，那个恭维，今天送衣料，明天送翅席，捧得他连自己也忘其所以，结果是渐渐变成老官僚一样，动手刮地皮。（《华盖集·这个与那个》）

因此，周树人支持越社创办《越铎日报》，监督绍兴军政分府并担任名誉总编辑。

这一年，周树人有感而发，创作了一篇文言体小说《怀旧》。这是一篇被文学史忽视并低估的佳作，或可说此乃新文化运动期间产生的开现代之新气韵、新气象的中国小说。从文本上讲，这篇作品比《狂人日记》更能成为鲁迅的代表作。

周树人署名"周逴"，将《怀旧》发表于1913年4月出版的《小说月报》第四卷第一号，后来收入《集外集拾遗》。《小说月报》编者恽铁樵在小说篇末"焦木附志"中评价，这篇小说对那些"才解握管，便讲词章，卒致满纸饾饤（堆砌辞藻之意——引者注），无有是处"的青年作者来说，"亟宜以此等文字药之"。

捷克斯洛伐克汉学家普实克在《鲁迅的〈怀旧〉：中国现代文学的先声》中说："以现代的眼光观察世界，对现实生活的某些方面有与众不同的兴趣。"普实克认为，《怀旧》以"现代方式"建构情节，"可以清楚地感觉到它完全是一部现代文学作品，而不属于过去一个时代的文学"。普实克对《怀旧》的评价基本可信，但也有溢美之嫌。他回避了小说对革命的冷漠，且其"现代的眼光""现代方式"等概念也含混。但鲁迅继承中国小说传统又汲取世界文学营养的个性，是清楚的，其入木三分的讽刺笔墨，确实让人看到小说的新气象。

小说《怀旧》呈现了一个燕市的闭塞小城，在革命风潮冲击中，居民生活和心理上的巨大变化。其艺术高妙之处，在于选择了一个独特的视角，以一个私塾孩子的眼光，来观察看似风云激荡的革命风潮，并让读者也感受到社会动荡给各色人等造成的心理反应。

小说的结尾极为精彩：风言过后，确切的消息传来，所传的"长毛"压根儿没有经过此地，过境的是一群难民。于是，小城又恢复了昔日的落寞和宁静。这个结尾构成了一种反讽，让人莞尔。

小说《怀旧》的深刻之处，在于作者隐喻地暗示读者，辛亥革命虽推翻了清王朝，但在当时老百姓的心目中，与"长毛"造反并无二致。小说批判了辛亥革命的不彻底性。

后来，鲁迅在1919年5月《新青年》第六卷第五号发表的《随感录五十六·"来了"》中，再次写到难民逃难的状态：

> 民国成立的时候，我住在一个小县城里，早已挂过白旗。
>
> 有一日，忽然见许多男女，纷纷乱逃：城里的逃到乡下，乡下的逃进城里。问他们什么事，他们答道，"他们说要来了。"

文中，鲁迅列举了陕西军阀陈树藩纵容兵匪残杀无辜人民的暴行，以及湖南军阀张敬尧纵兵奸淫掳掠、残杀无辜等罪行。同一时期，为驱逐军阀张敬尧，结束其在湖南的黑暗统治，年轻的毛泽东组织了新民学会，创办了《湘江评论》杂志。

* * *

1911年12月18日，清廷全权大臣袁世凯派遣代表唐绍仪，与革命军政府代表伍廷芳，在上海举行南北议和会议，达成了如果袁世凯反正可以担任总统的协议。12月29日，宣布独立的十七个省代表会议选举孙中山为临时大总统，决定从明年起改用阳历。

1912年1月1日，孙中山在南京就任中华民国临时大总统，宣告中华民国成立。2月12日，宣统皇帝溥仪宣布退位，清朝终结。2月13日，袁世凯通电赞成共和，孙中山谨守承诺，向参议院辞职。2月15日，参议院选举袁世凯为临时大总统。袁世凯借口北京发生"兵变"，局势不稳，不肯到南京就任，而回到老巢北京，宣布就任临时大总统。

这年初，绍兴军政分府拖欠山会师范学堂经费，官员又因《越铎日报》威胁要杀死周树人。2月13日，周树人辞去山会师范学堂监督一职。南京临时政府成立后，任命在绍兴的清朝翰林蔡元培为教育总长。许寿裳向蔡元培推荐了周树人。周树人离开绍兴，来到南京临时政府教育部担任部员，每月薪水三十元，膳宿由教育部提供。那时，周树人对民国

是充满了期待的:

> 说起民元的事来,那时确是光明得多,当时我也在南京教育部,觉得中国将来很有希望。自然,那时恶劣分子固然也有的,然而他总失败。(1925年3月31日致许广平信)

南京临时政府准备迁往北京。4月中旬,周树人回到绍兴安顿家事,5月初与许寿裳等人一起赴北京,被任命为教育部社会教育司第二科科员。

周树人5月5日上午乘船抵达天津,下午三时改乘火车抵达北京,是日日记写道:"途中弥望黄土,间有草木,无可观览。约七时抵北京,宿长发店。夜至山会邑馆访许铭伯先生,得《越中先贤祠目》一册。"

许铭伯是许寿裳的长兄,时任民国财政部佥事。山会邑馆就是绍兴会馆,位于北京宣武门外南半截胡同。周树人次日开始迁居这里,先是住在馆内的藤花馆,后搬到补树书屋,直到1919年11月21日迁入八道湾十一号,在这里住了八年。

从这一天开始,周树人开始记日记,一直到生命尽头的1936年,凡二十四年。1912年5月5日到1936年10月18日的鲁迅日记,虽如流水账,却事无巨细地记录了主人的生活、生命细节。

在北京教育部里,周树人、许寿裳这些南方来的同事,受到冷遇。5月10日上班第一天,鲁迅日记记道:"十日晨九时至下午四时半至教育部视事,枯坐终日,极无聊赖。国亲移去。"后来,这些教育部的人员还受到袁世凯特务的监视,他们只好沉寂下来。

山会邑馆离琉璃厂不远,周树人一个月里会有两个星期天在琉璃厂玩上半天。到几家熟识的碑帖店和老板谈天,耐心地翻看店里的拓本,看中了不太贵重的，就留下用东昌纸裱背或直接带走，然后到书店去买点书，再到观音寺街买点日用品。

生活百无聊赖，周树人晚上在山会邑馆读书，抄古书，抄佛经，弄碑刻，有时凌晨一二点钟才睡。教育部规定八点上班，但无事可做，周树人常常九十点钟才起来。其实，早在南京教育部工作时，周树人就经常和许寿裳一起去图书馆读书，或借江南图书馆的珍贵版本古籍抄校。

鲁迅抄碑就在补树书屋那两间房里，当初是在南偏，后来移到北边的一间去了……袁世凯的特务如陆建章的军警执法处大概继承的是东厂的统系，也着实可怕，由它抓去失踪的人至今无可计算。北京文官大小一律受到注意，生恐他们反对或表示不服，以此人人设法逃避耳目，大约只要有一种嗜好，重的嫖赌蓄妾，轻则玩古董书画……教育部里鲁迅的一班朋友如许寿裳……打麻将总是在行的，那么即此也已可以及格了，鲁迅却连大湖（亦称挖花）都不会，只好假装玩玩古董，又买不起金石品，便限于纸片，收集些石刻拓本来看……又不能有这些钱去每天买一张，于是动手来抄，这样一块汉碑的文字有时候可供半个月的抄写……原本碑大字多，特别汉碑又多断缺漫漶，拓本上一个字若有若无，要左右远近的细看，才能稍微辨别出来。（周作人《鲁迅的故家·抄碑的目的》）

不好好工作反而得到晋升。8月21日，周树人被任命为教育部佥事。次日鲁迅日记记载："二十二日晨见教育部任命名氏，余为佥事。上午寄蔡国青信。晚钱稻孙来，同季市饮于广和居，每人均出资一元。归时见月色甚美，骤游于街。"季市就是许寿裳，字季茀，又字季黻。

8月26日，周树人又被任命为社会教育司第一科科长。按当时官制，

"参事""佥事"由总长提名，总统任免。

教育部佥事的薪水是让人满意的。8月30日鲁迅日记记："三十日阴。下午收本月俸百二十五元，半俸也。夜半雨。"9月14日日记记"午收本月半俸百二十五元"，10月15日日记记"午后收本月半俸百二十五元"，11月16日日记记"十六日午后收本月俸银二百二十元"……按当时物价，三元钱即可养活穷苦人家一家五口，无怪乎周树人有余钱下馆子，逛琉璃厂。

12月22日，周树人"赴浴室。又赴瑞蚨祥买斗篷一袭，银十六元；手衣一具，银一元"，准备体面的着装。12月26日，鲁迅日记记录了觐见袁世凯一事："积雪厚尺余，仍下不止。晨赴铁师子胡同总统府同教育部员见袁总统，见毕述关于教育之意见可百余语，少顷出。向午雪霁，有日光。"

周树人以天气、去琉璃厂购物、下哪家馆子吃酒、到什么地方办事、有哪位友人到访、每月薪俸多少、每月开支明细，填满日记，背后是精神的寂寥和生活的孤独。兹录其1913年2月日记：

> 一日午后往留黎厂书肆购《十七史》不成。晚收廿六日《越铎》一分。
>
> 二日星期休息。上午得二弟信，附《贺新年篇》一纸，为《天觉报》作者，二十七日发。王君懋镕来谈，午刻去。午后许季上来，同往留黎厂阅书，购《尔雅翼》一部六册，一元。又购北邙所出明器五具，银六元，凡人一、豕一、羊一、鸶一，又独角人面兽身物一，有翼，不知何名。晚收廿七、廿八《越铎》各一分，又廿八日《警铎》一分。
>
> 三日上午寄二弟信（八）。下午同季市、季上往留黎厂，又购

明器二事：女子立象一，碓一，共一元半。

四日昙。早上夏揖颜来访。下午收二十九日《越铎》一分。夜大风。

五日晴，风。晨得二弟信，三十一日发。午后同齐寿山往小市，因风无一地摊，遂归。过一骨董肆，见有胆瓶，作豇豆色，虽微瑕而尚可玩，云是道光窑，因以一元得之。范总长辞职而代以海军总长刘冠雄，下午到部演说少顷，不知所云。赴临记洋行购饼饵、饴糖共三元。晚收二弟所寄《无机化学》译稿三册，三十一日发，为诗荃所欲假观者，即交季市，托转赠之。收三十一日及一日《越铎》各一分，又三十日《越铎》及《警铎》各一分。收李鸿梁信。季市招饮，有蒸鹜、火腿。

六日晴。旧历元旦也。午后即散部往琉璃厂，诸店悉闭，仅有玩具摊不少，买数事而归。

七日上午寄二弟信（九）。午后风。下午寿洙邻、曾丽润、阮和孙来访，坐少顷，同赴南味斋夕餐。

八日晴，风。上午赴部，车夫误躐地上所置橡皮水管，有似巡警者及常服者三数人突来乱击之，季世人性都如野狗，可叹！午后赴留黎厂买得朱长文《墨池编》一部六册，附朱象贤《印典》二册，十元。又《陶庵梦忆》一部四册，一元，此为王文诰所编，刻于桂林，虽单行本，然疑与《粤雅堂丛书》本同也。下午往看季市，则惘惘如欲睡，即出。晚谷青来，假去二十元。

九日晴。上午得二弟信并叶书一，均五日发。收二日《越铎》一分。星期休息日也。午后赴琉璃厂，途中遇杨仲和，导余游花［火］神庙，列肆甚多，均售古玩，间有书画，然大抵新品及伪品耳，览一周别去。视旧书肆，至宏道堂买得《湖海楼丛书》一部二十二册，七元；《佩文斋书画谱》一部三十二册，二十元。其主人程姓，年已五十余，自云索价高者，总因欲多赢几文之故，亦诚言也。又云官局书颇备，此事利薄，侪辈多不愿为，而我为之。夜风。

十日晴，风。夜季市贻火腿一块。

十一日上午复李鸿梁信。

十二日统一纪念日，休假。上午得陈子英信，五日发。收八日《越铎》一分。午后寄二弟信（十）。赴厂甸阅所陈书画。买《画征录》一部二册，三角；《神州大观》第一集一册，一元六角半，此即《神州国光集》所改，而楮墨较佳，册子亦较大。拟自此册起，联续买之。

十三日昙。下午有美国人海端生者来部，与次长谈至六时方去，同坐甚倦。

十四日晴。夕蔡谷青来。夜大风。胃小痛。

十五日大风。上午得二弟并三弟信，九日发。前乞戴芦舲画山水一幅，今日持来，又包蝶仙作山水一枚，乃转乞所得者，晴窗披览，方佛见故乡矣。午后同戴芦舲游厂甸及花［火］神庙。教育部简作读音统一会会员，下午有茗谈会，不赴。常毅箴欲得商务馆《新字典》，即以所有者贻之。晚收初九日《越铎日报》一分。

十六日晴。星期休息。上午收十至十二日《越铎报》各一分。午后杜亚泉来。下午陈子英、张协和、季自求来。晚招子英、协和饮于广和居。收二弟所寄《或外小说集》第一、第二各五册，十二日付邮。

十七日上午寄二弟及三弟信（十一）。午后同沈商耆赴图书馆访江叔海问交代日期。

十八日晨得夏揖颜信，云将南旋，赴部途中遇之，折回邑馆，赠以《或外小说》第一、二各二册。下午同沈商耆往夏司长寓，方饮酒，遂同饮少许；复游花［火］神庙，历览众肆，盘桓至晚方归。夕得相摸屋书店叶书，十一日发。

十九日上午常毅箴赠《中国学报》第三期一册。下午得二弟信，十四日发。收十三至十五日《越铎日报》各一分。夜风。

二十日晴，午后昙。退部赴劝业场理发，又买不倒翁两个，拟以贻二弟。赴花［火］神庙览一切摊肆，购得《欧［瓯］钵罗室书画过目考》一部四册，价一元。又至厂甸一游，寥落已甚。晚得相摸屋书店叶书，十二日发。

二十一日昙。大风。晚寄二弟《中国学报》第三期一册。

二十二日晴，风。上午收十六日《越铎报》一分。寄二弟信（十二）。陈象明母丧，致奠仪一金。下午朱迪先、马幼舆、陈子英来谈，至晚幼舆先去，遂邀迪先、子英饭于广和居。

二十三日晴。星期休息。午后收十七至十九日《越铎》各一分。午后季自求、刘立青来，立青为作山水一幅，是蜀中山，缭以烟云，历二时许始成，题云：十年不见起孟，作画一张寄之。晚同饭于广和居。得二弟信，十八日发（十一）。

二十四日午后得相摸屋所寄小包二个，内《笔耕园》一册，三十五圆；《正仓院志》一册，七十钱；《陈白阳花鸟真迹》一册，一圆，并十二日发。夜风。

二十五日上午收王造周自开封来信，问子英寓处，即复之。午后寄相摸屋信。夜风。

二十六日晨子英之仆池叔钧来。午收到本月俸银二百四十元。午后收二十至二十三日《越铎报》各一分。收二弟所寄格子纸三帖共五百校，二十日发。戴芦舲来看《笔耕园》，以为甚佳，晚同往广和居饮。夜胃小痛,多饮故也。

  二十七日晨杨仲和来。上午寄二弟信并本月家用五十元。午后同徐[齐]寿山、许季上游小市。下午季市遣人来取去《或外小说集》第一、二各一册,云袁文薮欲之。

  二十八日晴,风。无事。

以上日记,关于文学创作和在教育部工作的内容鲜少。

1913年2月,周树人在《教育部编纂处月刊》第一卷第一册发表《拟播布美术意见书》一文,此文虽是代表官方发表美术和文物保护意见书,但不妨碍从中体现周树人本人对古代艺术及宗教的尊重。在"播布美术之方"中,周树人提出建设事业、保存事业、研究事业三条措施。保存事业列了四项,三项与宗教有关:

> 著名之建筑:伽蓝宫殿,古者多以宗教或帝王之威力,令国人成之;故时世既迁,不能更见,所当保存,无令毁坏……
> 碑碣:椎拓既多,日就漫漶,当申禁令,俾得长存。
> 壁画及造像:梵刹及神祠中有之,间或出于名手。近时假破除迷信为名,任意毁坏,当考核作手,指定保存。

学者郑欣淼认为:"鲁迅在日本改变医学救国的初衷后,便把重点放在改造国民性这个不少先进的中国人所注目的问题上。他认为,要推翻清朝专制统治,改造社会弊端,必须从改变人们精神面貌、振作人心,即改造国民性做起。这就要强调个性解放,'国人之自觉至,个性张,沙聚之邦,由是转为人国'。在鲁迅看来,宗教对于改变人们的思想是有裨益的,主要由于它依靠的是信仰。"(郑欣淼《鲁迅与宗教

文化》）

当时北京处于白色恐怖之下，到处布满了侦探，许多进步青年被抓进监狱之中下落不明。前文引周作人文章提过，北京的文官为了自保，各出奇招，许寿裳学会打牌，周树人就去抄碑，到处搜求碑帖拓片，重点是汉代画像石拓本、六朝造像和有关佛寺的碑、铭、志、记等，并且认真整理，编成集子，惜当时未印行。周树人沉浸到书中，是为了排解内心的忧郁。他大量购买图书并阅读，无法购买和珍贵的图书，比如那些珍贵的古本，就整本整本地抄录下来。他先后抄校了《谢承后汉书》《谢沈后汉书》《虞预晋书》《云谷杂记》《易林》《石屏集》《嵇康集》《谢氏后汉书补逸》《沈下贤文集》《出三藏记集》《法显传》等书。

1914年4月开始，周树人开始大量购买并阅读佛教书籍，"用功很猛"（许寿裳《亡友鲁迅印象记》），还跟住在绍兴的周作人互相交流。周树人还经常去佛寺考察，先后去过北京陶然亭慈悲寺、法源寺、雍和宫、圣安寺、崇效寺、龙泉寺等。

1914年7月29日的鲁迅日记记载：

> 二十九日上午寄二弟书籍三包：一，《贤愚因缘经》四本，《肇论略注》二本；二，《大唐西域记》四本，《玄奘三藏传》三本；三，《续高僧传》十本。托许季上寄金陵刻经处银五十元，拟刻《百喻经》。午前同钱稻孙至观音寺街晋和祥午饭。又至有正书局买《瑜伽师地论》一部五本，二元六角；《镡津文集》一部四本，七角八分；梁译、唐译《起信论》二册，一角五分六厘。夜邻室大赌博，后又大诤，至黎明诤已散去，始得睡。

周树人的母亲鲁瑞信仰佛教，据学者研究，周树人托金陵刻经处刻

《百喻经》一百册，是为庆贺母亲六十大寿。

在研究佛学的同时，周树人也阅读庄老的著作。鲁迅1914年9月12日的日记记载：

> 上午寄陶望潮信，附介绍于陈公侠之函一封。寄二弟书籍两包，一：《过去见在因果经》一，《镡津文集》四，《老子翼》四，《阴符等四经发隐》一，共十本。一：《宋高僧传》八，《明高僧传》二，《林间录》二，《续原教论》一，共十三本。午后至有正书局买憨山《老子注》二册，又《庄子内篇注》二册，共五角九分。又至保古斋买《备急灸方附针灸择日》共二册，二角。次至稻香村买食物三品，五角也。下午与宋紫佩信，还《通鉴考异》，借《两汉书辨疑》及《三国志注补》，共十七册。

在五四运动之前，周树人就注意到儒、释、道三教合流对国民性格和信仰体系的影响至关重要。周树人曾对许寿裳说过，孔学提出三纲五常，硬要民众当奴才，本来不容易说服人，而佛教轮回说很能吓人，道教炼丹求仙则颇有吸引力，能补孔学之不足。所以历来统治者以儒、释、道三者兼济，互相补充融汇，以达到巩固反动统治的目的。（参见罗慧生《鲁迅与许寿裳》）

周树人将批判的锋芒对准了孔子创立的儒家。鲁迅后来写的《吃教》一文，抓住中国传统信仰体系的基本特征，正与历史事实相符。

> 晋以来的名流，每一个人总有三种小玩意，一是《论语》和《孝经》，二是《老子》，三是《维摩诘经》，不但采作谈资，并且常常做一点注解。唐有三教辩论，后来变成大家打诨；所谓名儒，

做几篇伽蓝碑文也不算什么大事。宋儒道貌岸然,而窃取禅师的语录。清呢,去今不远,我们还可以知道儒者的相信《太上感应篇》和《文昌帝君阴骘文》,并且会请和尚到家里来拜忏。(《准风月谈·吃教》)

1913年6月,袁世凯当选大总统后,抛出《通令尊崇孔圣文》,通令全国"尊崇孔圣",举行"祀孔典礼",还要立"孔教为国教"。社会上一时间出现了许多尊孔团体。周树人在1913年9月28日的日记中表达了自己的憎恶和嘲讽:

二十八日星期休息。又云是孔子生日也。昨汪总长令部员往国子监,且须跪拜,众已哗然。晨七时往视之,则至者仅三四十人,或跪或立,或旁立而笑,钱念敏[劬]又从旁大声而骂,顷刻间便草率了事,真一笑话。闻此举由夏穗卿主动,阴鸷可畏也。归途过齐寿山家小坐。路遇张协和方自季市寓出,复邀之同往,至午归。下午小睡。晚国子监送来牛肉一方。紫佩来,即去。

钱念劬是钱玄同的兄长,钱稻孙的父亲,时任临时政府顾问。

尊孔读经,是袁世凯为复辟帝制制造舆论。后来,1934年,国民党南京政府确定8月27日为"先师孔子诞辰纪念日",蒋介石提倡强调"礼义廉耻"的"新生活运动",文化教育界出现一股尊孔读经的逆流。这些,都为周树人的研究提供了例证。

1916年6月6日,袁世凯病亡,黎元洪继任大总统。7月,范源濂任段祺瑞内阁的教育总长,这是他第二次任教育总长。范源濂又提出"祭孔读经"。每次祭孔,受过新学熏陶的部员总会觉得屈辱。按等级他们够不上顿首或鞠躬的资格,但要戴上冕帽将"帛"或"爵"规规矩矩地递给诸公。周树人和从浙江来教育部任职的许寿裳、钱家治、张协和、张宗祥、杨莘耜等人无法忍受这种屈辱,联名写信驳斥"祭孔读经"的荒谬。这信一式两份,一份送范源濂,一份摊在办公桌上让大家观看。范源濂报复众人,让众人明升暗降。许寿裳离开教育部去了江西,杨莘耜到吉林当教育厅厅长。周树人因为是社会教育司的,无法外放才留下。

后来,鲁迅在《正是时候》一文中写道:

圣经,佛典,受一部分人们的奚落已经十多年了,"觉今是而昨非",现在就是复兴的时候。关岳,是清朝屡经封赠的神明,被民元革命所闲却;从新记得,是袁世凯的晚年,但又和袁世凯一同盖了棺;而第二次从新记得,则是在现在。(《花边文学·正是时候》)

鲁迅又在《偶感》一文中写道:

科学不但并不足以补中国文化之不足,却更加证明了中国文化之高深。风水,是合于地理学的,门阀,是合于优生学的,炼丹,是合于化学的,放风筝,是合于卫生学的。"灵乩"的合于"科学",亦不过其一而已。(《花边文学·偶感》)

鲁迅的结论是,"此弊不去,中国是无药可救的"。执政者利用三教合流和伪科学,专制于其子民,只为了愚昧的百姓是好管束的,可救中国的是真正的科学和民主。

* * *

>如果他觉得不大容易过下去的时候,他觉得不能不装死或经过一种蛰伏的时期以安息他的心灵的时候,那么他便这样做。他已经这样做了几回——三回罢,照我所知道。他曾经死了似的不闻一切外事,一心抄他的汉碑,玩他的古董,活埋于一间闹鬼的屋子里,在那古城北京之偏僻的角落里,一直到后来钱玄同教授才把他从他的洞窟中拉出来,而且怂恿他开手写文章和小说。(林语堂《学者鲁迅》)

以前的老朋友经常在闲暇造访在山会邑馆的周树人。比如老同事杨莘耜又成了教育部的同事,他们交往频繁,不是"饮于广和居",就是"饭于便宜坊""饮于南味斋"。杨莘耜到处为周树人搜集碑帖。这些朋友中,有曾经一同留学日本、一同师从章太炎的湖州人钱玄同。钱玄同主张废灭汉字,现在他任职北大,也是《新青年》杂志的编辑。1917年8月7日,周树人给蔡元培寄信并所拟北京大学校徽。周树人为北大设计的校徽,圆形,白底黑字,书篆文"北大"二字。两天后,"九日晴,大热。下午钱中季来谈,至夜分去"(《鲁迅日记》)。钱中季就是钱玄同,中季是他的字。从这天开始,钱玄同为给《新青年》约稿,多次来访。

1917年4月1日,周作人自绍兴来到北京。因为周树人向时任北大校长蔡元培推荐二弟,获得成功。周树人将补树书屋南头的一间让给周作人,自己住在较阴暗的北边一间。钱玄同向周作人约稿,周作人很快响应并交出作业。但周树人仍然沉迷于抄碑、抄经。钱玄同多次到山会邑馆,劝说鲁迅少抄古碑,多写文章。

▲鲁迅设计的北京大学校徽

在张勋复辟之前，鲁迅继续在抄碑，别的什么事都不管，但在这事件以后，渐渐发生了一个转变，这事他自己说过，是由金心异的一场议论起来的。金心异即是林琴南送给钱玄同的别名，鲁迅文中那么说，所以这里也沿用了，虽然知道的人或者并不多了。钱玄同和鲁迅同是章太炎的学生，常看他与太炎谈论，高兴起来，指手画脚的，连坐席也会移动，所以鲁迅叫他诨名为"爬来爬去"，后来回国在浙江师范，在读音统一会，都是一起，所以本是熟识的。但是在那时代大家都是好古派，特别在文字上面，相见只有关于师友的事情可谈，否则骂一般士大夫的不通，没有多大兴趣，来往因此不多。来了这一个复辟，大家受到很大的激刺，觉得中国这样拖下去是不行的，这个趋势在《新青年》杂志上也发现了出来。（周作人《鲁迅的故家·金心异》）

钱玄同来到山会邑馆，将手提的大皮夹放在破桌上，脱下长衫，在正在抄碑的"猫头鹰"周树人对面坐下。在江南水师学堂上学时，同学钱玄同觉得周树人不修边幅，不爱说笑，常凝寂静坐，像个兀立枝头的猫头鹰，便送给他这个绰号。

两人开启了一场改变历史的谈话。

"你钞了这些有什么用？"有一夜，他翻着我那古碑的钞本，发了研究的质问了。

"没有什么用。"

"那么，你钞他是什么意思呢？"

"没有什么意思。"

"我想，你可以做点文章……"（《呐喊·自序》）

▲鲁迅1911年画于所作植物标本册上的猫头鹰

周树人回复钱玄同：

"假如一间铁屋子，是绝无窗户而万难破毁的，里面有许多熟睡的人们，不久都要闷死了，然而是从昏睡入死灭，并不感到就死的悲哀。现在你大嚷起来，惊起了较为清醒的几个人，使这不幸的少数者来受无可挽救的临终的苦楚，你倒以为对得起他们么？"（《呐喊·自序》）

钱玄同瞪着周树人，反驳道：

"然而几个人既然起来，你不能说决没有毁坏这铁屋的希望。"（《呐喊·自序》）

这是一场改变历史的谈话。周树人终于答应钱玄同，开始写文章。

1918年春，新文化运动有了一抹春色，陈独秀进入北京大学，携风靡一时的《新青年》北上，《新青年》成为新文化运动的精神高地。

1918年4月，周树人创作了小说《狂人日记》，署名鲁迅，载当年5月《新青年》第四卷第五号上。周树人以此为开端，横空出世，开始了鲁迅时代，标示了中国新文学的诞生。从此，鲁迅全力投入改造国民性与反对旧势力的斗争之中，成为中国新文学的伟大旗手。

中国第一篇白话小说《狂人日记》发表之后，引起轰动，文坛一片喝彩之声。

这篇小说与俄国作家果戈理的作品同名。果戈理笔下的狂人，是被专制农奴制社会压榨的自卑懦弱的小职员。鲁迅笔下的"狂人"，是出生在士大夫家庭，长期受礼教压迫，对社会产生恐惧的一介书生。狂人的每句话都是疯话，却含有许多严酷的真理和深刻的哲理。鲁迅借此控诉了封建社会"吃人"的本质。评论界认为《狂人日记》在文学史上具有划时代的意义，使我们的民族面貌、气象为之一新。

笔者总觉得，《狂人日记》的主人公正是鲁迅自己。当时他寓居山会邑馆，如同困在牢笼之中，他自己正是想冲破黑暗却报国无门的一介书生。

> 我翻开历史一查，这历史没有年代，歪歪斜斜的每叶上都写着"仁义道德"几个字。我横竖睡不着，仔细看了半夜，才从字缝里看出字来，满本都写着两个字是"吃人"！（《呐喊·狂人日记》）

请看小说，"狂人"安排的"早愈"并"赴某地候补"的情节中，就有鲁迅本人欲走出"S会馆"，为新时代呐喊的复杂心态。"黑暗"让他"痛苦"，但又不确信"希望"的存在。他所以要出征，系听到"将令"，就要冲出牢笼，"与黑暗搞乱"，"闹他一下"。

鲁迅将自身矛盾而沉痛的思索都写进了《狂人日记》之中，我们可以从中读到鲁迅复杂的世界观，以及他独特的性情和人格。有了这一层，"狂人"或孤独的鲁迅，为中国文学留下了丰富的精神与文化财富。

当然，与陈独秀、胡适、李大钊等人提倡的五四新文化思想和精神相比，《狂人日记》所表现的并没有超越。

《狂人日记》发表后，《新青年》第四卷第六号上发表了胡适的《易卜生主义》一文，详细地介绍了北欧戏剧大师易卜生的思想及其现实主义代表作品，在中国思想界和戏剧界掀起了思想解放的冲击波。

胡适抽译出易卜生的三句名言：一、你要想有益于社会，最好的法子莫如把你自己这块材料铸造成器；二、社会最大的罪名莫过于摧折个人的个性，不使他自由发展；三、世界上最强有力的人就是那最孤立的人。

胡适认为，健全的个人主义的核心精神就是由这三句话发生的，这个健全的个人主义的人生观，一面教我们学《玩偶之家》主角娜拉，要努力把自己铸造成一个人，另一面教我们学习《国民公敌》主人公斯铎曼医生，要特立独行，敢说老实话，敢向恶势力作战。要为社会造出无数爱自由胜过爱面包、爱真理胜过爱生命的特立独行之士，为今日的文明世界奠定基础。

在人道主义旗帜下，鲁迅的《狂人日记》旨在批判，胡适的《易卜生主义》重在建设。看得出来，胡适的《易卜生主义》是对鲁迅的《狂人日记》的肯定和补充。《狂人日记》和《易卜生主义》互相支持之后一个月，鲁迅与胡适又在两性道德的问题上再度相互支持。

周作人在《新青年》第四卷第四号上发表译作《贞操论》，在《译者前言》中高度赞扬作者与谢野晶子"是现今第一流女批评家"，文章中"纯是健全的思想"，是正需要的"治病的药"，在中国文化界引起不小的震动。胡适最先响应，在《新青年》第五卷第一号上发表《贞操问题》一文，敏锐地抓住北洋军阀政府刚刚公布《中华民国褒扬条例》这一契机，不失时机地提出："贞操问题之中，第一无道理的，便是这个替未婚夫守节和殉烈的风俗。"

鲁迅立刻呼应胡适，在《新青年》第五卷第二号上发表《我之节烈观》，明确提出"自他两利"的新的道德准则，呼吁"要除去于人生毫无意义的苦痛。要除去制造并赏玩别人苦痛的昏迷和强暴"，"要人类都受正当的幸福"。

鲁迅和胡适在新文化运动发轫之初，默契地联合作战，产生了深远的影响。

为了适应革命需要，《新青年》改组为同人刊物，成立了编委会，由陈独秀、胡适、李大钊、钱玄同、沈尹默、高一涵六人轮流主持编辑工作。鲁迅逐渐成为《新青年》杂志一员健将。《新青年》的编辑会也邀请周氏兄弟参加。

鲁迅与李大钊在《新青年》的编辑会上相识：

> 我最初看见守常先生的时候，是在独秀先生邀去商量怎样进行《新青年》的集会上，这样就算认识了。(《〈守常全集〉题记》)

钱玄同与鲁迅最为熟悉，为了约稿也多次造访周氏兄弟。沈尹默曾回忆说辛亥革命后住在杭州的时候就认识鲁迅，但鲁迅日记第一次记录沈尹默是1913年3月1日，此后二人逐渐相熟。二人皆善酒，常在一起小酌。

陈独秀对鲁迅格外敬重。后来，《新青年》随陈独秀南下上海，陈独秀频繁与周作人通信，向鲁迅约稿。1920年3月11日陈独秀致周作人信："我们很盼望豫才先生为《新青年》创作小说，请先生告诉他。"8月22日，陈独秀致信周作人，告知鲁迅小说《风波》将在《新青年》第八卷第一号登出，说"鲁迅兄做的小说，我实在五体投地的佩服"。9月28日陈独秀又致信周作人："你尚有一篇小说在这里，大概另外没有文章了，不晓得豫才兄怎么样？随感录本是一个很有生气的东西，现在我一个人独占了，不好不好，我希望你和豫才、玄同二位有工夫都写点来。豫才兄做的小说实在有集拢来重印的价值，请你问他倘若以为然，可就《新潮》《新青年》剪下处自加订正，寄来付印。"后来，鲁迅采纳陈独秀的建议，将1918年至1922年所作的十四篇短篇小说编成自己的第一部小说集——《呐喊》，于1923年8月出版。

1933年3月5日，鲁迅在《我怎么做起小说来》一文中说：

> 但是《新青年》的编辑者，却一回一回的来催，催几回，我就做一篇，这里我必得记念陈独秀先生，他是催促我做小说最着力的一个。

* * *

中国在巴黎外交和会上的失败，是五四运动的导火线，新文化运动的先驱李大钊、蔡元培、梁启超、邵飘萍等人，或写文章，或亲自参加游行，积极参与这一场由先进的青年和知识分子为先锋，广大人民群众参加的彻底反帝反封建的伟大爱国主义革命运动。

鲁迅对此次空前的爱国运动，似乎未置一词。查1919年5月4日前后的鲁迅日记：

> 三日晴。上午得二弟信，廿七日发。午后往前门外换钱。下午得三弟信并文稿半篇，三十日发（卅四）。得钱玄同信。晚孙福源君来。夜寄三弟信（四十五）。风。
>
> 四日昙。星期休息。徐吉轩为父设奠，上午赴吊并赙三元。下午孙福源君来。刘半农来，交与书籍二册，是丸善寄来者。
>
> 五日晴。午后寄三弟信（四十六）。得二弟信，卅日发。夜蒋抑之来。
>
> 六日晴，下午昙，风。晚蔡谷青来。
>
> 七日晴。下午董世乾来，旧中校生。晚铭伯先生贻肴二种。风一陈。

鲁迅的著述和书信中，没有对当时北京等各地持续不断的游行、罢课、罢市、罢工等活动的评论。鲁迅没有实际参加五四运动，也不一定赞成学生们采取激烈行动，但他对学生是同情和爱护的。5月4日下午，鲁迅的日记记："下午孙福源君来。"孙福源就是鲁迅的学生孙伏园。孙伏园回忆：

> 五月四日……游行完了，我便到南半截胡同找鲁迅先生去了，我并不知道后面还有"火烧赵家楼"的一幕……
>
> 鲁迅先生详细问我天安门大会场的情形，还详细问我游行时大街上的情形，他对于青年们的一举一动是无时无刻不关怀着的……他怕青年上当，怕青年吃亏，怕青年不懂得反动势力的狡猾与凶残，因而敌不过反动势力。
>
> 在一九一九年五月四日以前，鲁迅先生在《新青年》上发表的文字一共有三十一篇，其中论文一篇、诗六篇、小说三篇、随感二十一篇。这些文字都是内容十分饱满，文笔十分精炼，革命性十分强烈，每一篇都在青年思想上发生影响的。（孙伏园《五四运动中的鲁迅先生》）

外面世界惊天动地，呐喊，流血，鲁迅这厢平静如水。怪哉，以他的性格，总要发声的。众人迷惑之时，鲁迅在五四运动一周年纪念日之际，1920年5月4日，致信学生宋崇义：

> 比年以来，国内不靖，影响及于学界，纷扰已经一年。世之守旧者，以为此事实为乱源；而维新者则又赞扬甚至。全国学生，或被称为祸萌，或被誉为志士；然由仆观之，则于中国实无何种影响，仅

是一时之现象而已；谓之志士固过誉，谓之乱萌，亦甚冤也。

南方学校现象，较此间似尤奇诡，分教员为四等，可谓在教育史上开一新纪元，北京尚无此举，惟高等工业抬出校长，略堪媲美而已。然此亦只因无校长提倡，故学生亦不发起；若有如姜校长之办法，则现象当亦相同。世之论客，好言南北之别，其实同是中国人，脾气无甚大异也。

近来所谓新思潮者，在外国已是普遍之理，一入中国，便大吓人；提倡者思想不彻底，言行不一致，故每每发生流弊，而新思潮之本身，固不任其咎也。

要之，中国一切旧物，无论如何，定必崩溃；倘能采用新说，助其变迁，则改革较有秩序，其祸必不如天然崩溃之烈。而社会守旧，新党又行不顾言，一盘散沙，无法粘连，将来除无可收拾外，殆无他道也。

今之论者，又惧俄国思潮传染中国，足以肇乱，此亦似是而非之谈，乱则有之，传染思潮则未必。中国人无感染性，他国思潮，甚难移殖；将来之乱，亦仍是中国式之乱，非俄国式之乱也。而中国式之乱，能否较善于他式，则非浅见之所能测矣。

要而言之，旧状无以维持，殆无可疑；而其转变也，既非官吏所希望之现状，亦非新学家所鼓吹之新式：但有一塌胡涂而已。

中国学共和不像，谈者多以为共和于中国不宜；其实以前之专制，何尝相宜？专制之时，亦无忠臣，亦非强国也。

仆以为一无根柢学问，爱国之类，俱是空谈；现在要图，实只在熬苦求学，惜此又非今之学者所乐闻也。

这是鲁迅此年写的唯一一封信，让我们恍然大悟，为何鲁迅在轰轰

烈烈的五四运动之际那么冷静，那么超然物外，也没有呐喊一声。

鲁迅这封信意味深长，全面、清晰、冷静，甚至充满思想家和哲学家的意味，表达了对五四运动的认知和态度。后来在"问题与主义"之大辩论中，鲁迅又一次旗帜鲜明地站在胡适一边。站在胡适一边的还有陈独秀。陈独秀在《主义与努力》一文中说："我看见有许多青年只是把主义挂在口上不去做实际的努力……改造社会是要在实际上把他的弊病一点一滴一桩一件一层一层渐渐的消灭去……人类底幸福，社会底文明，都是一点一滴地努力创造出来的……"

鲁迅在这封信中，主张不要硬搬苏俄十月革命之道，更反对引进"俄国思潮"，说"中国人无感染性，他国思潮，甚难移殖"，要革命，就要走"中国式"的。

后来，在谈到自己政治态度的转变时，鲁迅说："即如我自己，何尝懂什么经济学或看了什么宣传文字，《资本论》不但未尝寓目，连手碰也没有过。然而启示我的是事实，而且并非外国的事实，倒是中国的事实，中国的非'匪区'的事实，这有什么法子呢？"（1933年11月15日致姚克信）

研究鲁迅的学者不应对鲁迅研究充满意识形态的意味和造神思维。鲁迅曾经不主张走苏俄之路，不曾读《资本论》，但这丝毫不影响鲁迅成为20世纪前半叶，敢于直面黑暗现实，敢于直面人生，主张和坚持韧性战斗，体现出先进知识分子的理性、正义和良知，具有文化人格的伟大作家。

* * *

婚后心情沮丧的周树人，曾就这桩婚姻对好友许寿裳说："这是母

亲给我的一件礼物，我只能好好的供养她，爱情是我所不知道的。"（许寿裳《亡友鲁迅印象记》）

儿子对这桩婚事不满，鲁瑞也有些后悔主持这桩婚事，不过她对挽回或改变已经无能为力。所以后来鲁瑞不再管周作人和周建人的婚事。鲁瑞对俞芳说过：

> 一别三年，大先生学满回来，在杭州教书。不知为什么，他们总是好不起来。他们既不吵嘴，也不打架，平时不多说话，但没有感情，两人各归各，不象夫妻……我曾问过大先生，她有什么不好。他只摇摇头说，和她谈不来……他说和她谈话没味道，有时她还自作聪明。他举了一个例子说：有一次，我告诉她，日本有一种东西很好吃，她说是的，是的，她也吃过的。其实这种东西不但绍兴没有，就是全中国也没有，她怎么能吃到……谈话不是对手，没趣味，不如不谈……就这样过了十几年，他们两人好象越来越疏远，精神上都很痛苦。（俞芳《我记忆中的鲁迅先生》）

这是鲁迅与朱安婚姻的写照吗？非也，这里只揭示了朱安性格中讨好鲁迅的一部分——在婆家小心翼翼，俯首听命，是一个十足的弱势小女子。

1913年6月底，成为袁世凯治下教育部佥事的周树人，回绍兴老家探亲。母亲鲁瑞很高兴，和朱安一起为周树人接风洗尘，设宴招待前来探望的亲朋好友。孰料，在酒席上，朱安当着众人的面，站起来指斥丈夫周树人的各种不是。朱安突如其来的举动，让鲁瑞始料不及，几次欲站起来制止，但被周树人拦下。不过，他自己也吃了一惊。后来，鲁迅对学生孙伏园说："她是有意挑衅，我如答辩，就会中她的计而闹得一

▲鲁瑞像

塌糊涂；置之不理，她也就无计可施了。"

1914年11月26日，鲁迅日记写道："下午得妇来书，二十二日从丁家弄朱宅发，颇谬。"此日记中的"妇"，即是朱安。鲁迅在兄弟中最大，亲友和佣工称他为"大先生"，朱安出嫁后被人们称为"大太太"。鲁迅在日记或给友人的书信中写到朱安时，一般称为"妇""内子""太太"或"大太太"。这等于是公开承认朱安的身份。

信件的发送地点丁家弄朱宅，这是朱安的娘家所在地。学者孔慧怡在《字里行间：朱安的一生》一文中分析："这时朱安有一块心头大石：她已近中年无儿无女，不管作为主妇如何称职，作为周家的媳妇却未完成任务。1914年11月，她回娘家探视时写了一封信给在北京的丈夫，建议他纳妾，一来生活有人照应，二来也希望能生下一男半女。"

朱安托娘家人写信，建议周树人纳妾，这既是为了照顾周树人的生活，也是希望能有个孩子给周家承续香火。朱安的女子心计，让周树人很反感，觉得"颇谬"。

由此可知，朱安虽未公开反抗这桩婚姻，但在这个泥潭中，她曾是挣扎的，是不服输的。后来，时间消磨了抗争的心志。

朱安后来说："过去大先生（鲁迅）和我不好，我想好好地服侍他，一切顺着他，将来总会好的……我好比是一只蜗牛，从墙底一点点往上爬，爬得虽慢，总有一天会爬到墙顶的。可是现在我没有办法了，我没有力气爬了。我待他再好，也是无用。"（俞芳《我记忆中的鲁迅先生》）

但是，朱安对鲁迅的为人是认可的，她说："看来我这一辈子只好服侍娘娘（鲁瑞）一个人了，万一娘娘'归了西天'，从大先生（鲁迅）一向的为人看，我以后的生活他是会管的。"（俞芳《我记忆中的鲁迅先生》）

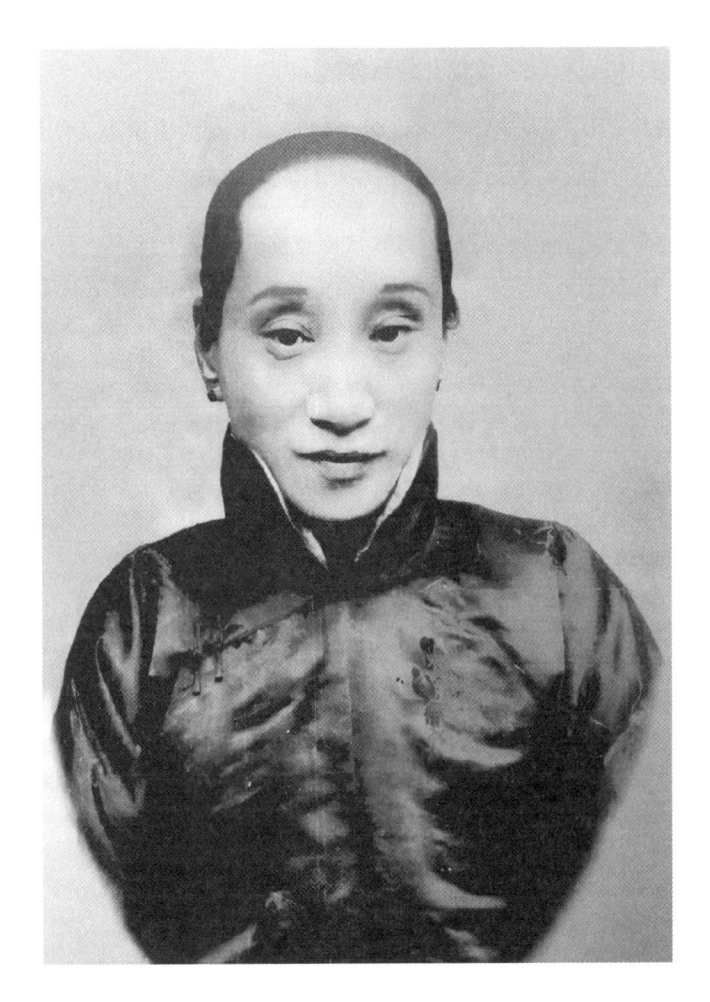

▲朱安像

1916年底，恰逢鲁瑞六十大寿，周树人从北京返回绍兴贺寿，住了将近一个月。朱安身为长媳，筹备寿庆的各项事宜皆落在她的肩头。周作人夫人羽太信子是日本人，不了解中国习俗，帮不上什么忙。朱安在家族事务中应对自如，鲁瑞开始依赖她。

1919年，周树人决定举家移居北京时，朱安的去留不成问题：她作为周家一员，地位稳固。离开绍兴时，朱安与寡母、兄弟、弟媳以及侄子合影留念。离开绍兴那天，其胞妹特意前往码头送行。

第四章
八道湾十一号

闲夜思君坐到明,追寻往事倍伤情。

——唐·元稹《寄乐天》

1919年11月21日，鲁迅与周作人一家搬入新居八道湾十一号。12月29日，鲁迅接朱安、鲁瑞以及三弟周建人一家入住新居。

1920年8月2日，鲁迅被北京大学聘为讲师。

12月24日，鲁迅开始在北京大学授课，直至1926年8月离开北京。

8月26日，鲁迅被北京高等师范学校聘为讲师，次年1月12日开始授课，直至1926年8月离开北京。

1921年5月5日，孙中山宣誓就任中华民国非常大总统。

7月1日，中国共产党第一次全国代表大会在上海召开。

1921年12月4日至1922年2月12日，鲁迅以笔名"巴人"在《晨报副镌》上连载小说《阿Q正传》，共九期。

1922年2月24日，俄国"盲诗人"爱罗先珂住进八道湾十一号后院的东屋。

1923年7月，鲁迅与周作人兄弟反目。

8月2日，鲁迅携朱安暂住砖塔胡同六十一号。

10日，鲁迅肺病复发，多次赴山本医院看病。

鲁迅的小说《药》发表于1919年5月的《新青年》第六卷第五号上，这一期是"马克思主义研究专号"，责任编辑是李大钊。李大钊认为，《药》中的主人公夏瑜是革命者秋瑾的化身。夏瑜这位孤独的战士，为民众流血牺牲后，愚昧的民众还要吃他的人血馒头。革命者与民众在精神上的隔膜，充满了悲剧意味。

在小说《药》中，鲁迅重在表现清末革命者死后被围观，甚至被民众用其血治痨病，然后被忘记的落寞与悲伤。为了给这革命先驱者的死添上些亮色，小说还在其坟顶上添了些红白相间的花圈，但也遮不住烈士死后的寂寥与萧瑟。

鲁迅后来在杂文《空谈》中悲愤地写道："死者倘不埋在活人的心中，那就真真死掉了。"在鲁迅眼中，民众一旦步入围观革命者喋血的行列，那就不自觉地认可了统治者的权威，也就不自觉地成为统治者的同盟甚至帮凶。唤醒民众才是革命要义。

在这一期的《新青年》上，鲁迅还以笔名"唐俟"发表了几篇《随感录》，其中写道："在刀光火色衰微中，看出一种薄明的天色，便是新世纪的曙光。"（《热风·随感录五十九》）这应是对《药》的真正诠释。

我们读《药》时，鲁迅的同乡秋瑾的亡灵，仿佛在思绪中回旋。

据说《药》是应李大钊之约而写，目的是唤醒愚昧麻木的民众，这也应和宣传马克思主义的主旨。

小说《药》的最后，鲁迅描写道：

他们走不上二三十步远，忽听得背后"哑——"的一声大叫；两个人都悚然的回过头，只见那乌鸦张开两翅，一挫身，直向着远处的天空，箭也似的飞去了。

这只乌鸦究竟代表或象征什么？1935年鲁迅在《中国新文学大系·小说二集序》中说："《药》的收束，也分明的留着安特莱夫（L. Andreev）式的阴冷。"1935年11月16日，鲁迅致信萧军、萧红，提到《生死场》中"老王婆"的形象塑造时，说"至于老王婆，我却不觉得怎么鬼气，这样的人物，南方的乡下也常有的。安特列夫的小说，还要写得怕人，我那《药》的末一段，就有些他的影响，比王婆鬼气"。

安特莱夫是与高尔基齐名的俄国作家，鲁迅也曾译过他的短篇小说。一般认为，《药》的艺术风格受到安特莱夫作品的影响。安特莱夫小说《默》的结尾，描写了墓门张着可怕的大口和坟场的荒凉景象，还写了主人公神父对从坟墓里冒出的阴冷的恐惧。终于，神父找到了亡女的坟墓，反复深情地呼唤亡女的名字，回答他的只有沉默。

鲁迅继《孔乙己》《药》之后，又创作了小说《风波》，写出社会的惰性，提出农民问题的重要性。小说《风波》发表于1920年9月《新青年》第八卷第一号。小说以张勋复辟为背景，写了因"辫子"去留而引起的风波。小说主人公船公七斤摇着小船进城，被人逼着剪去了辫子。不久，留着辫子的张大帅进京拥立废了的皇帝重坐龙椅，没了辫子的人惶惶终日，怕被砍了头。多亏皇帝最终也未坐上龙椅，七斤的脑袋保住了。小说的开头写了乡村宁静的"田家乐"：

临河的土场上，太阳渐渐的收了他通黄的光线了。场边靠河的乌桕树叶，干巴巴的才喘过气来，几个花脚蚊子在下面哼着飞舞。

> 面河的农家的烟突里,逐渐减少了炊烟,女人孩子们都在自己门口的土场上泼些水,放下小桌子和矮凳;人知道,这已经是晚饭的时候了。
>
> 老人男人坐在矮凳上,摇着大芭蕉扇闲谈,孩子飞也似的跑,或者蹲在乌桕树下赌玩石子。女人端出乌黑的蒸干菜和松花黄的米饭,热蓬蓬冒烟。河里驶过文人的酒船,文豪见了,大发诗兴,说,"无思无虑,这真是田家乐呵!"

"风波"过后,又复旧貌,生活照旧。小说写出了历史与社会的惰性,很难改变。

> 现在的七斤,是七斤嫂和村人又都早给他相当的尊敬,相当的待遇了。到夏天,他们仍旧在自家门口的土场上吃饭;大家见了,都笑嘻嘻的招呼。九斤老太早已做过八十大寿,仍然不平而且健康。六斤的双丫角,已经变成一支大辫子了;伊虽然新近裹脚,却还能帮同七斤嫂做事,捧着十八个铜钉的饭碗,在土场上一瘸一拐的往来。

正如鲁迅自己所说,写小说,"不过利用他的力量,来改良社会"(《南腔北调集·我怎么做起小说》)。《孔乙己》《药》《风波》,都意在揭露封建社会的罪恶,并反映处于经济剥削和精神奴役下的农民的生活状态和精神面貌。1921年12月4日至1922年2月12日,鲁迅以笔名"巴人"在《晨报副镌》(1925年4月1日起改为《晨报副刊》)上连载小说《阿Q正传》,共九期。

《阿Q正传》反映了特定历史时期中华民族的命运和民族性格,是一部具有社会史诗性的作品。《阿Q正传》的连载在北京大学引起不小的轰动。当时很多人都不知道这篇文章是鲁迅写的，大家不知"巴人"是哪路神仙。北大教师和学生，见了面都问：阿Q是谁啊？巴人是谁啊？

川岛（章廷谦）与朋友们联想到，是《晨报》主笔（四川人）蒲伯英写来讽胡适的：

> 当时，不仅仅只以为这篇文章是蒲伯英所写，而且还以为这篇文章是蒲伯英写了来讽刺胡适的。在文章中不但明明提到了胡适，而且我们知道胡适有一个笔名是"Q.V."（他用波兰作家显克微支的名著"你往何处去"的原文书名："Quo Vadis"的第一个字母来隐射"胡适"？），所以叫胡适为"阿Q"，也是顺理成章的。况且无论小说的主人公是"阿桂"还是"阿贵"，如果用英文来拼音，照流行的拼法，应该第一个字是"K"，而不应该用"Q"。既用"Q"，就难免别有用意。这是我们几个人在刚读到"阿Q正传第一章"时的一些"考据"。（川岛《当鲁迅先生写〈阿Q正传〉的时候》）

钱玄同知道真相，告诉同事，"巴人"者，鲁迅也，我就钦佩鲁迅小说之妙趣。鲁迅听说，只淡淡地说，我总是不讨人喜欢，却总改不了。

鲁迅一生使用过一百多个笔名，"巴人"只用过一次，其实是取"下里巴人"之意。鲁迅在1926年12月18日上海《北新》周刊第十八期发表《〈阿Q正传〉的成因》（收入《华盖集续编的续编》）一文作为回应。

> 阿Q的影像，在我心目中似乎确已有了好几年，但我一向毫无写他出来的意思。经这一提，忽然想起来了，晚上便写了一点，就

是第一章：序。因为要切"开心话"这题目，就胡乱加上些不必有的滑稽，其实在全篇里也是不相称的。署名是"巴人"，取"下里巴人"，并不高雅的意思。谁料这署名又闯了祸了，但我却一向不知道，今年在《现代评论》上看见涵庐（高一涵）的《闲话》才知道的。那大略是——

"……我记得当《阿Q正传》一段一段陆续发表的时候，有许多人都栗栗危惧，恐怕以后要骂到他的头上。并且有一位朋友，当我面说，昨日《阿Q正传》上某一段仿佛就是骂他自己。因此便猜疑《阿Q正传》是某人作的，何以呢？因为只有某人知道他这一段私事。……从此疑神疑鬼，凡是《阿Q正传》中所骂的，都以为就是他的阴私；凡是与登载《阿Q正传》的报纸有关系的投稿人，都不免做了他所认为《阿Q正传》的作者的嫌疑犯了！等到他打听出来《阿Q正传》的作者名姓的时候，他才知道他和作者素不相识，因此，才恍然自悟，又逢人声明说不是骂他。"（第四卷第八十九期）

影射论、对号入座，说明《阿Q正传》内涵的丰富性和影响之巨。

从少年起，鲁迅对闰土等农民的悲惨命运总是寄予深深同情的，对他们自轻自贱、自譬自解的精神胜利法，又是不满。《阿Q正传》便呈现哀其不幸、怒其不争的态度。

《阿Q正传》及阿Q，在中国近现代小说史中，不断被各类意识形态虏获。鲁迅的本意是要"画出国民的灵魂"，想"暴露国民的弱点"。阿Q能代表"国民的灵魂"吗？但是，就在鲁迅写《阿Q正传》前不久发生了康梁变法，一众书生欲陈济世计，投死为国，以义灭身，捐躯赴国难，视死忽如归，有"戊戌六君子"血溅菜市口。这才是中华民族精神的代表。小说《红高粱》中的余占鳌是高密地区的农民，被逼上梁山，但日寇侵华，他抱着土雷与日军同归于尽，一个绿林汉子成为民族英雄，这种野性和血性，才是中华民族精神的代表。

一些学者认为，阿Q灵魂混沌，但并不是永远沉沦于黑暗的奴才，他临死时分明有了觉醒，即便没有觉醒，也已经产生了反抗的意识。但是，我们要知道，阿Q不是没有抗争，他的抗争武器是精神胜利法，注定是不会觉醒的，没有真正意义上的反抗。所以鲁迅塑造的阿Q，是一个处于社会底层，在黑暗压榨下没出息的自譬自解的落后农民。

《阿Q正传》作为小说，其艺术特色值得一提。它采用了说唱艺术的口传和史传的文本。小说叙述者如同说书人，在叙述中的表现是全知的，又同时发表社会公共的道德意见，干预和介入阿Q个人的思想世界里，或同情主人公，或与其在感觉上混为一体，但作者一直是高高在上俯视和调动阿Q的那个人。这种叙述方式，使小说具有多维的空间，让阿Q充分地按其性格戏耍，使情节生动，人物鲜活。

* * *

"为族人所迫"，鲁迅必须卖掉绍兴周家祖宅。从1919年2月11日起，鲁迅四出觅屋，先后在报子街、铁匠胡同、广宁伯街、鲍家街、辟才胡同、蒋街口、护国寺等处寻觅，于7月23日购得西城八道湾十一号这座三进大的四合院。鲁迅日记清晰地记录了相关活动：

十一日晴。午后同齐寿山往报子街看屋，已售。（1919年2月11日）

十三日晴。上午得东京堂信。午后同齐寿山往铁匠胡同看屋，不合用。（1919年2月13日）

一日晴。上午往铭伯先生寓。午后同林鲁生看屋数处。下午大

▲1925年5月28日，鲁迅为《阿Q正传》俄译本所摄

风。晚钱玄同来。（1919年3月1日）

八日昙。午后邀张协和看屋。夜雨雪。（1919年3月8日）

十一日晴。午后同林鲁生看屋。下午往铭伯先生寓。（1919年3月11日）

十二日晴。午后看屋，又往留黎厂。夜宋紫佩来。（1919年3月12日）

十四日晴。午后看屋。下午复出，且邀协和俱。（1919年3月14日）

十九日晴。上午东京堂寄来小说一册并明信片。午同朱孝荃、张协和至广宁伯街看屋后在协和家午饭。晚宋子佩来。（1919年3月19日）

十三日晴。星期休息。下午刘半农来。洙邻兄来，顷之同往鲍家街看屋。收二弟所寄书一包五本，八日绍兴发。（1919年4月13日）

二十九日晴。上午得虞叔昭信，午后复之。下午与徐吉轩至蒋街口看屋。晚钱玄同来。（1919年5月29日）

三日晴，下午昙。同徐吉轩往护国寺一带看屋。晚大风一陈后小雨。（1919年6月3日）

十日小雨。上午寄罗志希信。午后晴。约徐吉轩往八道弯看屋。夜刘半农、钱玄同来，即托其带去孔德学校捐款见泉十元。（1919年7月10日）

十五日晴。上午寄三弟《周评》一包。午后往八道弯量屋作图。（1919年7月15日）

二十三日晴。上午得三弟信，十九日发（五四）。午后拟买八道弯罗姓屋，同原主赴警察总厅报告。往中央公园观监狱出品展览会，买蓝格毛巾一打，券三元。下午寄朱孝荃信。寄许诗荃信。晚钱玄同来。（1919年7月23日）

十九日晴。上午往浙江兴业银行取泉。买罗氏屋成，晚在广和居收契并先付见泉一千七百五十元，又中保泉一百七十五元。（1919年8月19日）

八道湾十一号于11月4日收房屋讫，不算中介费，付款共计三千五百元。之后，鲁迅开始报告、验契、下定、凑钱、领凭单、修缮、过户、购置家具。1908年鲁迅与许寿裳、周作人、钱玄同、朱希祖等人同住东京"伍舍"时，鲁迅工作之余就在"伍舍"庭院里莳花弄草，为大家营造良好的住宅环境。鲁迅几经寻觅才选定八道湾十一号，就是因为它房间多，屋外空地大得能开运动会，孩子们能有游玩的去处——周作人和周建人当时都生有子女。尚无子女的鲁迅甚至能为下一代着想。

1919年11月21日，鲁迅先与二弟周作人及其家眷搬入新居八道湾十一号。12月1日，鲁迅请假离京，回到绍兴，与族人共同卖掉新台门祖宅。"唯有书籍，鲁迅是要带回北京的。他担心心爱的书籍在长途运输中损坏，就找到自幼相识名叫和尚的木匠师傅商量，共同设计，而后，木匠师傅给他做了书箱，并建议他用绍兴运输酒坛的方法，用竹络把酒坛络起来，这样书箱不会松散，书籍也不致受损。"（叶淑穗、杨燕丽《从鲁迅遗物认识鲁迅》）

12月29日，鲁迅携母亲鲁瑞、夫人朱安及三弟周建人一家入住八道湾新居。离家前几天，少年时代的朋友章运水前来送行，也许章运水就是闰土的原型。

离开故土绍兴，鲁迅的感情颇为复杂，从他的作品中，可读出他对故乡的热爱和眷恋。当然，绍兴东昌坊新台门老宅，既给他留下太多的欢乐，也留下凄风苦雨。大概正是经历了家道中落，周氏兄弟懂得要奋起，成就各自在中国现代文坛上的一番功业。北京八道湾新居的重建，朋友故交的祝贺，让周家有了复兴的气象。

【1919年9月】

十八日晴。上午寄许季市、张梓生及三弟杂志各一卷。午后同齐寿山、徐吉轩及张木匠往八道弯看屋工。下午得李遐卿信。

【1919年10月】

五日晴。星期休息。上午得沈尹默信并诗。午后往徐吉轩寓招之同往八道弯，收房九间，交泉四百。下午小雨。

六日昙。午后往警察厅报修理房屋事。

十日晴。休假。上午往八道弯视修理房屋。

十六日晴。下午往八道弯宅。

十九日晴。星期休息。上午同重君、二弟、二弟妇及丰、谧、蒙乘马车同游农事试验场，至下午归，并顺道视八道弯宅。

二十三日晴。下午往八道弯宅。

二十七日晴。上午收本月奉泉三百。付木工见泉五十。下午往自来水西分局并视八道弯宅。

二十九日晴。晨至自来水西局约人同往八道弯量地。夜大风。

【1919年11月】

一日晴。下午往八道弯宅。

四日晴。下午同徐吉轩往八道弯会罗姓并中人等，交与泉一千三百五十，收房屋讫。晚得李遐卿信。

七日昙，风，午晴。下午往八道弯宅。

八日晴。下午付木工泉五十。

十日昙。午后往八道弯。晚小雨。夜刘半农来。

十二日昙。上午往八道弯。

十三日晴。上午托齐寿山假他人泉五百,息一分三厘,期三月。在八道弯宅置水道,付工值银八十元一角。水管经陈姓宅,被索去假道之费三十元,又居间者索去五元。下午在部会议。晚宋子佩来。

十四日晴。午后往八道弯宅,置水道已成。付木工泉五十。晚潘企莘来。夜风。收拾书籍入箱。

十八日晴。午后往八道弯宅。得李遐卿信。

二十一日晴。上午与二弟眷属俱移入八道弯宅。

二十二日晴。上午寄晨报馆信。午后往留黎厂买嵩显寺及南石窟寺碑阴各一枚,佛经残石四枚,共券五元。往陈顺龙牙医生寓,属拔去一齿,与泉二。过观音寺街买物。夜风甚大。

二十六日昙。上午收本月奉泉之半,计券一百五十。午后寄罗志希信。上书请归省。付木工泉五十。重校《青年之梦》第一幕讫。

二十九日晴。午后付木工泉百七十五,波黎泉四十。凡修缮房屋之事略备具。

从日记可知,鲁迅为建立八道湾之家倾注大量心血,事无巨细皆亲力亲为,成为周家的新一代顶梁柱。

周作人在这年3月30日从北京大学请假返回绍兴,4月20日携家眷到日本旅行,其间周作人自己回到北京,但很快又回东京。1919年7月26日鲁迅日记记载:"二十六日雨。上午寄二弟信。收本月奉泉三百。许季上还泉卅。得二弟信,廿一日东京发。为二弟及眷属租定间壁王氏房四大间,付泉卅三元。"因为八道湾十一号还没有修整好,鲁迅提前为下个月回国的二弟全家租房。1919年8月10日鲁迅日记记载:"十日昙。

星期休息。午后二弟、二弟妇、丰、谧、蒙及重久君自东京来，寓间壁王宅内。晚宋子佩来。"妇是周作人的夫人羽太信子。丰是周作人的长子周丰一，谧是周作人的长女周静子，蒙是周作人的二女周若子，重久是羽太信子的弟弟羽太重久。

1920年12月24日起，周作人肋膜炎发病，一开始在八道湾十一号家中养病，1921年3月29日起在山本医院住了两个月。据鲁迅日记，鲁迅经常前往医院探望。5月底，鲁迅又亲自到西山碧云寺租房供周作人休养。周作人在西山养病三个多月，鲁迅一休假就前去探望，日常为他买书、寄书、请假、寄稿自不必说，总之处理一切日常事务。

* * *

整座八道湾宅子是三进大的四合院，坐北朝南。前院是九间倒座房，从西向东分别为客房三间、会客厅三间、通道及佣房两间。二进院是主院，院北为三间正房。明间用作堂屋，西次间是朱安卧室，东次间是鲁瑞卧室。东厢房三间，分别为佣房、堆房和饭所，西厢房三间是鲁迅、周作人的书房。三进院北面一排九间后罩房，西侧三间住周作人一家，中间三间住周建人一家。羽太信子和羽太芳子此将部分房间的隔断改成日本式"障子"（木推拉门）。东侧三间是客房，最东一间住过俄国盲诗人爱罗先珂。

1922年2月24日，俄国盲诗人爱罗先珂由郑振铎、耿济之陪同，自上海抵京，应北京大学之聘教授世界语，住进了八道湾鲁迅的家中。鲁迅是日日记缺失，周作人是日日记记有"廿四日雪，上午晴，大学告假。郑、耿二君引爱罗先珂君来，暂住东屋"。

盲诗人爱罗先珂（1889—1952）是一位富有传奇色彩的俄国诗人和

八道湾十一号房屋分配略图

（据周丰二先生手绘图复制）

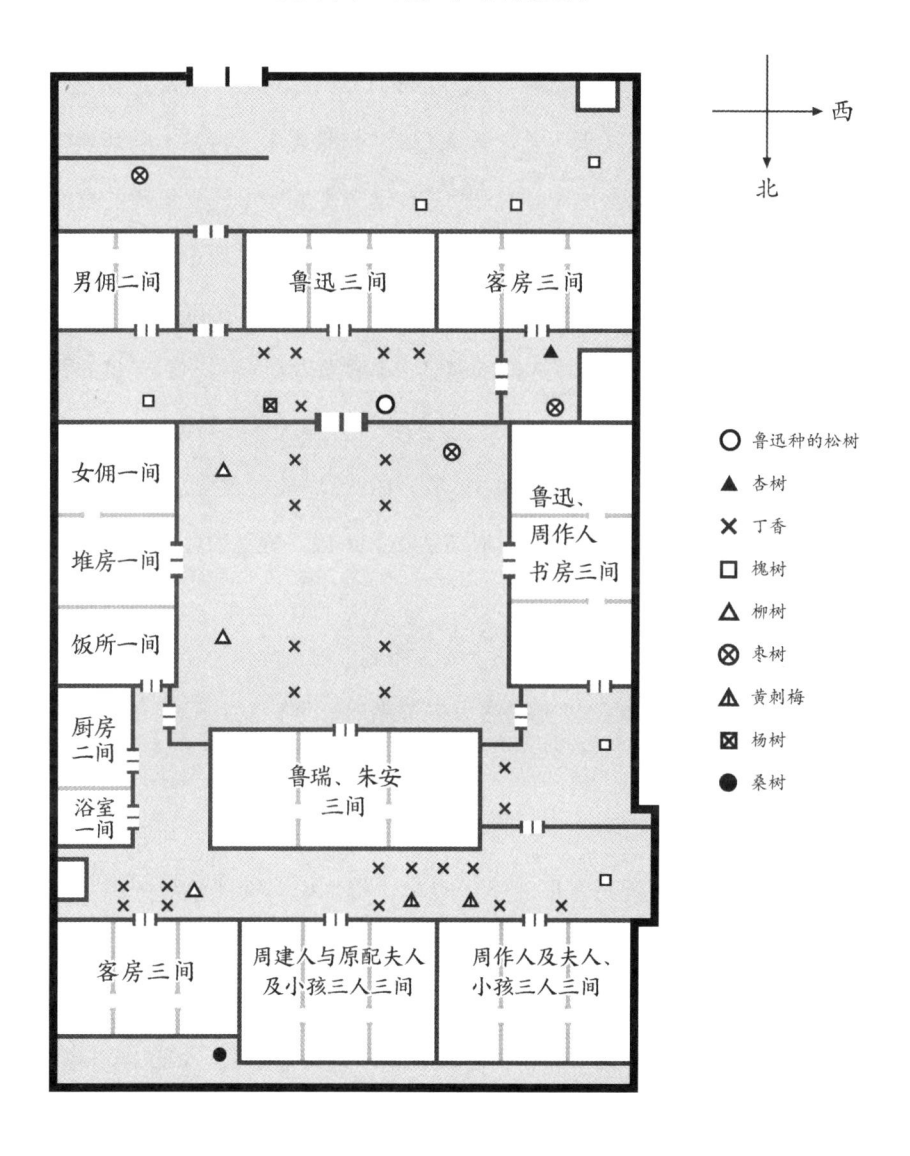

西 →
↓ 北

男佣二间	
鲁迅三间	
客房三间	
女佣一间	
堆房一间	
饭所一间	
厨房二间	
浴室一间	
鲁迅、周作人书房三间	
鲁瑞、朱安三间	
客房三间	
周建人与原配夫人及小孩三人三间	
周作人及夫人、小孩三人三间	

图例：
- ○ 鲁迅种的松树
- ▲ 杏树
- ✗ 丁香
- □ 槐树
- △ 柳树
- ⊗ 枣树
- ▲ 黄刺梅
- ⊠ 杨树
- ● 桑树

童话作家，幼年时因患麻疹而失明。他用世界语和日语写作。他曾只身到印度、日本、泰国、缅甸等国流浪。因无政府主义倾向，爱罗先珂被印度的英国殖民当局拘禁并驱逐，后又因"宣传危险的思想"被日本人驱逐，辗转到中国。

1921年8月30日，鲁迅在致周作人的信中说收到盲诗人爱罗先珂在日本印行的童话集《天明前之歌》，说"如此著作，我亦不觉其危险之至，何至于兴师动众而驱逐之乎"。鲁迅先是翻译了爱罗先珂的童话《池边》并作《译后附记》，再次评价爱罗先珂的童话"看不出什么危险思想来。他不像宣传家、煽动家；他只是梦幻，纯白，而有大心"。这一年，鲁迅先后翻译了爱罗先珂的童话《狭的笼》《春夜的梦》《鱼的悲哀》《雕的心》《两个小小的死》《古怪的猫》并作《译后附记》，都是爱罗先珂三部童话集《天明前之歌》《最后的叹息》《为人类》中的作品，后来鲁迅的译文都收入《爱罗先珂童话集》出版。鲁迅因此成为最早和最主要的爱罗先珂著作介绍者。

1921年10月，爱罗先珂抵达上海，得到上海世界语协会胡愈之、吴克刚等人的帮助。1922年2月24日，爱罗先珂与北上的胡愈之、叶圣陶、王伯祥、郑振铎一道抵达北京。北大校长蔡元培因爱罗先珂懂日语，就安排他由周氏兄弟照顾。

爱罗先珂除了在北大世界语讲习班任教，还在各个高校间进行讲演，介绍俄国文学，积极参加各种社会活动，反对帝国主义侵略。鲁迅兄弟给予了爱罗先珂极大的帮助和支持，跟爱罗先珂结下了一段友谊。周作人几乎成了爱罗先珂的秘书，代领薪水、代写书信、记录演讲稿、代发电报、陪同并翻译演讲、陪同出游应酬等。因为有周氏兄弟对爱罗先珂的推崇，冷门的世界语课程也受到了欢迎。八道湾十一号也因此门庭若市。

鲁迅陪同爱罗先珂到北京大学和燕京女校观看学生们的演剧（托尔斯泰、莎士比亚的剧本）之后，1923年1月6日，《晨报副镌》刊出鲁迅翻译的爱罗先珂《观北京大学学生演剧和燕京女校学生演剧的记》一文，爱罗先珂批评演出受旧戏影响，"竭力学优伶"，不能男女同台演戏，"并不想表现出剧中人物来"。这或许是借机批评当时中国社会的生存状态和生命状态之恶劣，但对学生演出的求全责备是显而易见的。演出者之一、北京大学实验剧社成员魏建功年轻气盛，觉得年轻人的戏剧热情不容亵渎，写下《不敢盲从》一文，对爱罗先珂进行反驳，但是文章中将"观""看""盲"等字加上了引号。1月17日，《晨报副镌》登出鲁迅所写《看了魏建功君的〈不敢盲从〉以后的几句声明》一文，鲁迅斥责了魏建功"轻薄嘲弄"的态度，赞扬了爱罗先珂的评论是对中国青年真正的"爱"。后来，魏建功为自己的冲动感到内疚。鲁迅在文章末尾说：

> 我单为了魏君的这篇文章，现在又特地负责的声明：我敢将唾沫吐在生长在旧的道德和新的不道德里，借了新艺术的名而发挥其本来的旧的不道德的少年的脸上！

已是社会名流的鲁迅，用如此极端的文字攻击一位无劣迹的年轻后生，不是他的偶然失态，而是其性格使然。

鲁迅与爱罗先珂对许多问题的看法是有共鸣的。爱罗先珂入住八道湾十一号后院东屋之后不久，就向鲁迅诉苦说："寂寞呀，寂寞呀，在沙漠上似的寂寞呀！"（《呐喊·鸭的喜剧》）鲁迅后来在《为"俄国歌剧团"》一文中说：

> 在有人初到北京的，不久便说：我似乎住在沙漠里了。是的，

> 沙漠在这里。没有花,没有诗,没有光,没有热。没有艺术,而且没有趣味,而且至于没有好奇心。
>
> 沉重的沙……
>
> 我是怎么一个怯弱的人呵。这时我想:倘使我是一个歌人,我的声音怕要销沉了罢。

再读鲁迅的《华盖集·题记》:

> 还是站在沙漠上,看看飞沙走石,乐则大笑,悲则大叫,愤则大骂,即使被沙砾打得遍身粗糙,头破血流,而时时抚摩自己的凝血,觉得若有花纹,也未必不及跟着中国的文士们去陪莎士比亚吃黄油面包之有趣。

北京像沙漠一样寂寞,连蛙鸣也没有,爱罗先珂想念旧游之地缅甸的夏夜,说:"在缅甸是遍地是音乐。房里,草间,树上,都有昆虫吟叫,各种声音,成为合奏,很神奇。其间时时夹着蛇鸣:'嘶嘶!'可是也与虫声相和协……"(《呐喊·鸭的喜剧》)爱罗先珂买了十几只蝌蚪,放到窗外院子中央周作人挖的荷花小池中,等蝌蚪长大变为青蛙听蛙鸣。可惜等到四处蛙鸣的时候,爱罗先珂君早已回国且音信断绝。

1923年4月16日,鲁迅日记记道:"十六日昙,午后雨。晚张凤举招饮于广和居,同席为泽村助教黎君、马叔平、沈君默、坚士、徐耀辰。爱罗先珂君回国去。"

> 又从夏末交了冬初,而爱罗先珂君还是绝无消息,不知道究竟在那里了。(《呐喊·鸭的喜剧》)

▲1923年4月,鲁迅与周作人、爱罗先珂摄于北京世界语学会

* * *

"据许钦文的四妹许羡苏回忆，鲁迅的母亲曾对她说：'龙师父给鲁迅取了个法名——长庚，原是星名，绍兴叫'黄昏肖'。周作人叫启明。启明也是星名，叫'五更肖'，两星永远不相见。"（陈漱渝《东有启明，西有长庚：鲁迅与周作人失和前后》）一语成谶。

1923年酷暑，周家老大与周家老二兄弟反目。1923年7月14日鲁迅日记记载："十四日晴。午后得三弟信。作大学文艺季刊稿一篇成。晚伏园来即去。是夜始改在自室吃饭，自具一肴，此可记也。"7月14日当晚，周氏兄弟不在一起吃饭，鲁迅"自具一肴"。"十九日昙。上午启孟自持信来，后邀欲问之，不至。下午雨。"7月19日，周作人拿着一封信来给鲁迅，请他以后不要到后院来，兄弟关系自此决裂。

周作人的这封信上说：

鲁迅先生：

我昨天才知道，——但过去的事不必再说了。我不是基督徒，却幸而尚能担受得起，也不想责谁，——大家都是可怜的人间。我以前的蔷薇的梦原来都是虚幻，现在所见的或者才是真的人生。我想订正我的思想，重新入新的生活。以后请不要再到后边院子里来，没有别的话。愿你安心，自重。

七月十八日，作人。

1923年8月2日，四十四岁的鲁迅被迫携朱安搬到西四砖塔胡同六十一号居住。

砖塔胡同六十一号租住着绍兴老乡、同盟会会员俞英崖的三个女儿——老大俞芬、老二俞芳、老三俞藻，还有三间北屋空着。俞氏三姐妹的大姐俞芬经绍兴同学许羡苏介绍，认识了鲁迅的母亲鲁瑞。鲁瑞在北京听到俞芬姐妹的乡音，非常高兴，所以两家经常走动，鲁瑞是知道那里有三间空着的房子的，就告诉了鲁迅。

许羡苏是周建人在绍兴女子师范学校任教时的学生，鲁迅的学生许钦文的妹妹。1919年五四运动之后，许羡苏从绍兴女子师范毕业后，其父要把她送到地主家当媳妇，许羡苏决心"造反"，剪短头发，到杭州去投考北京女高师（该校在各省选收三名），没有考上，在上虞县立女子学校当了一年小学教师。1920年，许羡苏来到北京投考，公寓不接收未入学的学生，周建人让她暂住八道湾十一号。1921年，周建人到上海商务印书馆任职，鲁迅就一直照顾许羡苏。许羡苏考取北京女子高等师范学校数理系，学校因她留短发不允许入学。鲁迅是许羡苏的保证人，"设法去疏通了几回"，还陪同许羡苏前去报到。事后，鲁迅写了一篇《头发的故事》，其中提到的"M"校长，就是校长毛邦伟。1924年许羡苏毕业，鲁迅介绍她到私立华北大学附属中学当教员，后来又介绍到女师大图书馆工作。1925年10月，鲁迅写下《从胡须说到牙齿》一文，其中说道：

但到民国九年，寄住在我的寓里的一位小姐考进高等女子师范学校去了，而她是剪了头发的，再没有法可梳盘龙髻或S髻。到这时，我才知道虽然已是民国九年，而有些人之嫉视剪发的女子，竟和清朝末年之嫉视剪发的男子相同；校长M先生虽被天夺其魄，自己的头顶秃到近乎精光了，却偏以为女子的头发可系千钧，示意要她留起。设法去疏通了几回，没有效，连我也听得麻烦起来，于是乎"感慨系之矣"了，随口呻吟了一篇《头发的故事》。但是，不知怎的，她后来竟居然并不留长，现在还是蓬蓬松松的在北京道上走。

为解燃眉之急，鲁迅立刻租下砖塔胡同六十一号三间北房，与朱安各居一间，鲁瑞还是住在八道湾十一号，只偶尔到这里来住。1923年8月2日鲁迅日记记载："雨、午后霁。下午携妇迁居砖塔胡同六十一号居。"

1924年6月11日鲁迅日记记载，因为西三条二十一号的书房已修好，这天下午他自己回八道湾十一号去取书及什器，被周作人夫妻"骂詈殴打"：

> 十一日晴，风。晨得杨[陈]翔鹤君信。上午寄郑振铎信。寄阮和森信。往山本医院为母亲取药。寄伏园校稿。下午往八道湾宅取书及什器，比进西厢，启孟及其妻突出骂詈殴打，又以电话招重久及张凤举、徐耀辰来，其妻向之述我罪状，多秽语，凡捏造未圆处，则启孟救正之，然终取书、器而出。夜得姚梦生信并小说稿一篇。

许寿裳回忆说："据说作人和信子大起恐慌，信子急忙打电话，唤救兵，欲假借外力以抗拒；作人则用一本书远远的掷入，鲁迅置之不理，专心检书。一忽而外宾来了，正欲开口说话，鲁迅从容辞却，说这是家里的事，无烦外宾费心。到者也无话可说，只好退了。这是在取回书籍的翌日，鲁迅说给我听的。我问他：'你的书全部都已取出了吗？'他答道'未必'。我问他我所赠的《越缦堂日记》拿出了吗？他答道：

'不，被没收了。'"（许寿裳《亡友鲁迅印象记》）

而许广平的回忆，说周作人扔向鲁迅的是狮形铜香炉："后来朋友告诉我：周作人当天因'理屈词穷'，竟拿起一尺高的狮形铜香炉向鲁迅头上打去，幸亏别人接住，抢开，这才不致打中。"（许广平《鲁迅回忆录·所谓兄弟》）

1924年9月21日，鲁迅在《〈俟堂专文杂集〉题记》一文中，为自己起了一个笔名"宴之敖者"，还将周作人侵占他的书物，称为"遭寇劫"，"委盗窟"：

> 曩尝欲著《越中专录》，颇锐意蒐集乡邦专甓及拓本，而资力薄劣，俱不易致，以十余年之勤，所得仅古专二十余及杙本少许而已。迁徙以后，忽遭寇劫，子身迨遁，止携大同十一年者一枚出，余悉委盗窟中。日月除矣，意兴亦尽，纂述之事，渺焉何期？聊集燹余，以为永念哉！甲子八月廿三日，宴之敖者手记。

鲁迅《故事新编》的《铸剑》中，有个主人公也叫"宴之敖者"。许广平说："先生说：'宴从宀（家），从日，从女；敖从出，从放；我是被家里的日本女人逐出的。'"（许广平《欣慰的纪念》）

同日周作人日记的记录比较简单："上午睡少顷。下午L来闹。张、徐二君来。"当天羽太信子电话招来张凤举、徐耀辰，二人见证了周氏兄弟争吵的过程。徐耀辰就是徐祖正，字耀辰，在日本留学时和郁达夫、郭沫若等组织创造社，回国后执教于北京高等师范学校，与周氏兄弟过从甚密，后得周作人举荐到北大任教。

徐耀辰见证了当天争吵的场面，非常震惊，在当天的日记中记道：

忽然八道湾周宅来的电话,去接时是启民[启明,周作人]夫人的,说"兄棣"来在那里正和启明吵嘴中呢,说凤举在那尔。我心里很对她着急,我说我此刻到处用电话去找他,我说请放心好了,不要紧的。我就打电话到什坊院对凤举说。不久凤举打电话给我说他预备去,问我去不去。我说我去后也不会说什么话。于是他说他先去。我回进房里来,停了一回,想道我应该去一次,于是走出大门叫车子去。走进周宅,走进启民[明]兄的书斋,看见启民[明]站在那里,二太太坐在那里。凤举和豫材[鲁迅]并坐在隔一张茶机[几]的背椅上在那里谈话。我走进去看启明还很镇静的和豫材辩论。二太太见我去了,她告我豫材如何踩凌她。我回顾后面有二太太的老弟,另有一位同居的一个青年。他们都站在后面静默着。我想我不能静默着了。于是走到豫材近边对他开口道,一向担心已久,不过没有机会不能插嘴,如果以我们是朋友的话,我想可否由我们朋友之力使你们两位在某一程度为止得了了解。豫材说他要去了。我和凤举送他出门去。我回进去再坐着。二太太历诉豫材一向对她的无礼。启民[明]尚还镇静,说有许多人来问豫材的小说怎样,他自己也问说怎样,我想说小说家没有了人格,所做的小说也不过尔尔了。(我心里想实获我心)启民[明]又说豫材的话时时变换,方才说过的话竟至要否定的,既然有勇气要做恶魔,为什么没有勇气公言去做恶魔呢。我接口道,是呀,恶魔未始不可以生存的呀,只要有勇气公言好了。说得很有力量似的,心头感到轻快。我不想久坐,累他们招待,所以先凤举而回了。心头也不觉悲哀和惊奇,只自幸自己有了立脚点,并且自己有了天地,此刻是从自己的天地里面开出眼精[睛]去望望外边的人罢了。(据2025年5月某拍卖会拍品《徐祖正日记及手稿一组》)

对于失和，兄弟双方都有不同的表述，但对反目原因，双方皆语焉不详。

许广平在《鲁迅回忆录·所谓兄弟》一文中写道：

> 他很凄凉地描绘了他的心情，说："我总以为人不要钱总该可以家庭和睦了罢，在八道湾住的时候，我的工资收入，全行交给二太太（周作人之妇，名信子），连周作人的，不下六百元，而每月还总是不够用，要四处向朋友借，有时借到手连忙回家。又看到汽车从家里开出，我就想：我用黄包车运来，怎敌得过用汽车带走呢？"原来家内人不断的大小轻重的生病，都常常要请医生到来，鲁迅就忙着应付这些差事。从没有计算自己的时间和精力。那么他们每月收入有六百上下（鲁迅三百，周作人二百四十），稿费在外，都哪里去了呢？鲁迅说："她们一有钱又往日本商店去买东西去了，不管是否急需，都买它一大批，食的、用的、玩的，从腌萝卜到玩具，所以很快就花光了。又诉说没有钱用了，又得借债度日。"

俞芳《我记忆中的鲁迅先生》记载，鲁瑞曾经对俞芳说过：

> 再比如拟定修建八道湾房屋的规划，他首先考虑的是孩子们的游戏场地，那时你们的大先生自己并没有孩子，你们看他的心思多好！又如分配房间，他把最好的留给我和老二、老三们住，自己却住较差的。他的薪金，除留少数零用外，全部交出，作为家用。家用不够了，他四出奔走，向朋友们借贷。他总是处处替别人着想，成全别人，委曲自己。至于后来和老二一家分开，完全是老二夫妇

的过错，他是没有责任的。我说句实在话，分开倒是对你们大先生有利。

俞芳还回忆：

在京时，太师母（鲁瑞）的生活费原议定是由大先生（鲁迅）和周作人共同担负的。大先生（鲁迅）总是如期奉上，而周作人常过期不送。太师母对此很不满意，有时就亲自坐车到八道湾去讨账。有一次被大先生知道了，劝老人家不要去了，免得淘气。并说，要钱我这里有。太师母说，并不是等钱用，而是气他们的这种行为。接着说：只当我少生了他这个儿子。

查鲁迅1921年10月24日日记："二十四日晴。午后游小市，买笔筒一，水盂一，共泉五角。下午往午门索薪水。"北洋政府因国库空虚，截至1921年10月底欠军政各费达一亿四千五百七十三万元。教育部及国立各校自1920年开始经常欠薪，至本月已积欠七个月工资，很多教职员工生活无着。鲁迅本日参加教育部部员和各校教职员发起的"索薪"请愿运动。（据《鲁迅年谱长编》）

许寿裳此时已奉调回教育部任编审，鲁迅1921年经常向他借钱。鲁迅日记记录，4月1日"午后从许季市假泉百"，4月5日"上午从齐寿山假泉五十"，4月12日"下午托齐寿山从义兴局借泉二百，息分半"，4月26日"午后从齐寿山假泉廿"，5月30日"下午从李遐卿假泉四十"，6月4日"下午从齐寿山假泉五十"，8月6日"上午从许季市假泉百"，11月5日"午往许季市寓，假泉五十"，11月9日"下午从大同号假泉二百，月息一分。还齐寿山卅"。鲁迅还要卖自己珍爱的藏书，4月7日

"上午卖去所藏《六十种曲》一部，得泉四十"。

但是1923年前半年鲁迅日记中并无借款记录，鲁迅用于个人买书画碑帖有二百元，印书费二百元，请客吃饭共计开支五百元。

我们可以再找找周氏兄弟失和的一些线索。俞芳《我记忆中的鲁迅先生》记载，鲁瑞对她说过羽太信子患有癔症：

> 另一次，太师母说起二太太信子有一种病，她如果生气或过分激动，人就要昏过去，象［像］突然死去一样，真吓人！在绍兴时，她一发病，大家都没办法，急得不得了。后来，她的弟弟重久来了，才知道她一向有这种病，这是歇斯底里病。发病时，不知道的人很着急，其实，过一会就会好的。

1923年7月16日周作人日记记载："夜凉，池上来诊。迟睡。"17日周作人日记记载："上午池上来诊。下午寄乔风函件，焦菊隐、王懋廷二君函。"池上是经常来为羽太信子看病的日本医生。周作人后来说，这则日记里有十几个字涉及鲁迅，后来剪掉了。

作家郁达夫在周氏兄弟失和不久见到了鲁迅，他后来回忆说：

> 同一个来访我的学生，谈起了鲁迅。他说："鲁迅虽在冬天，也不穿棉裤，是抑制性欲的意思。他和他的旧式的夫人是不要好的。"因此，我就想起了那天去访问他时，来开门的那一位清秀的中年妇人。她人亦矮小，缠足梳头，完全是一个典型的绍兴太太……
> 据凤举他们的判断，以为他们弟兄间的不睦，完全是两人的误解。周作人氏的那位日本夫人，甚至说鲁迅对她有失敬之处。但鲁迅有时候对我说："我对启明，总老规劝他的，教他用钱应该节省

一点，我们不得不想想将来，但他对于经济，总是进一个花一个的，尤其是他那位夫人。"从这些地方，会合起来，大约他们反目的真因，也可以猜度到一二成了。（郁达夫《回忆鲁迅》）

"仁人之于弟也，不藏怒焉，不宿怨焉，亲爱之而已矣。"（《孟子》）无论如何，兄弟二人有分歧，不是坐下来化解矛盾，不伤兄弟情分，而是恶语相向，互相指责对方，甚至骂詈殴打，可见兄弟二人均缺乏君子风度。

鲁迅1925年10月至11月所作《伤逝》《弟兄》两篇小说，周作人认为与参商事件有关。他说，《弟兄》"是写我在一九一七年初次出疹子的事情，虽然是小说，可是诗的成分并不多，主要的全是事实"，而"《伤逝》不是普通恋爱小说，乃是假借了男女的死亡来哀悼兄弟恩情的断绝的，我这样说，或者世人都要以我为妄吧，但是我有我的感觉，深信这是不大会错的"。（周作人《知堂回想录》）

* * *

1919年岁尾，朱安住进八道湾十一号二进院正房西次间。因为有很多小孩儿，八道湾十一号也算是热闹的。但北京的生活对一直生活在绍兴古城的朱安来说，太过陌生。北京气候干燥，冬季寒冷，语言不通，这还罢了，二弟、三弟的媳妇都是日本人，朱安跟她们根本无法交流，只能与鲁瑞说说话。

许羡苏从绍兴来到北京投考，在八道湾十一号暂住了一段时间。根据她的回忆，当时八道湾的家长是鲁迅，内当家是羽太信子。用餐时分，鲁迅原来在二进院和鲁瑞、朱安共坐一桌。许羡苏入住后，周建人让她跟鲁瑞、朱安共坐一桌，鲁迅就到后院跟二弟、三弟同桌吃饭。兄弟失和当晚，鲁迅"在自室吃饭，自具一肴"，应当是朱安给他炒的菜。

许羡苏绍兴中学的同学俞芬也常常在周末到八道湾十一号来，或代周家买些日用品，或在周家吃绍兴菜，许羡苏和俞芬被称为鲁瑞的"活脚船"。许羡苏和俞芬的到来，让鲁瑞和朱安可以听到绍兴乡音，家里也有了活气。

最让朱安高兴的是弟弟朱可铭来到八道湾做客。1920年9月27日鲁迅日记记载："二十七日昙。补中秋假。上午朱可铭来。晚雨。"半个月后，朱可铭离京往许州，对朱安来讲，又是离愁别绪。

1921年，朱安受婆母之命，与二弟媳去北京西山碧云寺，探望在那里养病的周作人。路途遥远，山道崎岖，但朱安很高兴，觉得婆母还是看重自己的。几天后，朱安的叔父朱鹿琴和弟弟朱可铭又到访周家，被安排到八道湾食宿，这些让朱安感到一丝丝温暖。

鲁迅对朱安没有感情，但朱安依赖他，敬重他，认为他有学问，有能力。在决定离开八道湾时，鲁迅跟朱安说，自己决定搬到砖塔胡同，问她打算留在八道湾还是回绍兴朱家。如果回绍兴，每月的家用都会寄给她。朱安想了想，认为鲁迅分家是对的，回答说：

> 八道湾我不能住，因为你搬出去，娘娘（鲁瑞）迟早也要跟你去的，我独个人跟着叔婶侄儿侄女过，算什么呢？再说婶婶是日本人，话都听不懂，日子不好过啊。绍兴朱家我也不想去。你搬到砖塔胡同去，横竖总要人替你烧饭、缝补、洗衣、扫地的，这些事我可以做，我想和你一起搬去。（俞芳《我记忆中的鲁迅先生》）

无论是在绍兴的老家，还是迁居北京之后，鲁迅家中都雇有男女用人协助家务。在砖塔胡同和西三条居住期间，鲁迅家里都有女佣，没有男佣，但有车夫负责鲁迅通勤。朱安参与家务琐事，更多的时候是陪伴婆母聊天解闷，或是悠闲地抽着她那三尺余长的湘妃竹旱烟管。在当时的绍兴，吸旱烟是富贵人家的常见习惯。朱安随鲁迅迁居北京，旱烟管也随之北上，而鲁瑞则不吸烟。

住在砖塔胡同短短九个多月，环境虽然比不上在八道湾十一号，但应该是朱安比较宁静的日子。虽然两人还是分居，但朱安接触鲁迅的机会大大增加了。白天鲁迅在案头工作，她则在厨房张罗菜饭等事，还会告诉俞芳、俞藻，大先生在构思，不可去吵他。朱安能炒一手地道的绍兴菜，空闲时也做些针线活儿，对鲁迅的客人也能以礼相待，但因不识字，文化水平不高，常常吃力不讨好。

刚搬到砖塔胡同时，一天，天气非常热，鲁迅的学生常维钧来访。朱安端来热茶和热气腾腾的藕粉点心来招待客人。常维钧见皆是热物，无所适从，鲁迅在一旁苦笑着摇摇头：既然拿了，就吃吧，无非是再出一身汗而已。

朱安本来就话少，和鲁迅也没有共同语言，二人同桌吃饭的时候是静悄悄的。但是鲁瑞有时会上砖塔胡同住几天，饭桌上就有了欢声笑语。鲁瑞很喜欢孩子，这时的砖塔胡同就会十分热闹，鲁迅还会给大家讲绍兴的笑话故事。

> 晚饭后，大先生（鲁迅）总要到太师母（鲁瑞）屋里坐上一个多小时。大先生坐在太师母的床边，太师母有时躺着，有时坐在床上，大师母（朱安）、大姐、我和三妹，就坐在周围听大先生和太师母讲话，这是我们一个欢乐的时刻。有时大先生也和我们讲话。我和三妹最喜欢听大先生讲故事。他讲故事，生动有趣，引人入胜，

给我留下很深的印象。（俞芳《我记忆中的鲁迅先生》）

鲁瑞还邀请朱安、许羡苏、俞氏三姐妹去看戏。一次，她们到戏院里定了一个包厢，津津有味地看了一场《红楼梦》。

朱安一直努力缩小与鲁迅的差距，赶上社会的潮流。鲁迅曾教俞芳和俞藻做体操，她们常常练习。有几次鲁迅不在家，朱安也跟着她们做，但她腰、腿都不灵活，踮着小脚，怎么也不协调，但她努力去做。

1923年10月1日，过分的疲劳和苦恼，让鲁迅肺病复发。他还带病工作，此后落下病根，多次前往山本医院就诊。鲁迅吃不下饭，有一个多月只能吃粥。朱安早早起床，先将米捣碎，用慢火熬成易消化的粥糊，还托俞芬到稻香村去买鲁迅爱吃的糟鸡、熟火腿、肉松等开胃下粥的菜。她自己却省着不吃。

冬天很冷，鲁瑞让朱安给鲁迅做了一条新棉裤，朱安将新棉裤放在鲁迅的床上，鲁迅没有穿。鲁瑞让孙伏园劝劝鲁迅，也没有奏效。朱安的心如同冬天一般寒冷。

孙伏园回忆，鲁迅对他说："决不能常往安逸方面着想的。岂但我不穿棉裤而已，你看我的棉被，也是多少年没有换的老棉花，我不愿意换。你再看我的铺板，我从来不愿意换藤棚或棕棚，我从来不愿意换厚褥子。生活太安逸了，工作就被生活所累了。"（孙伏园《鲁迅先生二三事》）

1924年5月25日，朱安又随鲁迅住进西三条二十一号。

第五章 西三条二十一号

金风玉露一相逢,便胜却人间无数。
　　　　　　——宋·秦观《鹊桥仙》

1924年1月20日，在中国共产党的帮助下，国民党第一次全国代表大会在广州召开，决定改组。1月23日，大会发表宣言，制定"联俄、联共、扶助农工"三大政策。

1924年1月，鲁迅接收西三条二十一号房屋并开始设计、修建。

2月7日，鲁迅创作小说《祝福》。

3月，鲁迅肺病复发，赴山本医院看病。

5月25日，鲁迅移居西三条二十一号。

7月，应西北大学邀请赴陕做夏期讲演。

1925年1月1日，段祺瑞电邀孙中山、黎元洪出席善后会议。

1月18日，女师大学生召开会议讨论驱逐杨荫榆。

3月11日，鲁迅与许广平首次通信。

3月12日，孙中山在北京铁狮子胡同行辕病逝。

5月30日，"五卅"惨案发生，随后爆发五卅运动。

8月14日，鲁迅被章士钊免除教育部佥事一职。

10月，鲁迅与许广平确定爱情关系。

1926年3月18日，"三一八惨案"发生。

4月1日，鲁迅作《记念刘和珍君》一文。

7月28日，鲁迅接受厦门大学聘请成为国文系教授兼国学院研究教授。

8月26日，鲁迅与许广平离京赴厦门。

住在砖塔胡同短短九个多月时间，鲁迅除了到教育部上班，在四所学校兼课，还创作了《祝福》《在酒楼上》《幸福的家庭》和《肥皂》四篇小说，同时进行《中国小说史略》的编印和《嵇康集》的校勘工作，撰写了《宋民间之所谓小说及其后来》《娜拉走后怎样》《未有天才之前》等讲稿，翻译了用作讲义的文艺理论。

1923年12月26日，鲁迅"往女子师校文艺会讲演，半小时毕"，讲演的题目就是《娜拉走后怎样》，鲁迅指出，社会问题不解决，娜拉走出家庭，"实在只有两条路：不是堕落，就是回来"，要使"经济制度竟改革了"，妇女才能真正获得自由解放。

工作之余，鲁迅要读书、写信、接待来访，找新房子，办理买房手续，修整新屋。鲁迅是带病完成这些工作的，此后人更加消瘦。

周建人为俞芳《我记忆中的鲁迅先生》作序时说：

  住在砖塔胡同的时候，也是鲁迅生活最困难的时期。鲁迅受周作人和日本女人的欺侮，气出了一场大病，持续了一个多月。但是他顽强地和疾病作斗争。他带病给北京大学、北京高师（后来的师大）、北京女高师（后来的女师大）以及世界语学校讲课，奔波于东西城之间；他带病写文章，常常彻夜不眠，为了找个安静住所，他四处奔走寻觅房子，终于在阜城门内西三条找到了一所破旧的四合院，于是向友人借钱买了下来；此后又是雇工修缮，一直忙到第二年的夏初搬进去，才总算稍稍安定下来。

1924年10月30日，鲁迅买定阜成门内西三条胡同第二十一号门牌旧屋六间，花费八百元。此时的鲁迅已无积蓄，费用是向齐寿山和许寿裳筹借的。10月9日鲁迅日记记载："九日晴。午后寄马幼渔信。季市来部，假我泉四百，即托寿山暂储。"鲁迅后来对许广平说："至于西三条的房子，是买来安慰母亲的，绍兴老房子卖去了，买了八道湾的房子，她一向是住惯自己的屋子，如果忽然租房子住，她要很不舒服。这时是齐寿山（……）和许季茀（……）两个人各借四百元给我的。"（许广平《欣慰的纪念·略谈鲁迅先生的笔名》）

鲁迅借的钱，一直到离京执教于厦门大学还在还。"直至一九二六年离北京向厦门之际，始从厦门大学的薪水中陆续筹还那买屋的借款。"（许广平《欣慰的纪念·鲁迅和青年们》）

西三条二十一号是一所小小的三开间四合院，院子不大，房子很破旧，相当于买地造屋，鲁迅自己进行设计改造，劳心劳力。"从1923年10月30日确定购买此房，到1924年5月修建完成，鲁迅整整忙了大半年。从房屋设计到拟订《做法清单》，从请瓦工、木工、油漆工，到'看卸灰'，'买玻璃'都是自己经手办的。这一方面是为了保住房屋的质量，同时更主要的是为了节省开支。"（叶淑穗、杨燕丽《从鲁迅遗物认识鲁迅》）

鲁迅还在其中一间房子的后面，搭出一间平顶的灰棚——北京叫作"老虎尾巴"——作为书房和卧室，鲁迅戏称它为"绿林书屋"。"南房作为藏书和会客的地方，东厢房是女工住室，西厢房是厨房，北房东边为母亲的住室，西边为朱安夫人的住室，中间屋是全家人的起居室和用餐的地方，穿过中间屋，最里边的一小间，是鲁迅的工作室兼卧室'老虎尾巴'。1925年4月5日鲁迅请云松阁来，在前院种植了'紫、白丁香各二'，在后院种了'碧桃一、花椒、刺梅、榆梅各二及青杨三'等

树。"(叶淑穗、杨燕丽《从鲁迅遗物认识鲁迅》)

"老虎尾巴"的后墙上部是玻璃窗,面对书桌的东面墙上悬挂藤野先生那张亲笔题有"惜别"二字的相片。从"老虎尾巴"的北窗望出去,"在我的后园,可以看见墙外有两株树,一株是枣树,还有一株也是枣树"(《野草·秋夜》)。

政治环境险恶,鲁迅随时可能要避难,他的房间中"总只有床铺、网篮、衣箱、书案这几样东西。万一甚么时候要出走,他只要把铺盖一卷,网篮或衣箱任取一样,就是登程的旅客了。他永远在奋斗的途中,从来不梦想甚么是较为安适的生活"(孙伏园《鲁迅先生二三事》)。

房屋修整好之后,鲁瑞便搬过来与大儿子、儿媳妇住在一起。从此,鲁瑞与朱安相依为命,一直住到1947年。鲁瑞老太太房间在堂屋的右侧。堂屋是会客吃饭的地方,置八仙桌、衣架等家具。在中间的隔扇上挂着一幅中国画,画面上是一个五六岁的男童,穿着和尚领衣服,手里拿着兰花,身旁是石头,身后是大树。这是鲁迅夭折的四弟(椿寿)的像。周氏兄弟为了安慰母亲,请来绍兴的名画师所画。此像陪伴了鲁瑞四十多个春秋,直至她去世。

新宅落成后,迎来了许羡苏、王顺亲、俞氏三姐妹等客人,小院便有了生气。朱安下厨为他们做绍兴家乡菜。鲁迅和朱安把俞氏三姐妹视为自己的孩子般疼爱,鲁迅还为俞芳、俞藻填写教会小学的入校保证书。

在"老虎尾巴"居住期间,鲁迅的创作进入迸发期,创作《希望》《雪》《风筝》《过客》《死火》《死后》等文,后收入《野草》集,小说《长明灯》《示众》《好的故事》等也相继问世,后收入《彷徨》。鲁迅热心扶植新文艺,支持《语丝》《京报副刊》等刊物的创办,还亲自创办了《莽原》周刊,很多稿子要他亲自"动笔改削",看书和休息的时间都没有了。

1925年4月21日，鲁迅《京报》广告栏登载《莽原》的出版预告，里面道出《莽原》的办刊宗旨：

> 本报原有之《图画周刊》(第五种)，现在团体解散，不能继续出版，故另刊一种，是为《莽原》。闻其内容大概是思想及文艺之类，文字则或撰述，或翻译，或稗贩，或窃取，来日之事，无从预知。但总期率性而言，凭心立论，忠于现世，望彼将来云。由鲁迅先生编辑，于本星期五出版。以后每星期五随《京报》附送一张，即为《京报》第五种周刊。

《莽原》比《语丝》更激进，深得学生欢迎。高长虹、韦素园、李霁野、台静农等人皆从《莽原》步入文坛。后来他们几经分化，走上不同的人生道路。

* * *

许广平是鲁迅任教的女师大的学生，1925年3月11日，鲁迅日记记载："得许广平信。"许广平给鲁迅写了第一封信，爱情悄悄地向鲁迅逼近。

> 现在写信给你的，是一个受了你快要两年的教训，是每星期翘盼着听讲《小说史略》的，是当你授课时每每忘形地直率地凭其相同的刚决的言语，好发言的一个小学生。他有许多怀疑而愤懑不平的久蓄于中的话，这时许是按抑不住了罢，所以向先生陈诉：

有人以为学校的校址,能愈隔离城市的尘嚣,政潮的影响,愈是效果佳一些。这是否有一部分的理由呢?记得在中学时代,那时也未尝不发生攻击教员,反对校长的事,然而无论反与正的那一方面,总是偏重在"人"的方面的权衡,从没有遇见过以"利"的方面为取舍。先生,这是受了都市或政潮的影响,还是年龄的增长戕害了他呢?先生,你看看罢。现在北京学界上一有驱逐校长的事,同时反对的,赞成的,立刻就各标旗帜,校长以"留学","留堂"——毕业后在本校任职——谋优良位置为钓饵,学生以权利得失为取舍,今日收买一个,明日收买一个……今日被买一个,……明日被买一个……而尤可愤恨的,是这种含有许多毒菌的空气,也弥漫于名为受高等教育之女学界了。做女校长的,如果确有干才,有卓见,有成绩,原不妨公开的布告的,然而是"昏夜乞怜",丑态百出,啧啧在人耳口……

许广平在此信中提到的"女校长"就是杨荫榆。许广平表达了对校长杨荫榆的不满和鄙视,并透露她要采取行动之决心,意在寻求鲁迅的支持。许广平能将心曲毫无保留地向鲁迅倾诉,明显已将鲁迅视为可信任的人。当天,鲁迅读信后即给许广平回了一封长信。

今天收到来信,有些问题恐怕我答不出,姑且写下去看——学风如何,我以为是和政治状态及社会情形相关的,倘在山林中,该可以比城市好一点,只要办事人员好。但若政治昏暗,好的人也不能做办事人员,学生在学校中,只是少听到一些可厌的新闻,待到出了校门,和社会相接触,仍然要苦痛,仍然要堕落,无非略有迟早之分。所以我的意思,以为倒不如在都市中,要堕落的从速堕落罢，要苦痛的速速苦痛罢，否则从较为宁静的地方突到闹处，也须意外地吃惊受苦，而其苦痛之总量，与本在都市者略同。

学校的情形，也向来如此，但一二十年前，看去仿佛较好者，乃是因为足够办学资格的人们不很多，因而竞争也不猛烈的缘故。现在可多了，竞争也猛烈了，于是坏脾气也就彻底显出。教育界的称为清高，本是粉饰之谈，其实和别的什么界都一样，人的气质不大容易改变，进几年大学是无甚效力的。况且又有这样的环境，正如人身的血液一坏，体中的一部分决不能独保健康一样，教育界也不会在这样的民国里特别清高的。

所以，学校之不甚高明，其实由来已久，加以金钱的魔力，本是非常之大，而中国又是向来善于运用金钱诱惑法术的地方，于是自然就成了这现象。听说现在是中学校也有这样的了。间有例外，大约即因年龄太小，还未感到经济困难或化费的必要之故罢。至于传入女校，当是近来的事，大概其起因，当在女性已经自觉到经济独立的必要，而借以获得这独立的方法，则不外两途，一是力争，一是巧取。前一法很费力，于是就堕入后一手段去，就是略一清醒，又复昏睡了。可是这情形不独女界为然，男人也多如此，所不同者巧取之外，还有豪夺而已……

一般长者遇到年轻人有过激的想法，总会劝其谨慎，但鲁迅非但没有劝阻，反而表示在道义上鼓励许广平。这与鲁迅的好斗性格有关。也许更重要的是，鲁迅意在俘获许广平的芳心。

女师大风潮的爆发，原因殊多。

1922年7月，许寿裳出任北京女子高等师范学校校长，对校务大加整顿，聘请北大教师前来任教或兼课。1923年7月，鲁迅被聘为北京女子高等师范学校讲师,讲授小说史和文艺理论课程,次年成为国文系教授。许寿裳的任期不算长,但他把女高师"从一个相当于中学的学校改为专门以上,从那些设备简陋到规模略具"(许广平《鲁迅先生与女师大事件》)。1923年7月,女高师学生发起驱逐校长的运动,并提议由新近回国的女高师原学监杨荫榆接任。女高师部分学生为了催促许寿裳离职,甚至恶言相向。

杨荫榆(1884—1938),江苏无锡人,挣脱父母安排的封建婚姻之后,一心投身社会。在兄长杨荫杭(杨绛之父)的帮助下,先是进入美国教会主办的苏州景海女学堂就读,两年后转入上海务本女子中学,由于学业优良,1907年被公费派往日本东京女子高等师范留学,1912年毕业。1913年夏,杨荫榆回国就任江苏省立第二女子师范学校教务主任兼授生物解剖学。一年后,杨荫榆就任北京女子高等师范学校学监,得到学生拥戴。1918年,杨荫榆公费留学美国哥伦比亚大学教育系。杨绛的文章讲述了杨荫榆出发时的情景:

> 那天我跟着大姐到火车站,看见三姑母有好些学生送行。其中有我的老师。一位老师和几个我不认识的大学生哭得抽抽噎噎,使我很惊奇。三姑母站在火车尽头一个小阳台似的地方,也只顾拭泪。火车叫了两声,慢慢开走。三姑母频频挥手,频频拭泪。月台上除了大哭的几人,很多人也在擦眼泪……
>
> 我现在回头看,那天也许是我三姑母生平最得意、最可骄傲的一天,她是出国求深造,学成归来,可以大有作为。而且她还有许多喜欢她的人为她依依惜别。据我母亲说,很多学生都送礼留念;那些礼物是三姑母多年来珍藏的纪念品。(杨绛《回忆我的姑母》)

在美国留学，杨荫榆同样成绩优异，与美国学者杜威、孟禄等人交往甚深，三年后回国继续任教。

1924年2月20日，北洋军阀政府教育部委任杨荫榆为女高师校长，5月教育部发布训令批准北京女子高等师范学校升格为北京女子师范大学，并任命杨荫榆为首任校长。杨荫榆到任后，照搬西式教育方法，实行独裁家长式的教育，排除异己，4月28日，学校有十五名教员辞职。5月21日，鲁迅应邀出席调解风潮的学生会议，商议对策。8月13日，鲁迅寄还女师大聘书，学生恳切挽留，鲁迅决定继续留下。秋季开学，女师大国文系预科二年级学生三人，因江浙战争期间道路被阻未能按时返校，缺课两月余，杨荫榆以整顿校风为由勒令三人退学。女师大学生自治会代表要求杨荫榆收回成命，遭到厉声辱骂。酝酿已久的女师大风潮爆发。

1925年1月22日下午，女师大学生自治会代表四人赴教育部请愿，要求撤换校长。第二天，女师大学生自治会致函杨荫榆，要求其"为女子教育计，为校长名誉计"，即日离校，否则"将以最后之手段对待"。杨荫榆并未理会。2月9日，春季开学，女师大学生自治会再次致函杨荫榆要求她离校，同时致函全体教员请求照常上课，并提出组织临时校务维持会。

1925年3月《现代评论》发表署名为"一个女读者"的《女师大学潮》一文，对"驱杨运动"的爆发表示"讶怪"："第一可讶怪的是，为什么这个杨校长在八九个月前被女师大学生欢迎得非常热烈，现在陡然被她们骂得体无完肤？第二可讶怪的是，那些宣言书中所列举杨氏的罪名，既大多不能成立罪名（连'不谙礼节'以及给学生介绍职业都成了罪名！），为什么这些将来要为全国女子所师范的女子，偏要口口声声用'寡廉鲜耻''败类'这样的词语，骂她们的校长比骂世界上什么人还要利害？"

当时杨荫榆坚决不辞职，继任校长不到位，女师大风潮处于僵持之时，许广平给鲁迅写了第一封信表达苦闷。

1925年4月12日，全国女界各团体在女师大召开联席会议，决议成立"中国女界联合会筹备会"，共产党员夏之翮、女师大党员学生李桂生等人被推举为筹备员。李桂生是许广平的同班同学，鲁迅日记记有6月7日"得李桂生信并稿"，7月2日"得李桂生信"，李桂生后来在冲突中受伤，8月26日鲁迅还去看望她，"访齐寿山，又同至德华医院看李桂生病"。

1925年4月14日，章士钊以司法总长兼任教育总长，声称要"整顿学风，严格考核"，支持杨荫榆。

5月7日，北京各校学生准备举行纪念"五七"国耻和追悼孙中山大会。北洋军阀政府教育部事前要求各校不得放假，又安排巡警在各校门口禁止学生外出，打伤学生多人。学生结队前往章士钊宅抗议，章士钊拒绝出面，学生多人被捕。5月9日，北京各校学生罢课游行，至段祺瑞执政府请愿，要求免去章士钊教育总长职务，废止限制民主自由之出版法，释放被捕学生。11日，鹿钟麟出面调停。章士钊请辞，被段祺瑞明令挽留。

同时在女师大校内，5月9日，杨荫榆以女师大评议会名义开除学生自治会代表刘和珍、许广平等六人，原因是"滋事犯规"。5月11日，女师大学生自治会召开紧急会议，决议驱逐校长杨荫榆，封锁校办公室，并在校门口张贴"行矣杨荫榆"的启事。

5月12日，由于许广平等人被开除，一直沉默的鲁迅在《京报副刊》中发表《忽然想到（七）》一文，正式对女师大风潮表态，支持女师大学生的斗争，嘲讽时任教育总长章士钊偏袒杨荫榆。同时，女师大学生将鲁迅代拟的呈文递交教育部：

> 呈为校长溺职滥罚，全校冤愤，恳请迅速撤换，以安学校事。
>
> 窃杨荫榆到校一载，毫无设施，本属尸位素餐，贻害学子，屡经呈明大部请予查办，并蒙派员莅校彻查在案。从此杨荫榆即忽现忽隐，不可究诘，自拥虚号，专恋脩金，校务遂愈形败坏，其无耻之行为，为生等久所不齿，亦早不觉尚有杨荫榆其人矣。不料"五七"国耻在校内讲演时，忽又觍然临席，生等婉劝退去，即老羞成怒，大呼警察，幸经教员阻止，始免流血之惨。下午即借宴客为名，在饭店召集不知是否合法之评议员数人，于杯盘狼藉之余，始以开除学生之事含糊相告，亦不言学生为何人。至九日，突有开除自治会职员……等六人之揭示张贴校内。夫自治会职员，乃众所公推，代表全体，成败利钝，生等固同负其责。今乃倒行逆施，罚非其罪，欲乘学潮汹涌之时，施其险毒阴私之计，使世人不及注意，居心下劣，显然可知！继又停止已经预告之运动会，使本校失信于社会，又避匿不知所往，使生等无从与之辩诘，实属视学子如土芥，以大罚为儿戏，天良丧失，至矣尽矣！可知杨荫榆一日不去，即如刀俎在前，学生为鱼肉之不暇，更何论于学业！是以全体冤愤，公决自失踪之日起，即绝对不容其再入学校之门，以御横暴，而延残喘。为此续呈大部，恳即明令迅予撤换，拯本校于阽危，出学生于水火。不胜迫切待命之至！（《集外集拾遗补编·为北京女师大学生拟呈教育部文二件·一》）

此呈文印在6月3日女师大学生自治会编辑出版的《驱杨运动特刊》之上。

5月27日，鲁迅邀集女师大教员马裕藻、沈尹默、李泰棻、钱玄同、沈兼士、周作人，联名在《京报》发表《关于北京女子师范大学风潮宣言》一文。此文是鲁迅拟稿，为被开除的六名学生鸣不平，指责杨荫榆"以品学二字立言"是难以说得通的，"况六人俱为自治会职员，倘非长才，众人何由公举。不满于校长者倘非公意，则开除之后，全校何至哗然。所罚果当其罪，则本系之两主任何至事前并不与闻，继遂相率引退。可知公论尚在人心，曲直早经显见，偏私谬戾之举，究非空言曲说所能掩饰也"。

陈源（陈西滢）在《现代评论》第二十五期上发表《粉刷毛厕》一文，批评说："以前我们常常听说女师大的风潮，有在北京教育界占最大势力的某籍某系的人在暗中鼓动，可是我们总不敢相信。这个宣言语气措词，我们看来，未免过于偏袒一方，不大公允……我们只觉得这次闹得太不像样了。到了这种时期，实在旁观的人也不能再让它酝酿下去，好像一个臭毛厕，人人都有扫除的义务。"由此引发了以周氏兄弟为首的"语丝派"与以陈源为首的"现代评论派"的激烈笔战，使女师大风潮进一步扩大。尽管此时周氏兄弟已失和，但是面对统一的敌人，周氏兄弟均发起猛烈的回击。

鲁迅先后写下《并非闲话》《我的"籍"和"系"》《并非闲话（二）》《并非闲话（三）》《杂论管闲事·做学问·灰色等》《有趣的消息》等文反击。

后来，文化界有人撰文批评凌叔华剽窃，当时陈源正与凌叔华热恋，怀疑是鲁迅写的文章。他在1926年1月30日的《晨报副刊》上发表《闲话的闲话之闲话引出的几封信》，在其中说鲁迅的《中国小说史略》抄袭，是"日本人盐谷温的《支那文学概论讲话》里面的'小说'的一部分。其实拿人家的著述做你自己的蓝本，本可以原谅，只要你书中有那样的声明。可是鲁迅先生就没有那样的声明。在我们看来，你自己做了不正当的事也就罢了，何苦再挖苦一个可怜的学生，可是他还尽量的把人家刻薄"。

1926年5月24日，胡适致信陈源和周氏兄弟劝和，将鲁迅看作"自家人"，将三人称作"敬爱的朋友"。

> 你们三位都是我很敬爱的朋友，所以我感觉你们三位这八九个月的深仇也似的笔战是朋友中最可惋惜的事。我深知道你们三位都自信这回打的是一场正义之战；所以我不愿意追溯这战争的原因与历史，更不愿评论此事的是非曲直，我最惋惜的是，当日各本良心的争论之中，不免都夹杂着一点对于对方动机上的猜疑；由这一点动机上的猜疑，发生了不少笔锋上的情感；由这些笔锋上的情感，更引起了层层猜疑，层层误解；猜疑愈深，误解更甚。结果便是友谊上的破裂，而当日各本良心之主张就渐渐变成了对骂的笔战……（《胡适来往书信选》）

三人友谊破裂，论争变成对骂。在胡适看来，论争离题越来越远，"连我这个老北京也往往看不懂你们用的'典'，打的什么官司了"，"我深深的感觉你们的笔战里双方都含有一点不容忍的态度，所以不知不觉的影响了不少的少年朋友，暗示他们朝着冷醒、不容忍的方向走"。最后，胡适在信中援引了鲁迅在《热风》中的一段话："'咄，我教你们超人：这便是海，在他这里，能容下你们的大侮蔑。'纵令不过一洼浅水，也可以学学大海；横竖都是水，可以相通。几粒石子，任他们暗地里掷来；几滴秽水，任他们从背后泼来就是了。"胡适劝大家"学学大海"，"都向上走，都朝前走"，"不要睬那伤不了人的石子，更不要回头来自相践踏"。

身处历史现场的胡适,对周氏兄弟与陈源之间论战的是非曲直的分析,应当是真实客观的,甚至是精辟的,他调解笔战,呼唤消除误解与冷酷,放开胸怀朝前走,是善意的,更是积极的。但在惯有认知的影响下,不少文学史家歪曲胡适本意。

鲁迅逝世之后,苏雪林于同年11月18日写信给胡适,说鲁迅是"一个刻毒残酷的刀笔吏,阴险无比、人格卑污又无比的小人"。12月14日,胡适给苏雪林写回信说:"至于书中所云'诚玷辱士林之衣冠败类,廿五史儒林传所无之奸恶小人'一类字句,未免太动火气(下半句尤不成话),此是旧文学的恶腔调,我们应该深戒。"胡适认为:"凡论一人,总须持平。爱而知其恶,恶而知其美,方是持平。鲁迅自有他的长处。如他的早年文学作品,如他的小说史研究,皆是上等工作。通伯先生当日误信一个小人张凤举之言,说鲁迅之小说史是抄袭盐谷温的,就使鲁迅终身不忘此仇恨!现今盐谷温的文学史已由孙俍工译出了其书,是未见我和鲁迅之小说研究以前的作品,其考据部分浅陋可笑。说鲁迅抄袭盐谷温,真是万分冤枉。盐谷一案,我们应该为鲁迅洗刷明白。"早已与鲁迅断绝友谊的胡适,此时能站出来为鲁迅辩诬,洗刷其不白之冤,体现了胡适的学人胸怀。

书归正传。此时在鲁迅笔下,杨荫榆罪行累累,实属罪大恶极。但四十多年后,女师大风潮的策划者、领导者,成为鲁迅遗孀的许广平,回忆起杨荫榆,说:

> 关于她的德政,零碎的听来,就是办事认真、朴实,至于学识方面,并未听到过分的推许或攻击,论资格,总算够当校长了,而且又是破天荒的第一次的女子做大学校长,是多么荣耀呀!(许广

平《校潮参与中我的经历》）

这回忆不是虚情假意的，而是对自身过去的过激行为感到内疚。而鲁迅的两篇拟呈教育部文以及《关于北京女子师范大学风潮宣言》明晃晃地收在《鲁迅全集》之中，成为后人全面了解鲁迅文化人格的重要依据，让我们看到绍兴师爷的本色。

许广平并非一般家庭的小女子，出身"广州第一家族"许氏家族。其叔祖许应骙官至一品，曾反对戊戌变法。有一次鲁迅笑着问许广平："许应骙是你什么人？"许广平答："是叔祖。""哼！"鲁迅半开玩笑地说，"我从小就吃过你们许家的亏。"当年鲁迅拼命阅读《天演论》，叔祖发现后命他抄写许应骙驳斥康有为的《明白回奏折》。鲁迅做梦也没想到二十多年后会与许应骙的侄孙女成为夫妻。而许广平的堂兄许崇智，是辛亥革命元勋，粤军主要领导人之一，国民革命军陆军上将，国民政府军事部长，孙中山先生的忠实追随者。（据黄蓉芳《落户高第街200年　许氏家族传奇迭现》）

这样的出身，让许广平有常人没有的底气。在学潮式微之时，她"当时就想：'让我来试试，看有谁会敢来给我发命令！'于是在同班退下来了不过问的低潮中，我挺身而出，以总干事的资格出席去了"（许广平《鲁迅先生与女师大事件》）。

因为得不到母爱，许广平就想象是因为姐姐漂亮，夺走了母亲的爱，由此对母亲埋下仇恨的种子：

> 姊姊！听说也和哥们一起在书房读书，生得十分漂亮，人都称她是玉观音，裹得好小脚，天天由老妈背上书房去，但是，九岁的时候死了，临死口内还如流的背诵《三字经》《孝经》《四书》《诗

经》,这是一个很深刻的印象,所以等到我生下来是那丑陋不堪,稍能读书,又不如阿姐的聪明,于是母亲常常引起感慨,想是说:"好的都死光了,剩下这坏的!"就由这感慨里,母亲的表示,我的感受的影响,老实说,在我八岁母亲死的时候,我心下是这样想过:"死了一个母亲不要紧,还有一个父亲呢!"(《许广平文集》)

在许广平的心里,对父亲和哥哥是有好感的,因为父亲反对母亲给她裹小脚。1925年5月27日,许广平致信鲁迅时说:

> 据自己的经验说起来,当我幼小时,我的三十岁的哥哥死去的时候,凡在街上见了同等年龄的人们,我就憎恨他,为什么他不死去,偏偏死了我的哥哥。及至将近六旬的慈父见背的时候,我在街上又加添了我的阿父偏偏死去,而白须白发的人们却只管活在街头乞食的憎恨。此外,则凡有死的与我有关的,同时我就憎恨所有与我无关的活着的人。

许广平的爱与憎是不同寻常的。三天后,鲁迅回信,先是大骂在女师大风潮中与其观点不同的报刊为"它们(男女一群,所以只好用'它')的。办报的人们,就是这样的东西",然后说:

> 又如来信说,凡有死的同我有关的,同时我就憎恨所有与我无关的……而我正相反,同我有关的活着,我倒不放心,死了,我就安心,这意思也在《过客》中说过,都与小鬼的不同。其实,我的意见原也一时不容易了然,因为其中本含有许多矛盾,教我自己说,或者是人道主义与个人主义这两种思想的消长起伏罢。所以我

忽而爱人，忽而憎人；做事的时候，有时确为别人，有时却为自己玩玩，有时则竟因为希望生命从速消磨，所以故意拚命的做。

"五卅"惨案发生后，爆发了五卅运动，工人、学生和部分工商业者举行游行示威和罢工、罢课、罢市，形成全国规模的反帝爱国运动高潮。但是，身处租界的各大报刊可耻地保持沉默，全国爱国知识分子被激怒了。学人郑振铎立即发起组织"上海学术团体对外联合会"，并与茅盾、叶圣陶、胡愈之等创办《公理日报》，揭露和抨击帝国主义的暴行，声讨日、英杀害中国人的罪行。《民族日报》《上海总工会日报》等纷纷发声抗议。胡适推荐到商务印书馆工作的王云五亲自撰写《五卅事件之后之责任与善后》一文，遭英巡捕房起诉。迫于压力，洋人不敢宣布罪状，释放了王云五。

五卅运动掀起的民族主义反帝浪潮，所有有正义和血性的知识分子，都投入其中。鲁迅在6月5日为这场运动捐款5元，在7月15日捐款十二元五角，次年也为北京师范大学《五卅惨案周年纪念册》封面题字。但是，鲁迅在五卅运动如火如荼地进行之时，纠缠于女师大风潮，很久都未能有一字响应。直到英国作家萧伯纳在内的各国无党派劳动者组成的国际工人后援会发表《致中国国民宣言》，支持中国工人运动的十天之后，鲁迅终于出手，于6月16日祭出了《忽然想到（十）（十一）》，7月8日祭出了《补白（三）》两篇檄文，表达了他对五卅运动支持、声援的立场。

《忽然想到（十）（十一）》一文痛斥帝国主义以赤化为借口，屠杀中国工人的罪行，戳穿"公道与武力合为一体的文明"骗局，同时他又让人警惕破坏五卅运动的三个危机："一是日夜偏注于表面的宣传，鄙弃他事；二是对同类太操切，稍有不合，便呼之为国贼，为洋奴；三是有许多巧人，反利用机会，来猎取自己目前的利益。"从五卅运动爆发至写此文，鲁迅足足用了半个月时间。鲁迅在敏锐地观察、深刻地思考之后，以如椽大笔写出了议论周匝、文字犀利的战斗文章，令舆论震惊，特别是他提出的"三个危机"，足见其清醒深刻。

8月1日，杨荫榆引入军警打手百余人，冲进女师大，强占校长办公室。学生不服，冲突升级。鲁迅应学生请求在女师大教务处值夜，并让学生到他家中避难。8月2日，杨荫榆下令女师大全体职员、工友离校，发布布告"何人及何种物品只许出校，不许入校"，致使学校处于瘫痪状态，学生靠各校支援的食品充饥。8月3日，杨荫榆在报上发表声明称"本校原望该生等及早觉悟自动出校并不愿其在校受生活上种种之不便也"，"荫榆于八月一日到校……暴劣学生肆行滋扰……故不能不请求警署拨派巡警保护"（《集外集·流言和谎话》），同时向教育部提交辞呈。8月4日在《晨报》上，杨荫榆发表辞职感言，虽然已经失望到极点，但仍希望正本清源，重新改组，早日结束风潮：

> 荫榆置身教育界，始终以培植人材恪尽职守为素志，在各校任职先后将近十年，服务情形，为国人所共鉴。去年三月，蒙教育部之敦促，承乏斯校。任职以来，对于校务进行，必与诸同人协议熟商，对于学生品性学业，务求注重实际。惟荫榆秉性刚直，不善阿附，有时处理事物，自问过于认真，容有不见谅与人者，但即受国家委以重任，矢志以尽力女子教育为职责。毁之劳怨，所不敢辞，至于个人进退，原属无足轻重，所以勉力维持至于今日者，非贪恋个人之地位，为彻底整饬学风计也（按本校近七年来每年皆有风潮）。

8月5日，鲁迅作杂文《流言和谎话》，指出杨荫榆撒谎造谣，歪曲真相。8月6日，鲁迅作杂文《女校长的男女梦》，指出杨荫榆残酷镇压学生，是"自己先设立一个梦境，而即以这梦境来诬人"。鲁迅在《女校长的男女梦》和12月20日发表于《京报》的《寡妇主义》两文中，对独居的杨荫榆并无悲悯之心，反而极尽嘲弄和鄙视。《寡妇主义》中写道：

> 近来却又发现了一种另外的，是："寡妇"或"拟寡妇"的校长及舍监。
>
> 这里所谓"寡妇"，是指和丈夫死别的；所谓"拟寡妇"，是指和丈夫生离以及不得已而抱独身主义的……
>
> 虽然是中国，自然也有一些解放之机，虽然是中国妇女，自然也有一些自立的倾向；所可怕的是幸而自立之后，又转而凌虐还未自立的人，正如童养媳一做婆婆，也就像她的恶姑一样毒辣……

在鲁迅的勾画和定义之下，杨荫榆被终生贴上了"拟寡妇"和"畸零人"的标签，成为十恶不赦之人。杨绛回忆："一九三五年夏天我结婚，三姑母来吃喜酒，穿了一身白夏布的衣裙和白皮鞋。贺客诧怪，以为她披麻戴孝来了。"（杨绛《回忆我的姑母》）

教育总长章士钊在此次风潮中有了新的想法，下令停办女师大。8月10日，教育部正式下令停办女师大，另成立国立女子大学。鲁迅等六名教师发起成立女师大全体教员大会，宣布成立"女子师范大学校务维持委员会"。8月13日，鲁迅被推举为校务维持委员会委员兼总务主任。8月底，章士钊派教育部专门教育司司长刘百昭带领武装人员强行驱离学生。校舍被占的女师大学生设立临时办事处，选定南小街宗帽胡同新校址，鲁迅与另外十多名教师接受聘请。鲁迅主动提出义务授课，续讲《中国小说史略》，并将任课量增加一倍。这段时间鲁迅病倒了，多次前往医院，但是仍然带病给学生上课。

秋冬之时，杨荫榆悄然回到苏州，住在盘门东大街底瑞光塔附近，在苏州女子师范担任首席自然科学教师，先后在东吴大学、苏州中学兼课。"我记得一九二九年左右，苏州市为了青阳地日本租界的事请三姑母和日本人交涉，好像双方对她都很满意。"（杨绛《回忆我的姑母》）1935年8月，杨荫榆因教育方法与前来视察的江苏省教育厅督学王骏声发生纷争，愤然辞职。拂去历史的尘埃，一个真实的杨荫榆逐渐清晰起来。

杨荫榆年少时抗争封建包办婚姻，选择独居人生，留学获得教育学硕士学位后归国成为中国第一位女校长，严格治校，欲为中国教育添一把薪柴。杨荫榆的教育理念除受西方影响，也受其兄影响。其兄就是杨绛之父杨荫杭，曾任《申报》副总编，写过不少有影响力的时评。

1920年12月20日，杨荫杭在《申报》上发表《学荒》一文，旨在让学生以求学为要，莫辜负韶华，颇有见地：

> 他国学生出全力以求学问，尚恐不及。中国学生则纷心于政治，几无一事不劳学生之问津，而学殖安得不荒？则知今日中国新学风有江河日下之势。
>
> 故岁荒谓之凶，而不知学荒之凶更甚于岁荒。

学潮兴起，1923年初，杨荫杭又连续在《申报》上发表《运动奇谈》及《教育破产》三篇，再次重申自己的观点。其文只谈求学，与当时进步力量提倡的学校应赋予学生"时代精神"唱了反调。《运动奇谈》

中说：

> 北京有不职之总长，学生群起而咻之。南就有不职之议员，学生群起而殴之，闻者或以为快。然吾辈有子弟，使之入学，但欲造就完成之格。其意若曰："尔辈他日为总长，勿学此无耻之总长。尔辈他日为议员，勿学此无耻之议员。"固非视学校为一种惩罚机关，使学生执行惩戒之事；亦非愿学生身为鹰犬，供他人奔走之用；更不愿学生抛弃学业，成为游荡之政客；又不愿学生恃众放恣，效法今日这之议员与军人。藉曰教育者并此而不知，人将视学校为畏途矣。

杨荫杭曾在日本、美国大学专修法律，归国后任律师、审判厅厅长、检察长等职。他知道普及法律意识之难，学校培养法律高材生之难。因此，他认为学生有在校专心求学之必要。他反对学潮是有感而发，并非意在专门反对时代精神。杨荫榆是认同其兄的教育理念的。1925年学潮频起，各方势力在其中争地盘、抢位置、捞官位，杨荫榆本能地维持学校正常教学秩序，身陷其中。

1935年底，杨荫榆自办学校，取名二乐女子学术研究社，旨在提高女子文化修养。1937年，苏州被日军侵占，杨荫榆懂得日语，多次保护邻里女子和学生，被日军杀害。

> 三姑母住在盘门，四邻是小户人家，都深受敌军的蹂躏。据那里的传闻，三姑母不止一次跑去见日本军官，责备他纵容部下奸淫掳掠。军官就勒令他部下的兵退还他们从三姑母四邻抢到的财物。街坊上的妇女怕日本兵挨户找"花姑娘"，都躲到三姑母家里去。

一九三八年一月一日，两个日本兵到三姑母家去，不知用什么话哄她出门，走到一座桥顶上，一个兵就向她开一枪，另一个就把她抛入河里。他们发现三姑母还在游泳，就连发几枪，见河水泛红，才扬长而去。邻近为她造房子的一个木工把水里捞出来的遗体入殓。棺木太薄，不管用，家属领尸的时候，已不能更换棺材，也没有现成的特大棺材可以套在外面，只好赶紧在棺外加钉一层厚厚的木板。（杨绛《回忆我的姑母》）

抗战胜利后，苏州女子师范召开杨荫榆追悼会，在学校的大事记中写道："一九四六年十一月十六日，举行杨荫榆先生追悼会，俞钰校长代表杨达权前校长主祭。远近亲友参加者二百余人，倍极哀荣。代仪收入四百万元，经与会者议决，在本校（苏州女子师范）设荫榆奖学金。"（吴勤生《杨荫榆史料补遗》）

* * *

西三条二十一号的"老虎尾巴"中，鲁迅捏着烟，微昂着清冷的脸看向窗外。桌上摆着一张白纸公文，那是教育部的免职文书。透过浓浓的烟雾，可见窗外的两株枣树在夏日的月色里纹丝不动。

1925年8月14日，章士钊非法免去鲁迅教育部佥事一职。查鲁迅8月14日日记："十四日晴。我之免职令发表。上午裘子元来。诗荃来。季市、协和来。子佩来。许广平来。午后长虹来。仲侃来。高阆仙来。下午衣萍来。小峰、伏园、春台、惠迭来。潘企莘来。徐吉轩来。钦文、璇卿来。李慎斋来。晚有麟、仲芸来。夜金钟、吴季醒来。得顾颉刚信。"

8月15日风雨交加，鲁迅前往女师大维持会。此后17日、18日、19

日、25日、27日、30日，鲁迅连续前往维持会，与学生商讨应对女师大被解散诸事。鲁迅能从容地应对罢职、风潮诸事，除了具有政治智慧，便是具有强大的自信和勇气。

鲁迅因无辜免职，得到社会舆论的强大支持。许寿裳、齐寿山等人联名发表《反对教育总长章士钊之宣言》，公开声援鲁迅的斗争。8月21日，鲁迅赴平政院控告。8月28日，鲁迅《莽原》周刊第十九期发表《答KS君》一文。KS就是许广平。鲁迅说，"章士钊将我免职，我倒并没有你似的觉得诧异，他那对于学校的手段，我也并没有你似的觉得诧异"，表示被免职自己早有思想准备，让人们不要"无端的迷信，将章士钊当作学者或智识阶级的领袖看"。此文攻击章士钊"丑态而蒙着公正的皮，这才催人呕吐"，说"章士钊还不过熟读了几十篇唐宋八大家文，所以模仿吞剥，看去还近于清通"，"尤其害事的是他似乎后来又念了几篇骈文，没有融化，而急于捋捋，所以弄得文字庞杂，有如泥浆混着沙砾一样"，指出章士钊在《停办北京女子师范大学呈文》所说"钊念儿女乃家家所有良用痛心为政而人人悦之亦无是理"之句"陋弱可哂"。章士钊创办《甲寅》提倡复古运动，"将有文言白话之争，我以为也该是争的终结，而非争的开头，因为《甲寅》不足称为敌手，也无所谓战斗"。看得出来，在人品和学识上，鲁迅都看不起章士钊。但是，这都与状告章士钊无关，无非逞贬损之快。鲁迅表示此番控告章士钊，不只是要回佥事一职，更主要的是"就法律方面讲，自然非控诉不可"，以捍卫正义公正，也是为自己的尊严而战。

鲁迅8月31日日记："三十一日晴。上午赴平政院纳诉讼三十元，控章士钊。访季市不在。午后寄三弟信。下午季市来。"

章士钊虽为知名大律师，深谙诉讼之道，但他过于自信，在8月12日呈段祺瑞之呈文，陈列鲁迅罪状时出了问题，如说鲁迅在教育部下令停办女师大后，又纠集同伙倡设校务维持会等。事实是鲁迅8月13日才被选为校务维持会委员。这一低级疏漏，让大律师栽在绍兴师爷手里。

北京的革命运动激烈起来，章士钊、刘百昭等人的家宅被群众和学生捣毁。章士钊逃到天津。11月30日，北京女子师范大学在原址复校。下午5时，鲁迅、许寿裳同女师大师生百余人一起步行回石驸马大街校址。同时，女师大学生自治会发布复校宣言。12月1日，女师大召开向各界代表报告复校经过的招待会。鲁迅日记记载："一日晴，大风。上午得钦文信。得季野信。得有麟信。午后往女师大开会，后同赴石驸马大街女师大校各界联合会，其校之教务长萧纯锦嗾无赖来击。夜素园、季野、静农来。得培良、朋其信。"女子大学教务长萧纯锦试图阻挠，最终被迫向女师大及各界代表交接手续。

许广平等学生在校门合影庆祝胜利，鲁迅在照片上题词："民国14年8月1日杨荫榆毁校，继而章士钊非法解散，刘百昭率匪徒袭击，国立北京女子师范大学蒙从来未有之难，同人等敌忾同仇，外遇其侮。诗云：'修我甲兵，与子偕行'。此之谓也。既复校，因摄影，以资纪念。十二月一日。"

反对风潮的一方也有反击。12月14日，北京一批大学教授陈源、高一涵、陶孟和、王世杰、马寅初、李仲揆等，组成"教育界公理维持会"，旨在维护章士钊改建的女子大学。次日，该会又更名"国立女子大学后援会"。

李仲揆就是北大教授、地质学家李四光。女师大风潮爆发之时，北大沈尹默、钱玄同等教授，胡适等文化名人都不是看客，他们联名发表宣言，倡议和平解决，且对章士钊、杨荫榆多些宽容，不要酿成悲剧。而李仲揆在风潮乍起之时便站在杨荫榆一边，认为学生对校长的意见再大，也不必采取过激行动。当时，李仲揆与另外两位教授保护着杨荫榆突围进入学校。李仲揆觉得自己不是支持杨荫榆，为了说明他去女师大的经过，他在1925年8月22日的《现代评论》上发表《在北京女师大观剧的经验》一文，引起了鲁迅的注意。9月21日，鲁迅在《语丝》周刊第四十五期发表《"碰壁"之余》一文，极尽嘲讽地写道：

> 至于李仲揆先生其人也者，我在《女师风潮纪事》上才识大名，是八月一日拥杨荫榆女士攻入学校的三勇士之一；到现在，却又知道他还是一位达人了，庸人以为学潮的，到他眼睛里就等于"观剧"：这是何等逍遥自在。

12月24日，鲁迅在《国民新报副刊》发表《"公理"的把戏》一文，次年1月18日《语丝》周刊第六十二期又发表《杂论管闲事·做学问·灰色等》一文抨击李仲揆。2月1日，李仲揆致信《晨报副刊》编辑徐志摩，向大众说明他被鲁迅误会了。李仲揆并不想打笔墨官司，一直是被动应战。2月上旬，鲁迅在《语丝》周刊第六十五期上发表《不是信》，又在《京报副刊》上发表《我还不能"带住"》一文，再次讽刺李仲揆。李仲揆不再回应，鲁迅此后才不再纠缠。亲临风潮现场的李仲揆先生，为我们真实解读该事件提供了不同的历史证词。

1925年12月19日，陈源在《现代评论》第三卷第五十四期的《闲话》里说："女大有三百五十学生，女师大有四十余学生，无论分立或合并，学生人数过八倍多的女大断没有把较大的校舍让给女师大的道理。"12月24日，《晨报》发表《女大学生二次宣言》，反对女大与女师大合并。女师大学生自治会再次反击。

女师大风潮，断断续续、时起时伏、忽冷忽热地延续了近两年，各方势力都感到厌倦，最终以章士钊辞去教育总长、杨荫榆去职、女师复校、鲁迅胜诉官复原职而结束。

新任教育总长易培基于1926年1月16日签发命令恢复鲁迅职务。两天后，鲁迅回教育部上班。1926年3月16日，平政院裁决鲁迅胜诉。平政院是袁世凯统治时期开始设立的行政裁判机关，负责弹劾和审理违法官吏，1912年《中华民国临时约法》颁布之时起，章士钊就反对设立平政院，主张官民一律受制于普通法院。章士钊身兼司法总长、教育总长，是段祺瑞的亲信，人称"老虎总长"，却没有干预司法，没有给平政院施加压力，而是接受了裁决。新任教育总长易培基同情鲁迅，平政院院长汪大燮也对鲁迅有好感。

章士钊与鲁迅同庚，在中国近现代史中，总是能看到他的身影。1920年，章士钊筹款支持中国共产党成立，资助一批革命青年赴法国勤工俭学。1922年在巴黎，章士钊帮助周恩来将一台印刷机和一批革命宣传材料送到德国。1927年，章士钊为营救李大钊奔走。1932年，陈独秀等人以"危害民国罪"罪名受审，章士钊挺身而出担任辩护律师。抗战时期，章士钊严词拒绝日伪劝诱。1946年，国共两党重庆谈判，毛泽东广泛听取各界民主人士的意见，章士钊在字条上写了一个"走"字给毛泽东。1949年3月，章士钊以国民党代表之名，与邵力子、张治中三人到北京参加"国共和谈"，被誉为"和平老人"。在九十二岁高龄之时，章士钊还为了祖国统一大业而游说，病逝于香港。

章士钊一生作为社会贤达，名声太过，掩盖了他作为一位有才华的学者的一面。他的《柳文旨要》在毛泽东的亲自关怀下出版，是为当时惊世骇俗之举。《柳文旨要》是章士钊几十年的积累沉淀，是研究柳宗元古典文学的学术巨著。

20世纪50年代起，章士钊和许广平同是人大主席团成员和人大常委会委员，开会时挨着坐。章士钊说："我们很客气嘛！谁都不提几十年前的事了。"服务员上茶先送许广平,许广平把茶让给章士钊:"您是我的师长,您先用。"章士钊说:"我和鲁迅夫人都和解了,坐在一起开会,鲁迅如果活着,当然也无事了。"(金梅《章士钊与鲁迅之间的历史公案》)

* * *

1924年6月28日,鲁迅日记记载:"四尺竹床一,泉十二元。"这张四尺竹床是为朱安所买,朱安一直用到逝世。

西三条二十一号新宅落成,夏天的一个周末,迎来了许羡苏、王顺亲、俞氏三姐妹,朱安按鲁瑞的吩咐,在厨房与用人烧绍兴茶,招待客人。饭桌上鲁瑞是主角,与绍兴的姑娘聊着天,偶尔朱安插上几句,且脸上有了笑容。

不久,鲁迅的学生孙伏园到来,邀请老师一家人到剧场看戏。朱安与鲁迅、鲁瑞乘车到护国寺旁的剧场看戏。

鲁迅在各大高校兼课,到西三条二十一号来的学生不少,端茶倒水成了朱安乐此不疲的事情。青春、活泼的年轻人说说笑笑,也让她感到快乐。有时客人走时,她会送到门口,笑着道一声"请走好"。

1925年4月12日,许广平由林卓凤陪同,第一次访问鲁迅。这位个头不高、很健硕的女学生,来得越来越勤,引起了朱安的注意。每次见到许广平走进鲁迅的书房,朱安心里莫名发慌。

端午节(6月25日)的一次宴会上,许广平也来了。俞芳回忆:

因为许广平姐姐不但会喝酒,而且酒量相当好,她性格开朗,能说善辩,行动举止活泼伶俐,与许羡苏姐姐的文静,王顺亲姐姐的老成相比，各有所长。宴会开始，许广平姐姐就说要敬酒，她邀王顺亲姐姐一起向鲁迅先生敬酒，王姐姐一向不会喝酒，只喝了一点点以表敬意，许广平姐姐和鲁迅先生却都干了杯。之后，许广平姐姐就单独敬酒，主攻目标当然是鲁迅先生（因为在座的人都不会喝酒）。［余锦廉《许羡苏在北京十年（下）》］

夏秋易节，朱安得了病，在鲁瑞的吩咐下，鲁迅将朱安送到日本医生开设的医院诊疗，鲁迅担任翻译工作。鲁迅在1925年9月29日致许钦文的信中说："内子进病院约有五六天出［现］已出来，本是去检查的，因为胃病；现在颇有胃癌嫌疑，而是慢性的，实在无法（因为此病现在无药可医），只能随时对付而已。"

后来，胃癌被排除，朱安只是患了一般的胃病。但鲁迅还是精心为其治病至痊愈。鲁瑞生病，鲁迅自然会在病床前照顾，对朱安不会，而是交由女佣负责。

朱安初知患绝症，倒也没有悲观绝望，依然当好主妇，细心观察鲁迅喜欢吃什么菜，安排用人做好摆在饭桌上。

鲁迅购买点心回家，先拿给母亲，再拿给朱安，最后留给自己。但朱安总是感到他的冷淡和疏离。鲁迅把一只柳条箱的底和盖放在两处，箱底放在自己床下，里面放自己换下来要洗的衣裤，箱盖放在朱安屋门右手边，桌式柜左边，箱盖翻过来口朝上，里面放鲁迅替换的干净衣裤。箱底、箱盖上各盖一块白布，外人不易知道其中奥妙。朱安就家里琐事如订牛奶、买米面、运煤炭等，向鲁迅一一汇报，以此获得与丈夫接近的机会。此时，鲁迅会很客气和礼貌地站起来，表示对朱安的友善和尊重。

鲁迅在世界语专门学校时所教的学生荆有麟在《鲁迅回忆断片·鲁

迅先生的婚姻同家庭》中所说，让人心酸："据先生太太朱女士在北平时，对内人讲：'老太太嫌我没有儿子，大先生终年不同我讲话，怎么会生儿子呢？'先生的婚姻生活，可见一般了。"

鲁迅的眼神瞒不过朱安。朱安发现，鲁迅看那个女学生的眼光充满温暖。

1925年许广平创作的抒情散文《风子是我的爱》就宣告了她与鲁迅的爱情。秋天，许广平亲自为鲁迅绣了一对枕套，上面分别绣着"安睡""卧游"字样。"鲁迅理解许广平的一片深情，接受了她的礼物，枕着这对枕头，一直到1926年8月与许广平一起离开北京。"（杨燕丽《"安睡""卧游"——鲁迅许广平定情之证》）

许广平以一青年学生的身份，与一位四十六岁的已婚男人公开爱情，这是蔑视传统、挑战道德的惊世骇俗之举。

没过多少日子，鲁迅亲自在西三条二十一号为许广平剪发，庆祝其二十八岁的生日。鲁迅在1926年3月6日日记中记道："六日晴。晨寄霁野信。往女师大评议会。上午得凤举信。旧历正月二十二日也，夜为害马剪去鬃毛。静农、霁野来。培良来。""害马"就是许广平，刘和珍、许广平等六人被杨荫榆开除时的布告上有一句话为"开除学籍，即令出校，以免害群"，此后，鲁迅戏称许广平为"害马"。

朱安无助地看着大先生和许广平公开地走到一起。

1926年3月18日，"这是民国以来最黑暗的一天"，段祺瑞政府悍然枪杀四十七名、伤二百多名和平请愿的学生和民众，酿成"三一八"惨案，朱自清、林语堂、鲁迅等纷纷发表文章痛击反动政府。高一涵、许士康等人也在《现代评论》发声声讨暴行。

"三一八"惨案的起因，是日本以舰队掩护奉军攻击天津大沽口炮台，岸上国民党军遭炮击，鹿钟麟下令抵抗。日军借此纠集《辛丑条约》

几个缔结国，公然向北京政府发出3月18日前拆除大沽口炮台、清除海面水雷的通牒。

北京学生和民众得知列强无视中国主权，十分愤慨，于3月18日举行集会、游行等抗议活动。李大钊等人台上慷慨激昂地发表演说，痛斥列强。请愿人群在执政府门前遭段祺瑞卫队屠杀，队伍中女师大学生刘和珍、杨德群被杀身亡。

惨案发生后，民众吃惊，舆论哗然，报人邵飘萍等人立刻在《京报》《世界日报》发文揭露惨案真相，谴责段祺瑞政府犯下的滔天罪行。以陈源为首的"现代评论派"和以鲁迅为首的"语丝派"在女师大风潮中杀得昏天黑地，在面对这场血腥屠杀时，站在了一条战线上，同仇敌忾，表现出文人的良知与道义。

北京的诗人徐志摩，在自己主编的《诗镌》"三一八"惨案专号上说，刽子手"杀死的不仅是青年们的生命，我自己的思想也仿佛遭着了致命的打击"。

> 许羡苏听到这不幸的消息，打算去告诉大先生。走到校门附近，看到许寿裳先生很激动地和同学们讲话，许多学生围着听。许羡苏也走过去听了，只听得许先生说他刚从现场回来，刘和珍和杨德群这两位同学中弹，经毛医生（女师大校医）诊断，确已死了。许先生悲愤地说，那里尸体纵横，鲜血满地，简直是一个最阴惨的人间地狱！这是国丧！并说那里受伤的同学还很多，亟待营救……许羡苏听完许先生的讲话，就赶到西三条把噩耗报告了大先生。（俞芳《我记忆中的鲁迅先生》）

鲁迅听闻惨案的消息，悲愤交加，"一连好几天吃不下饭，睡不好觉，沉默不语，一个劲地吸烟"，母亲催他去看病，他也不去，终于病倒了。

鲁迅最为沉痛，虽然他并没有像李大钊那样亲临游行一线，冒着生命危险面对杀戮，但倒在血泊中的年轻生命，正是他熟悉的青年学生。他悲愤地写下《记念刘和珍君》一文进行祭悼，此文成为经典。

不久，国民军参谋长鹿钟麟下令逮捕段祺瑞，老奸巨猾的段祺瑞提前躲进东交民巷的法国银行里。民国初年的执政者，走马灯似的轮转。鲁迅说此为"城头变幻大王旗"。不久，奉直联军又将鹿钟麟挤出北京，段祺瑞复又通电复位。直奉当家岂能看得上丧家犬般的人物？段祺瑞又发表退休通令，躲进天津租界。不过后来日军侵华，找到段祺瑞希望他为日本办事，段祺瑞凛然拒绝。

张作霖进京，对进步人士的镇压远比段祺瑞血腥，他秘密枪杀邵飘萍于天桥，查封《京报》。不久，另一报人林白水也被枪杀于天桥。张作霖为巩固统治，连杀两位报界巨擘，又抓捕女共产党员刘清扬，并派大批军警冲进北京的各大高校抓捕进步人士，查禁进步书刊。肃杀之气笼罩北京，李大钊等共产党人躲进苏联驻华使馆，最后还是难逃其魔爪，光荣就义。

荆有麟在《鲁迅回忆断片·鲁迅先生避难在北平》中回忆，彼时执政府"不特颁发明令，严禁一切集会，还开了五十一个教授的名单，要军警一律缉捕"，名单上的人陆续受到好心人的通知，"当时第一个通知鲁迅先生的，是北大哲学教授徐炳昶，再其次，是周岂明托人转达。鲁迅先生便动了离寓的念头"。

这是一九二六年四月十六日的事。"三·一八"惨案发生后，段祺瑞及其帮凶者，为了继续镇压革命的群众运动，先有通缉五个所谓"暴徒首领"之令，接着又有要通缉五十人的传说。四月九日《京报》公布了名单，只有四十八人，鲁迅、许寿裳、马裕藻等均列名在内。为防万一，大先生、许寿裳等在他们的好友、教育部同事齐寿山的大力帮助下，先后在山本医院、法国医院、德国医院等处避难。大先生在北京的避难生活是很特别的，他有时回家看看，在家里写文章，看书报，和太师母谈谈情况，安慰老人。在避难中，他还按时到学校去讲课。（俞芳《我记忆中的鲁迅先生》）

后来，鲁瑞、朱安住到俞芳姐妹家避难，再后来，鲁迅在长安街东安饭店为鲁瑞、朱安租了房间。"黑云压城城欲摧"的北京，让鲁迅感到不安全，再加上与许广平之恋遭受非议，朱安与许广平是万不能在同一屋檐下共居的，离京或是最佳的选择。鲁迅不顾母亲七十寿辰将至，断然离开北京南下。

后来，俞芳和朱安聊天，说："大先生和许广平姐姐结婚，我倒想不到。"

朱安说："我是早想到了的。"

俞芳好奇地问："为什么？"

朱安说："你看他们两人一起出去……"

看似心已平静如无波的朱安，早已知道一切。

人去屋空，周宅多了几分清冷。朱安在12月23日邀请许羡苏、宋紫佩夫妇等人，到北海公园漪澜堂摆了一桌丰盛的酒席，为婆母鲁瑞过七十大寿。

第六章 南赴厦门、广州

我今漂泊等鸿雁,江南江北无常栖。

——宋·苏轼《与子由同游寒溪西山》

1926年8月26日，鲁迅与许广平一同离京，29日途经上海时分开，许广平到广州广东省立女子师范学校任训育主任，鲁迅赴厦门大学任教。此月小说集《彷徨》出版。

11月11日，鲁迅得广州中山大学聘书。

12月31日，鲁迅辞去厦门大学一切职务。在厦门大学教学期间，鲁迅写作了《中国文学史略》（后改名《汉文学史纲要》）一书。

1926年9月至1927年1月，鲁迅与许广平信件来往密切，均收入《两地书》。《两地书》是鲁迅和许广平1925年3月至1929年6月间的书信，1925年7月30日至1926年8月26日无信，时二人频繁接触，无须寄信。

1927年1月1日，国民政府以武汉为首都。

1月19日，孙伏园、许广平帮鲁迅搬进中山大学大钟楼。

4月6日，李大钊被张作霖下令搜捕，28日就义。

4月12日，蒋介石发动"四一二反革命政变"。

4月21日，鲁迅辞去中山大学职务。

8月1日，中共联合国民党左派打响武装反抗国民党反动派第一枪，周恩来、贺龙、李立三、叶挺、朱德、刘伯承、谭平山领导在江西省南昌市举行武装起义。

经林语堂推荐，鲁迅应邀到厦门大学任教。鲁迅于8月26日从北京经天津、上海，于9月4月抵达厦门。许广平回忆说："临去之前，鲁迅曾经考虑过：教书的事，绝不可以作为终生事业来看待，因为社会上的不合理遭遇，政治上的黑暗压力，作短期的喘息一下的打算则可，永远长此下去，自己也忍受不住。因此决定：一面教书，一面静静地工作，准备下一步的行动，为另一个战役作更好的准备，也许较为得计吧。因此，我们就相约，做两年工作再做见面的设想，还是为着以后的第二个战役的效果打算。"（许广平《鲁迅回忆录·厦门和广州》）

鲁迅离京那天，下午"三时至车站，淑卿、季市、有麟、仲芸、高歌、沸声、培良、璇卿、云章、晶清、评梅来送，秋芳亦来，四时二十五分发北京，广平同行"。有许广平陪伴同行，鲁迅的心是温暖的。29日抵达上海，与三弟周建人见面后，"移孟渊旅社。午后大雨。晚广平移寓其旅［族］人家，持行李俱去"。30日，黄浦江两岸灯火辉煌，江面常有轮渡汽笛鸣响。鲁迅应郑振铎之邀，"与三弟至中洋茶楼饮茗，晚至消闲别墅夜饭"，座中有上海一众名流"刘大白、夏丏尊、陈望道、沈雁冰、郑振铎、胡愈之、朱自清、叶圣陶、王伯祥、周予同、章雪村、刘勋宇、刘叔琴"。席间的话题从五卅运动到"三一八"惨案，到北方文人纷纷南下，谈兴甚浓。散席后意犹未尽，冒着蒙蒙细雨，"大白、丏尊、望道、雪村"陪鲁迅回下榻旅行社继续交谈。（《鲁迅日记》）

送走客人，鲁迅吸烟思考，下笔如有神，写下《上海通信》（载10月2日《语丝》周刊第九十九期，收入《华盖集续编》）。该文以诙谐之笔调写他由京至沪旅途中种种小插曲，一是讲茶房讹诈的，几笔即勾勒出茶房可憎的灵魂；一是写车上军警检查的，再现这些恶棍的丑恶嘴脸。

31日晚，许广平过来，李志云来赠糖和酒，鲁迅心情大好。晚上鲁迅同三弟逛夜市，在旧书坊买《宋元旧本书经眼录》一部一本、《萝藦亭札记》一部四本。

9月1日，鲁迅夜时登"新宁"轮船，于4日下午1时抵达厦门，在中和旅馆小憩。不久，林语堂、沈兼士、孙伏园来接鲁迅，雇船将鲁迅移入背山面海、风景绝佳的厦门大学。

厦门大学于9月20日结束暑假，举行开学典礼。时厦门大学招考极严，学生在三四百人之间，分为豫科及本科七系，每系分三级，每级人数寥寥。而且交通不便，四面是荒地，无屋可租。不过，鲁迅尚未上讲台便得薪俸四百元，远比在北京时高，教课"大约每周当有六小时"，其中小说史讲两个小时，"无须豫备"，专书研究与中国文学史各两个小时，专书研究"须豫备"，中国文学史"须编讲义"。

9月20日下午，鲁迅致信许广平：

> 在国学院里的，朱山根（顾颉刚）是胡适之的信徒，另外还有两三个，好像都是朱（顾颉刚）荐的，和他大同小异，而更浅薄，一到这里，孙伏园便要算可以谈谈的了。我真想不到天下何其浅薄者之多。他们面目倒漂亮的，而语言无味，夜间还要玩留声机，什么梅兰芳之类。我现在惟一的方法是少说话；他们的家眷到来之后，大约要搬往别处去了罢。从前在女师大做办事员的白果（黄坚）是一个职员兼玉堂的秘书，一样浮而不实，将来也许会兴风作浪。

关于京剧和梅兰芳，得说几句。鲁迅特别喜欢绍兴戏和另外一些地方戏，唯不喜国粹京剧，还把京剧看成"皇家的供奉"。他认为地方戏才是人民的艺术，这就未免有些偏颇和绝对化。京剧的源头是安徽一带的地方戏，京剧得到皇家喜欢，也受民间欢迎。梅兰芳乃京剧艺术大师，对京剧的继承、改革、创新贡献极大。梅兰芳应邀献艺纽约，轰动美国，卓别林对梅兰芳评价甚高。鲁迅看人，有时绝对化，看梅兰芳尤为反感。每个艺术家都有自己的艺术风格，每个欣赏者都有独特的美学趣味。鲁迅不懂京剧艺术，否定京剧程式上的某些象征性。1928年12月21日，鲁迅在上海暨南大学做《文艺与政治的歧途》演讲，开头就说："到北京后，看看梅兰芳姜妙香扮的贾宝玉林黛玉，觉得并不怎样高明。"1934年11月，鲁迅发表《略论梅兰芳及其他》一文，全盘否定京剧艺术和梅兰芳的典雅艺术，以嘲讽的文字贬低京剧和梅兰芳的表演。

鲁迅的偏执，还表现在他极力鼓吹"废除汉字"上。1934年8月25日，鲁迅发表《汉字和拉丁化》一文，认为汉字非废除不可，汉字非走拉丁化、拼音化的道路不可。汉字是语言符号，是中国人的精神图腾，是中国文化的根基，又是中国文化特有的书法艺术之源。鲁迅说："不错，汉字是古代传下来的宝贝，但我们的祖先，比汉字还要古，所以我们更是古代传下来的宝贝。为汉字而牺牲我们，还是为我们而牺牲汉字呢？这是只要还没有丧心病狂的人，都能够马上回答的。"否定京剧艺术，要求废除汉字，是鲁迅的偏见思想在作祟。

1926年9月30日下午，鲁迅致信许广平：

……平凡得很，正如伏园之人，不足多论也。

此地所请的教授，我和兼士之外，还有朱山根（顾颉刚）。这人是陈源之流，我是早知道的，现在一调查，则他所安排的羽翼，竟有七人之多，先前所谓不问外事，专一看书的舆论，乃是全都为其所骗。他已在开始排斥我，说我是"名士派"，可笑。好在我并不想在此挣帝王万世之业，不去管他了。

10月10日，鲁迅在写给许广平的信中表达了对学校的不满，"这里的学校当局，虽出重资聘请教员，而未免视教员如变把戏者，要他空拳赤手，显出本领来"，又说"有几个很欢迎我的人，是要我首先开口攻击此地的社会等等，他们好跟着来开枪"，意为让他当出头之鸟。

鲁迅一生结怨太多。一是他为人多疑，二是他总自我感觉良好，三是他为人不算厚道，无端骂人。

鲁迅与顾颉刚都是《晨报副镌》的主要撰稿人，名气在伯仲之间。1924年11月，孙伏园创办《语丝》，周氏兄弟、钱玄同、顾颉刚都加盟。应该说，鲁迅与顾颉刚是老相识，还曾经是盟友，为何到了厦门，便对顾颉刚嫌弃和不满，甚至惹出一场与顾颉刚的笔墨官司？鲁迅在信中提及顾颉刚，或在小说中暗讽顾颉刚，经常用"红鼻""獐头鼠目""钻营""口吃"等人身攻击的词语，鲁迅的矫情文字，让人莞尔。

顾颉刚后来在自传中说：

> 当时"英美派"和"法日派"各有两种刊物——"英美派"是《现代评论》和《晨报副刊》，"法日派"是《语丝》和《京报副刊》——老是相对地骂。有许多事，只有北大里知道，外边人看着也莫名其妙；但这种骂人的轻薄口吻却是传播出去，成为写文章的技术了。我在当时，深不愿参加他们的阵营，但因师友间都是极熟的人，来邀请时又不容不做，于是就把我研究的古史问题短篇考证送去登载。我既非英、美留学，也非法、日留学，我的地位本来是

超然的，我以超然的态度对付他们岂不很好。但问题又来了，我的上司并不愿意我超然。当时北大有"三沈""二马"之号："三沈"是沈士远、沈尹默、沈兼士兄弟；"二马"是马裕藻、马衡兄弟。他们结成一个团体，成为"法日派"的中坚，鲁迅、周作人所以常写骂人文章就是由他们刺激的。

顾颉刚与陈源、胡适交好，前文所述鲁迅《中国小说史略》涉嫌抄袭盐谷温，顾颉刚曾向陈源谈及。顾颉刚之女顾潮为父撰写传记《历劫终教志不灰》，在其中说：

> 鲁迅作《中国小说史略》以日本盐谷温《支那文学概论讲话》为参考书，有的内容是根据此书大意所作，然而并未加以注明。当时有人认为此种做法有抄袭之嫌，父亲亦持此观点，并与陈源谈及，1926年初陈氏便在报刊上将此事公布出去了……为了这一件事，鲁迅自然与父亲也结了怨。

但是老实人顾颉刚好像并不明白。查鲁迅1926年日记，6月"十五日晴。午前陈慎之来。下午顾颉刚寄赠《古史辨》第一册一本。收女师大薪水泉廿"，《古史辨》环衬上题字"豫才先生审正颉刚敬赠"。9月"八日晴，风。午后寄季市信。寄小峰信并稿。下午得淑卿信，二日发。陈定谟君来。俞念远来。顾颉刚赠宋濂《诸子辨》一本"。

鲁迅来到厦门大学，认为顾颉刚在厦门大学结党营私，排除异己。鲁迅因此想离开厦大，他在10月16日写给许广平的信中说："你想：兼士至于如此模胡，他请了一个朱山根（顾颉刚），山根就荐三人，田难干（陈乃乾），辛家本（潘家洵），田千顷（陈万里），他收了；田千顷又荐两人，卢梅（罗常培），黄梅（王肇鼎），他又收了。这样，我们个体，自然被排斥。所以我现在很想至多在本学期之末，离开厦大。"

后来又发生章廷谦（川岛）事件。章廷谦准备到厦大求职，鲁迅为他推荐，马上就要成功了。这段时间二人频繁通信，发现顾颉刚实际反对章廷谦到厦门大学来，却写信告知章廷谦"事已弄妥"。10月23日，鲁迅在致章廷谦的信中大骂顾颉刚是"陈源之徒"，说：

至于学校，则难言之矣。北京如大沟，厦门则小沟也，大沟污浊，小沟独干净乎哉？既有鲁迅，亦有陈源。但你既然"便是黄连也决计吞下去"，则便没有问题。要做事是难的，攻击排挤，正不下于北京，从北京来的人们，陈源之徒就有。你将来最好是随时预备走路，在此一日，则只要为"薪水"，念兹在兹，得一文算一文，庶几无咎也。

我实在熬不住了，你给我的第一信，不是说某君首先报告你事已弄妥了么？这实在使我很吃惊于某君之手段，据我所知，他是竭力反对玉堂邀你到这里来的，你瞧！陈源之徒！

玉堂还太老实，我看他将来是要失败的。

兼士星期三要往北京去了。有几个人也在排斥我。但他们很愚，不知道我一走，他们是站不住的。

顾潮在《历劫终教志不灰》中解释说："父亲生性绝俗，不善处世，往往得罪了人而不自知。当初到厦门之时，他曾劝林语堂不要聘川岛（章廷谦）……父亲之所以不赞成川岛来厦门，是因其'未能成毫末之事而足败邱山之功'……父亲与川岛是北大同事，亦同是《语丝》成员，大概川岛曾托父亲替自己在厦大谋职，父亲尽管从工作考虑不赞成其来厦大，但从私人面子上考虑不便回绝，所以当得知林语堂有意聘川岛时便复书告川岛'事已弄妥'。"

鲁迅与顾颉刚闹至水火不容的地步，鲁迅甚至因此离开厦门赴广州中山大学。谁知顾颉刚也准备来中山大学。1927年3月16日，许寿裳与鲁迅、许广平在广州白云路二十六号二楼看屋。"有一天，傅孟真（其时为文学院长）来谈，说及顾某可来任教，鲁迅听了就勃然大怒，说道：'他来，我就走'，态度异常坚决。后来搬出学校，租了白云楼的一组，我和鲁迅、景宋三人合居。"（许寿裳《亡友鲁迅印象记》）后来顾颉刚于1927年4月17日抵达广州，鲁迅四天后就要辞职。主管校务的朱家骅出面调解，准予鲁迅请假离校，派顾颉刚到江浙一带为学校的图书馆买书，不让二人相见。

谁知道这时孙伏园添了一把柴火。1927年5月11日，孙伏园在汉口《中央日报》副刊第四十八号发表《鲁迅先生脱离广东中大》一文，其中引用了鲁迅及其学生谢玉生写给他的两封信，还加上按语说："傅斯年顾颉刚二先生都变成了反动势力的生力军。"

谢玉生的信中说：

> 迅师本月二十号，已将中大所任各职，完全辞卸矣。中大校务委员会及学生方面，现正积极挽留，但迅师去志已坚，实无挽留之可能了。迅师此次辞职之原因，就是因顾颉刚忽然本月十八日由厦来中大担任教授的原故。顾来迅师所以要去职者，即是表示与顾不合作的意思。原顾去岁在厦大造作谣言，诬蔑迅师；迄厦大风潮发生之后，顾又背叛林语堂先生，甘为林文庆之谋臣，伙同张星烺、张颐、黄开宗等主张开除学生，以致此项学生，至今流离失所；这是迅师极伤心的事。

鲁迅的信中说：

我真想不到，在厦门那么反对民党，使兼士愤愤的顾颉刚，竟到这里来做教授了，那么，这里的情形，难免要变成厦大，硬直者逐，改革者开除。而且据我看来，或者会比不上厦大，这是我所得的感觉。我已于上星期四辞去一切职务，脱离中大了。

孙伏园也是绍兴人，在山会初级师范学校和北大读书时，都是鲁迅的学生。二人关系非常密切。查鲁迅日记，1921年开始，孙伏园两三天就会去一次鲁迅住宅。孙伏园从北大毕业，担任《晨报副镌》主编，鲁迅积极投稿支持，并在该刊连载《阿Q正传》。鲁迅在《〈阿Q正传〉的成因》一文中写道："伏园每七天催稿一次，见面时总是笑嘻嘻地说：'先生，《阿Q正传》明天要付排了'……于是只得写下去，七天交一次，终于在孙伏园的催促下，全文发表在《晨报副镌》上。"

鲁迅到西安讲学也是孙伏园陪同，师生关系亲密。1924年10月，孙伏园发现，他已编好待印的鲁迅的诗《我的失恋》，被代理总编刘勉己无理抽掉，他气极了，打了刘勉己一个嘴巴，次日即辞去主编职务。

鲁迅说："我很抱歉伏园为了我的稿子而辞职，心上似乎压了一块沉重的石头。几天之后，他提议要自办刊物了，我自然答应愿意竭力'呐喊'。"鲁迅全力支持他创办《语丝》，还主动承担印刷费用。孙伏园又担任《京报副刊》主编，鲁迅同样积极投稿。《晨报》受到了影响，来找孙伏园说和。"伏园得意之余，忘其所以，曾以胜利者的笑容，笑着对我说道：'真好，他们竟不料踏在炸药上了！'"孙伏园的话让鲁迅"好像浇了一碗冷水"，即刻觉得"炸药"是指自己，自己好像被人利用了，"用思索，做文章，都不过使自己为别人的一个小纠葛而粉身碎骨"。

(《三闲集·我与〈语丝〉的始终》)

孙伏园在《京报副刊》上发表《救国谈片》一文，鲁迅疑心孙伏园与陈源有联络。鲁迅在1925年6月13日写给许广平的信中说："伏园的态度我日益怀疑，因为似乎已与西滢大有联络。其登载几篇反杨之稿，盖出于不得已。今天在《京副》上，至于指《猛进》《现代》《语丝》为'兄弟周刊'，简直有卖《语丝》以与《现代》拉拢之观。或者《京副》之专载沪事，不登他文，也还有别种隐情，（但这也许是我的妄猜）《晨副》即不如此。"

1926年下半年，二人先后到厦门大学工作，也常常一起出游。鲁迅准备到中山大学去，孙伏园先期到达广州安排好一切。1927年3月，孙伏园前往武汉任《中央日报》副刊编辑，之后二人关系逐渐疏远。前文提到，鲁迅在1926年9月30日写给许广平的信中说，在厦门大学孙伏园"算可以谈谈的"人。但他10月23日又在写给许广平的信中流露不满："伏园却已走了，打听陈惺农，该可以知道他的住址。但我以为他是用不着翻译的，他似认真非认真，似油滑非油滑，模模胡胡的走来走去，永远不会遇到所谓'为难'。然而行旌所过，却往往会留一点长远的小麻烦来给别人打扫。"后来孙伏园在上海为国民党"改组派"办《贡献》周刊。鲁迅在1928年5月4日致章廷谦的信中说："对于《贡献》，渺视者多。"

1927年7月24日，顾颉刚认为与鲁迅之间的关系"非笔墨口舌所可明了"，致信鲁迅，言决定选择法律诉讼以讨回公道：

鲁迅先生：

颉刚不知以何事开罪于先生，使先生对于颉刚竟作如此强烈之攻击，未即承教，良用耿耿。前日见汉口《中央日报副刊》上，先生及谢玉生先生通信，始悉先生等所以反对颉刚者，盖欲伸党国大义，而颉刚所作之罪恶直为天地所不容，无任惶骇。诚恐此中是非，非笔墨口舌所可明了，拟于九月中回粤后提起诉讼，听候法律解决。如颉刚确有反革命之事实，虽受死刑，亦所甘心，否则先生等自当负发言之责任。务请先生及谢先生暂勿离粤，以俟开审，不胜感盼。敬请大安，谢先生处并候。

中华民国十六年七月廿四日

查鲁迅日记，7月31日"上午得顾颉刚信"。据说鲁迅收到顾信，即复了信，但一直未见诸报端，直到1933年9月由上海北新书局出版的《三闲集》上，才见没有注明时间的复信。

一直以来，书痴般的顾颉刚并无闲心介入鲁迅挑起的种种争斗，鲁迅离开厦门之前，他也能跟同事一起到鲁迅处作别。顾颉刚1916年夏以"自修"身份入北大哲学系学习。1920年6月，二十八岁的顾颉刚从北大哲学系毕业，被学校聘任助教，职事定为图书馆编目员。1921年1月应马裕藻邀请兼管国文系参考室，11月任北大研究所国学门助教，因祖母的病来回往返北京和苏州。胡适介绍他到上海商务印书馆任职。1924年，顾颉刚恢复任北大研究所国学门助教，兼任《国学季刊》编辑。鲁迅强于小说、杂文，顾颉刚长于对中国古代文献疑古辨伪，1926年，顾颉刚《古史辨》第一册出版，至1941年共出版七册，计325万字，奠定顾颉刚作为古史辨派创始人的地位。

1920年秋，胡适致信顾颉刚，叮嘱他标点姚际恒的《古今伪书考》，一来是知他兴趣，二来知道他生计不宽裕，书出版后可以有收入。《古今伪书考》薄薄一本，应该一两天就可整理完成，但是，顾颉刚竟然花了一两个月也没有完成。顾颉刚一生追求完美，作附注时想将此书中所引书籍全部注明卷帙、版本，所引人物全部注明生卒、地域，北京图书馆的书也不够用了，顾颉刚天天到京师图书馆查史料。最后，顾颉刚建议不必出版《古今伪书考》，建议出版"辨伪丛刊"，胡适欣然允之。

* * *

因为顾颉刚，鲁迅与傅斯年的关系也变得复杂。傅斯年也是北京大学的学生，与罗家伦等人创办《新潮》杂志，呼应《新青年》。其时周树人、周作人是《新青年》的重要撰稿人。1919年1月16日，鲁迅致信许寿裳，提到《新潮》时对罗家伦等人多有赞许，说：

> 惟近来出杂志一种曰《新潮》，颇强人意，只是二十人左右之小集合所作，间亦杂教员著作，第一卷已出，日内当即邮寄奉上。其内以傅斯年作为上，罗家伦亦不弱，皆学生。

4月16日，傅斯年致信鲁迅，称赞《狂人日记》。鲁迅当晚就回信傅斯年，此信以"对于《新潮》一部分意见"为题，发表于当年5月《新潮》月刊第一卷第五号。信中说，"现在对于《新潮》没有别的意见"，"《新潮》每本里面有一二篇纯粹科学文，也是好的。但我的意见，以为不要太多"，还指出"《新潮》里的诗写景叙事的多，抒情的少，所以有点单调"。

鲁迅在信中还自谦地谈了发表在《新青年》上的《狂人日记》：

> 《狂人日记》很幼稚，而且太逼促，照艺术上说，是不应该的。来信说好，大约是夜间飞禽都归巢睡觉，所以单见蝙蝠能干了。我自己知道实在不是作家，现在的乱嚷，是想闹出几个新的创作家

来，——我想中国总该有天才，被社会挤倒在底下，——破破中国的寂寞。

鲁迅的这段文字很清醒，也很深刻。鲁迅本人也指出了《狂人日记》艺术上的不足，将自己比作蝙蝠，呼唤"天才"作家的热忱和期待，他号召并带头"破破中国的寂寞"。鲁迅以自谦来回应傅斯年、罗家伦等人对《狂人日记》的推崇，让我们看到初登文坛的真实的鲁迅。

鲁迅作为长者，除了支持年轻人傅斯年、罗家伦等人办的《新潮》，还维护他们的人格尊严。同窗沈泊生，因对待新文化运动的立场与傅斯年不同，便以漫画丑化傅斯年：一幅画傅斯年从屋子里扔出孔子牌位，另一幅画傅斯年捧着易卜生牌位走进屋里。此两帧漫画刊于一直反对新文化运动的《时事新报》。鲁迅认为很下作。

鲁迅与傅斯年不算是过命之交，是一种师生间简单而纯粹的情谊。

此后，傅斯年出国留学七年，1926年归国，任广州中山大学国文、历史两系的系主任。鲁迅来到中山大学任教，与傅斯年相逢，各执其教，相处尚可。据中山大学就读的学生钟功勋回忆：

孟真师（傅斯年字）博学多才，开的课很多……有《中国文学史》《尚书》等五门课……《尚书》除《盘庚》《康诰》等二三篇外，其余他都可背诵。常常在黑板上一段一段地写，并没有《尚书》在手里……

孟真师上堂不带书，只带几支粉笔，登台后就坐在藤椅上，滔滔不绝地讲，讲得很快，无法笔记。他随着兴之所至写黑板，常常不管下课钟声的。

那时的傅斯年，肥胖硕大，着一身不整齐的白色西装，从不打领带，一头蓬乱的头发，一对玳瑁罗克式大眼镜，总是满脸笑容。因博学广识、学问扎实、教学认真、品行端厚，傅斯年深受学生尊重和欢迎。

因为顾颉刚，鲁迅与傅斯年的关系开始疏远。傅斯年以教学为重，坚请顾颉刚到中山大学任教。为不刺激鲁迅，傅斯年让顾颉刚到外地替学校购书，暂缓到校，但鲁迅坚决辞职。傅斯年深感委屈，到教务长朱家骅处痛哭，然后与顾颉刚一起提辞呈。正当校方为难之际，学生请三位教授全部留校任教。朱家骅硬着头皮找三人斡旋，鲁迅毫不退让。

1927年5月30日，鲁迅致信章廷谦，提及为什么坚持不愿跟顾颉刚在一起工作：

> 当红鼻到粤之时，正清党发生之际，所以也许有人疑我之滚，和政治有关，实则我之"鼻来我走"与鼻不两立……然而顾傅为攻击我起见，当有说我关于政治而走之宣传，闻香港《工商报》，即曾说我因"亲共"而逃避云云，兄所闻之流言，或亦此类也欤……
>
> 中大当初开学，实在不易，因内情纠纷，我费去气力不少。时既太平，红鼻苤至，学者之福气可谓好极。日前中大图书馆征求家谱及各县志，厦大的老文章，又在此地应用了，则前途可想……
>
> 前天听说中大内部又发生暗潮了，似是邹（鲁）派和朱派之争，也即顾傅辈和别人之争，也即本地人和非本地人之争，学生正在大帖标语，拥朱驱邹。后事如何，未知分解。鼻以此地已入平静时代而来，才来而平静时代即有"他亡"之概，人心不古，诚堪浩叹。幸我已走出，否则又将被人推出去冲锋，如抱犊山之洋鬼子，岂不冤乎冤哉而且苦乎。

鲁迅对顾颉刚和傅斯年的怨怼，多为猜忌所致。鲁迅在此前5月15日致章廷谦的信中，也提到了傅斯年挽留鲁迅的方法。但鲁迅也是多疑，对此方法"略有微词"。

我到此只三月，竟做了一个大傀儡。傅斯年我初见，先前竟想不到是这样人。当红鼻到此时，我便走了；而傅大写其信，给我，说他已有补救法，即使鼻赴京买书，不在校；且宣传于别人。我仍不理，即出校。现已知买书是他们的豫定计划，实是鼻们的一批大生意，因为数至五万元。但鼻系新来人，忽托以这么大事，颇不妥，所以托词于我之反对，而这是调和办法，则别人便无话可说了。他们的这办法，是我即不辞职，而略有微词，便可以提出的。

鲁迅在信中认为，傅斯年让顾颉刚去买书是预谋的"豫定计划"，而且"实是鼻们的一批大生意"。事实是傅斯年找有经验的顾颉刚为中山大学买书，系充实学校图书馆之举，没有证据证明傅顾二人以此谋取私利。

* * *

人性是复杂的，当鲁迅把周围的人都视为潜在的对手，充满怀疑和敌视的同时，他对许广平又表现出孩子般的浪漫与顽皮。比如，鲁迅在1926年9月28日的信中对许广平说：

听讲的学生倒多起来了，大概有许多是别科的。女生共五人。我决定目不邪视，而且将来永远如此，直到离开了厦门。

或许因有爱情的滋润，鲁迅性格中温情的一面苏醒了，这段时期他创作了《从百草园到三味书屋》《父亲的病》《琐记》《藤野先生》《范爱农》等散文名篇，以亲切动人的笔触和温柔的乡愁，记录了往昔苦难中温馨的生活以及在异域感受到的暖暖师生情。这些散文后来结集成为《朝花夕拾》，于1928年9月由北京未名社初版。

另一面，因个人感情、职业生涯、社会活动都面临危机与困境，1926年12月30日，鲁迅一气写成小说《奔月》，影射讽刺高长虹。

山西青年文学家高长虹，被称为最怪异的作家之一。他少年成名，在山西读中学时就写下打油诗《提灯行》，讽刺山西势力支持复辟，被迫退学。1924年秋，高长虹到北京主持《国风日报》的《狂飙》周刊。他们在《狂飙运动宣言》中说："软弱是不行的，睡着希望是不行的，我们要作强者，打倒障碍或被障碍压倒。我们并不惧怯，也不躲避。"他们宣告，"一滴水泉可以作江河之始流，一片树叶之飘动可以兆暴风之将来，微小的起源可以生出伟大的结果。因为这个缘故，我们的周刊便叫作《狂飙》"。

1924年11月30日，鲁迅日记记载："与孙伏园同邀王品青、荆有麟、王捷三在中兴楼午饭。下午访小峰，不值。晚往新潮社取《语丝》归。"孙伏园后来告诉高长虹，这一天的席间，鲁迅问"长虹"是谁，说他是看好《狂飙》周刊的。

12月10日，高长虹带着他编辑的《狂飙》周刊和《世界语周刊》拜访了鲁迅。鲁迅日记记载："十日晴。午后钦文来。下午寄三弟信。寄新潮社校正稿。夜风。长虹来并赠《狂飙》及《世界语周刊》。得伏园信。"

> 有一个大风的晚上，我带了几份《狂飙》初次去访鲁迅。这次鲁迅的精神特别奋发，态度特别诚恳，言谈特别坦率，虽思想不

同，然使我想到亚拉藉夫与绥惠略夫会面时情形之仿佛。(高长虹《走到出版界·1925北京出版界形势指掌图》)

《狂飙》周刊的战斗性，是得到鲁迅认可的。《狂飙》周刊出版了十七期之后，因《国风日报》易主而停刊。鲁迅闻之，邀请高长虹到《莽原》周刊参与编辑工作。1925年4月11日鲁迅日记记载："夜买酒并邀长虹、培良、有麟共饮，大醉。"这次夜醉后，莽原社成立。4月28日，鲁迅在写给许广平的信中说：

《莽原》第一期的作者和性质，诚如来信所言；长虹确不是我，乃是我今年新认识的，意见也有一部分和我相合，而似是安那其主义者。他很能做文章，但大约因为受了尼采的作品的影响之故罢，常有太晦涩难解处，第二期登出的署着CH的，也是他的作品。

高长虹及狂飙社成员积极向《莽原》周刊投稿。高长虹以"弦上"为题，在《莽原》上发表多篇较为激烈的批评现代派研究系文人的文章，后结成《心的探险》一书，鲁迅将之编为"乌合丛书"之一出版。一次，李霁野去鲁迅家，见他脸色不好，问原因。鲁迅回答："昨夜校长虹的稿子，吐了血。"(李霁野《鲁迅先生和青年》)出版《莽原》周刊时，是没有编辑费和稿费的，只有高长虹每月有一些。

鲁迅南下厦门后，高长虹要到上海发展狂飙运动，《莽原》编务就交韦素园主持。因退稿、压稿之事，高长虹与韦素园产生矛盾，发表了两封公开信表示不满。

高长虹在《狂飙》周刊上连骂了五六期，鲁迅在与许广平的信件中多次提及与高长虹的矛盾，但一直没有公开回应。此时，高长虹发表了一首写月亮的诗,因许广平有"月亮"外号,北京传言诗中"月亮"指许广平,鲁迅是"黑夜",高长虹是"太阳",鲁迅终于悟到高长虹莫名其妙的原因之一,是对许广平"单相思"。1927年1月11日,鲁迅致信许广平:

……那流言,是直到去年十一月,从韦漱[素]园的信里才知道的。

他说,由沈钟社里听来,长虹的拚命攻击我是为了一个女性,《狂飙》上有一首诗,太阳是自比,我是夜,月是她。他还问我这事可是真的,要知道一点详细。我这才明白长虹原来在害"单相思病",以及川流不息的到我这里来的原因,他并不是为《莽原》,却在等月亮。但对我竟毫不表示一些敌对的态度,直待我到了厦门,才从背后骂得我一个莫名其妙,真是卑怯得可以。我是夜,则当然要有月亮的,还要做什么诗,也低能得很。那时就做了一篇小说,和他开了一些小玩笑,寄到未名社去了。

高长虹后来就此事也有过解释:"一天的晚上,我到了鲁迅那里,他正在编辑《莽原》,从抽屉里拿出一篇稿子来给我看,问写得怎样,可不可修改发表,……我看了那篇稿子觉得写得很好,赞成发表出去。他说作者是女师大的学生,我们都说女子能有这样大胆的思想,是很不容易的了。以后还继续写稿子来,这人就是景宋(许广平)。我那时候有一本诗集,是同《狂飙周刊》一时出版的。一天接到一封信,附了邮票,是买这本诗集的,这人正是景宋。因此我们就通起信来,前后通了有八九次信,可是并没有见面,那时我仿佛觉到鲁迅同景宋的感情是很好的……后来我在鲁迅那里同景宋见过一面,可是并没有谈话,此后连通信也间断了。以后人们所传说的什么,事实的经过却只是这样的简

单……可是这种朴素的通讯也许就造成鲁迅同我伤感情的第二原因了。"（高长虹《一点回忆——关于鲁迅和我》）

《奔月》发表于1927年1月25日《莽原》半月刊第二卷第二期，后收入《故事新编》。《奔月》讲述了英雄被背叛、被遗忘的孤独与寂寞，是鲁迅给高长虹开的"小玩笑"。读《奔月》，会发现鲁迅心灵深处的复杂样态：有喜，有了知音许广平的精神慰藉，有了爱情的滋润；有忧，二人年龄相差二十岁，鲁迅心里难免忧虑。有了许广平，朱安如何妥善安置，同样让鲁迅忧心。这些精神困惑及自我的救赎，成为小说《奔月》的精神解构式的旋律和内涵。

晚年鲁迅在《〈中国新文学大系〉小说二集序》中肯定高长虹为《莽原》奔走最得力。但是，高长虹当年攻击鲁迅的狂妄举动和误会，以及鲁迅的"小玩笑"，影响了他的后半生。

1926年11月11日，鲁迅得中山大学聘书，年底辞去厦门大学一切职务。离开前，1927年1月2日，鲁迅为编好的散文集《坟》单独照了一张相，"是在草木丛中，坐在一个洋灰的坟的祭桌上"（《两地书》）。"这张照片将寄到上海去，赶印到那本《坟》上去。因为《坟》里的文章，有几篇是用古文写的。这张照片就算表示那集子里几篇杂文，是被埋葬了的坟。"（俞荻《回忆鲁迅先生在厦门大学》）

有了1925年至1926年鲁迅遭遇的精神困境，就有了鲁迅选择追忆往昔年华的文学写作的姿态。可以说，《坟》是个人写作史的记忆，《朝花夕拾》是个人生活史的回眸，《故事新编》就成了对民族神话史的探寻。

但有些史家认为这样追忆个人的往事，太多的是个人色彩——个人情感的纠葛，个人职业生涯的挫折，个人社会活动的遭遇，主要是写个人的精神的自我救赎。这未免有些狭隘，格局也不开阔。其实，《坟》《朝花夕拾》《故事新编》是鲁迅对个人生命历程的记录，是文化批判、

▲1927年1月2日,鲁迅为《坟》摄于厦门南普陀

思想启蒙与灵魂搏斗过程中对社会、对人生的深入思考。

另外，从艺术上看，《坟》《朝花夕拾》《故事新编》这三个写作维度，也正是当今日渐成熟的非虚构写作的三种路径。

* * *

1927年1月19日晨，孙伏园、许广平来访，帮助鲁迅搬进中山大学，寓居大钟楼。此后，鲁迅接待了广州各界人士。鲁迅到中山大学任教，是中共广东区委员会提出的，"郭沫若先生一九二六年离开中山大学后，两广区委党的组织曾派恽代英、毕磊和徐彬如等同志向学校当局提出要求聘请鲁迅先生来中山大学主持文学系，结果学校当局是答应了"。中共广东区委员会在鲁迅来中山大学前就写文章欢迎鲁迅。鲁迅来到之后，毕磊等人公开与鲁迅联系，赠送中国共产主义青年团广东区委员会机关刊物《少年先锋》等。

1月24日，中山大学委员会委员、国民党要人朱家骅，广州《民国日报》和《国民新闻》社社长甘乃光，以及学生代表李秀然、中共中山大学总支部书记兼文科支部书记徐文雅等先后来访。鲁迅对徐文雅非常亲切。"我到他那里去过十多次，《鲁迅日记》只记了三次。一月二十四日记着我和潘考鉴到访，那是第二次。第一次是毕磊带我去的。鲁迅好象事先已知道我的身份，对我非常诚恳、热情。"（徐文雅《回忆鲁迅一九二七年在广州的情况》）

在欢迎会上，朱家骅尊称鲁迅为"战斗者，革命者"。鲁迅向来不与官僚政客交往，但到中山大学之后，与朱家骅关系密切，时常往来。

3月1日，在中山大学的开学典礼上，鲁迅发表演说。记录稿刊于同年3月出版的《国立中山大学开学纪念册》，后改题为"读书与革命"载于4月《广东青年》第三期。鲁迅开头就说："中山先生一生致力革命，宣传，运动，失败了又起来，失败了又起来，这就是他的讲义。他用这样的讲义教给学生，后来大家发表的成绩，即是现在的中华民国。中山先生给后人的遗嘱上说，'革命尚未成功，同志仍需努力'。这中山大学就是'努力'的一部分。"

3月24日，鲁迅撰写《黄花节的杂感》一文，后收入《而已集》。鲁迅回顾黄花岗事件的影响和意义，赞扬革命先烈及中山先生对革命所做的贡献，提醒严防破坏革命的人，提出"革命无止境"，应当将革命推向前进。

> 革命无止境，倘使世上真有什么"止于至善"，这人间世便同时变了凝固的东西了。不过，中国经了许多战士的精神和血肉的培养，却的确长出了一点先前所没有的幸福的花果来，也还有逐渐生长的希望。

3月29日，鲁迅应邀与孔祥熙一同到岭南大学参加"黄花岗七十二烈士纪念大会"并发表演讲。会后，鲁迅"同孔容之归，在其寓小坐"，吃午饭。孔容之即孔祥熙，孔祥熙字庸之。

鲁迅第一次见到孔祥熙是在3月1日，孔祥熙以广州国民政府实业部长嘉宾身份参加中山大学开学典礼。

4月8日晚，鲁迅赴黄埔军校演讲，题为"革命时代的文学"，载于6月12日黄埔军校出版的《黄埔生活》周刊第四期，后修改收入《而已集》。鲁迅在讲演中强调文学家改造世界观的重要性，指出"为革命起见，要有革命人，'革命文学'倒无须急急。革命人做出东西来，才是革命文学"，"现在的文学家都是读书人，如果工人农民不解放，工人农民的思想，仍然是读书人的思想，必待工人农民得到真正的解放，然后才有真正的平民文学"。

1927年4月12日，蒋介石发动"四一二反革命政变"，又策划"四一五"广州大屠杀，使中国大地被腥风血雨笼罩，国共合作变成了内战。鲁迅的希望也被黑暗击碎，他后来回忆：

> 我记得起来了，这两年正是我极少写稿，没处投稿的时期。我是在（一九）二七年被血吓得目瞪口呆，离开广东的，那些吞吞吐吐，没有胆子直说的话，都载在《而已集》里。（《三闲集·序》）

这是一场炼狱，但鲁迅没有被血腥吓倒，他以中山大学教务主任身份要求教职员工设法营救被捕学生，但毕竟身单力薄，未能营救成功。"果然，毕磊君大约确是共产党，于四月十八日从中山大学被捕。据我的推测，他一定早已不在这世上了，这看去很是瘦小精干的湖南的青年。"（《三闲集·怎么写——夜记之一》）

鲁迅悲愤得夜不能寐，加上顾颉刚也来到中山大学，鲁迅坚决辞去一切教职。朱家骅出面调解，鲁迅辞意坚决，于4月29日、5月3日、5月11日三次"寄中山大学委员会信并还聘书"。同时，鲁迅做演讲《魏晋风度及文章与药及酒之关系》，以春秋笔法向当权者射出响箭，又以笔为刀枪写作《答有恒先生》《谈"激烈"》《可恶罪》《小杂感》等犀利的杂文，对刽子手进行揭露和谴责。

4月26日，鲁迅在广州白云路白云楼二十六号二楼上，写下《〈野草〉题辞》：

> 当我沉默着的时候，我觉得充实；我将开口，同时感到空虚。

▲1927年8月19日,鲁迅与许广平等摄于广州西关

过去的生命已经死亡。我对于这死亡有大欢喜，因为我借此知道它曾经存活。死亡的生命已经朽腐。我对于这朽腐有大欢喜，因为我借此知道它还非空虚。

　　生命的泥委弃在地面上，不生乔木，只生野草，这是我的罪过。

　　野草，根本不深，花叶不美，然而吸取露，吸取水，吸取陈死人的血和肉，各各夺取它的生存。当生存时，还是将遭践踏，将遭删刈，直至于死亡而朽腐。

　　但我坦然，欣然。我将大笑，我将歌唱。

　　我自爱我的野草，但我憎恶这以野草作装饰的地面。

　　地火在地下运行，奔突；熔岩一旦喷出，将烧尽一切野草，以及乔木，于是并且无可朽腐。

　　但我坦然，欣然。我将大笑，我将歌唱……

　　这是一篇用意象、象征的手法撰写的序文，多年来解读存在不同看法，但一致认为是对《野草》的创作以及创作相关的这一段特殊生命历程和精神状态的回顾。可是，对一般读者来说，其序中奇崛的意象，为理解其作品的思想意旨设置了障碍。钱锺书先生在《管锥编》中说："隐身适成引目之具，自障偏有自彰之。"《野草》这一独特的生命体验，隐晦而幽深的精神搏斗，具有很强的艺术魅力。

　　鲁迅深谙斗争艺术，但即便是用曲笔，也难遮掩其斗争锋芒，请看《而已集·题辞》：

　　这半年我又看见了许多血和许多泪，
　　然而我只有杂感而已。
　　泪揩了，血消了；

> 屠伯们逍遥复逍遥,
> 用钢刀的,用软刀的。
> 然而我只有"杂感"而已。
> 连"杂感"也被"放进了应该去的地方"时,
> 我于是只有"而已"而已!

这八句话是1926年10月14日鲁迅编完《华盖集续编》写在末尾的,后来用来作为1927年出版的《而已集》的题辞。

鲁迅决定离开广州,前往上海,从此也开始了与蒋介石水火不容的历程。许广平回忆:"为了新的胜利,他痛心疾首地离去了当时由革命策源地一变而为反革命策源地的广州。面对着这座由共产党员和革命青年的鲜血染遍,由反革命刽子手的血手染污的城市,鲁迅余怒未息地对我说:'一同走吧!还有什么可留恋的!'就这样,我们终于在一九二七年九月二十七日离开广州,共同向未来的战斗阵地——上海去了。"(许广平《鲁迅回忆录·厦门和广州》)

* * *

正在买船票准备前往上海之时,鲁迅得到一个好消息。瑞典诺贝尔奖的评委斯文海定来中国考察后,与北大的刘半农商定提名鲁迅为诺贝尔文学奖候选人。刘半农托台静农转告鲁迅。1927年9月25日,鲁迅回信台静农:

> 请你转致半农先生,我感谢他的好意,为我,为中国。但我很抱歉,我不愿意如此。

诺贝尔赏金，梁启超自然不配，我也不配，要拿这钱，还欠努力。世界上比我好的作家何限。他们得不到。你看我译的那本《小约翰》，我那里做得出来，然而这作者就没有得到。

或者我所便宜的，是我是中国人，靠着这"中国"两个字罢，那么，与陈焕章在美国做《孔门理财学》而得博士无异了，自己也觉得好笑。

我觉得中国实在还没有可得诺贝尔赏金的人，瑞典最好是不要理我们，谁也不给。倘因为黄色脸皮人，格外优待从宽，反足以长中国人的虚荣心，以为真可与别国大作家比肩了，结果将很坏。

鲁迅以自律、自谦，坚辞诺贝尔文学奖提名。但鲁迅在信中捎带说"梁启超自然不配"，有何缘故？此时周氏兄弟虽已失和，但对于也有人为"著作家"梁启超提名诺贝尔奖而"活动"，周作人于《语丝》第一百三十六期发表署名"山叔"的《诺贝尔奖金》一文，语含嘲讽：

洋人之暗于东亚文艺与中国的艺文人士之缺少自知之明，为周知的事实，因此愚对于这个荣誉问题不能不略有怀疑。我所不能解定者即梁君到底是否一个文学家？夫梁君著作之富，与其'笔锋常带情感'，海内无不承认，但吾人翻开《饮冰室全集》，虽处处可以看到带情感的笔锋，却似乎总难发现一篇文学作品，约略可以与竺震旦之歌诗戏曲相比拟。所以我纵亦希望梁君之能够运动到该奖金以为吾国民族［争］光，唯对于梁君是否一个文学家这个问题尚未能解决，故不能不抱一部分的悲观也。

竺震旦是指泰戈尔，1924年泰戈尔访华时，北京"讲学社"为泰戈尔祝寿，梁启超作为代表赠给他中国名字竺震旦。当时围绕在泰戈尔身边的，有新月社的徐志摩、胡适、陈源等人。

周氏兄弟在梁启超是不是一个文学家这一问题上，均持怀疑态度。但是，几年以后，1933年，鲁迅接受美国记者斯诺夫人海伦的书面采访时，鲁迅在"最好的散文作家"一栏中填写了"周作人、林语堂、周树人、陈独秀、梁启超"五人，将梁启超排在第五位，极力贬低，也算是承认梁启超是文学家了。

梁启超是中国近代"百科全书"式的人物，对于中国近代历史的重要性无须赘言。鲁迅青年时期经常阅读梁启超的文章，深受影响。鲁迅在《中国小说史略》第二十八篇《清末之谴责小说》一节记有"光绪二十八年新会梁启超印行《新小说》于日本之横滨"，但无具体评价。

1925年，鲁迅开始公开评价如日中天的梁启超，在杂文随笔和私人书信中多次直接或间接谈及梁启超，但皆是负面评价，主要是对梁启超在政治、思想和学术方面进行嘲讽，建构了一个与历史相悖的完全负面的梁启超形象，耐人寻味。

1925年6月5日，鲁迅在《莽原》周刊第七期发表杂文《我的"籍"和"系"》，这是与陈源笔战时发表的文章之一。《我的"籍"和"系"》第一次涉及梁启超：

> 我确有一个"籍"，也是各人各有一个的籍，不足为奇。
>
> 但我是什么"系"呢？自己想想，既非"研究系"，也非"交通系"，真不知怎么一回事。只好再精查，细想；终于也明白了，现在写它出来，庶几乎免得又有"流言"，以为我是黑籍的政客。

袁世凯秘书长兼交通银行总理梁士诒奉命组织部属为"公民党"，被称为"交通系"。1916年袁世凯死后，黎元洪任北洋政府总统、段祺瑞任国务总理，梁启超、汤化龙等人组织"宪法研究会"，被称为"研究系"。鲁迅将自己与梁启超等人的现实政治选择相对照，暗示梁启超是依附某一政治集团的"政客"。

1926年1月18日，鲁迅在《语丝》周刊第六十二期发表抨击李仲揆的《杂论管闲事·做学问·灰色等》一文，又殃及梁启超：

>"北京国立图书馆"将要扩张，实在是再好没有的事，但听说所依靠的还是美国退还的赔款，常年经费又不过三万元，每月二千余。要用美国的赔款，也是非同小可的事，第一，馆长就必须学贯中西，世界闻名的学者。据说，这自然只有梁启超先生了，但可惜西学不大贯，所以配上一个北大教授李四光先生做副馆长，凑成一个中外兼通的完人。然而两位的薪水每月就要一千多，所以此后也似乎不大能够多买书籍。这也就是所谓"有利必有弊"罢，想到这里，我们就更不能不痛切地感到"孤桐先生"独力购置的几房子好书惨遭散失之可惜了。

鲁迅直指梁启超不通西文，他任京师图书馆馆长，而李仲揆（李四光）任副馆长，才凑成了"中外兼通的完人"。二人薪水丰厚，让时任教育部佥事的鲁迅心中不平，不吐不快。

1926年10月4月，鲁迅在给许广平的信中说：

>女师大的事没有听到什么，单知道教员都换了男师大的，大概暂时当是研究系势力。总之，环境如此，女师大是决不会单独弄好的。

鲁迅不满"研究系"势力在大学当道,与梁启超何干?

1927年3月,国民革命军北伐取得阶段性胜利,革命形势大好,国人欢欣鼓舞。鲁迅却于5月5日广州《国民新闻》副刊《新出路》第十一号上发表《庆祝沪宁克复的那一边》一文,开篇就说:

> 庆祝和革命没有什么相干,至多不过是一种点缀。庆祝,讴歌,陶醉着革命的人们多,好自然是好的,但有时也会使革命精神转成浮滑。革命的势力一扩大,革命的人们一定会多起来。统一以后,我恐怕研究系也要讲革命。去年年底,《现代评论》,不就变了论调了么?和"三一八惨案"时候的议论一比照,我真疑心他们都得了一种仙丹,忽然脱胎换骨。

此文劝国人要对胜利保持理性冷静,是正确的。但谈庆祝沪宁克复,鲁迅笔锋一转,将梁启超推到对立面。

1927年12月31日,鲁迅在《语丝》周刊第四卷第三期刊发清华学生季廉的《丙和甲》一文,并加按语:

> 编者谨案:这是去年的稿子,不知怎地昨天寄到了。作者现在才寄出欤,抑在路上邮了一年欤?不得而知。据愚见,学者是不会错的,盖"烈士死时,应是十一岁"无疑。谓予不信,则今年"正法"的乱党,不有十二三岁者乎?但确否亦不得而知,一切仍当于"甲寅暮春",伫聆研究院教授之明教也。

季廉的《丙和甲》是一篇"去年的稿子",本来写于1926年11月,为了指出梁启超为清华遇难学生韦杰纪念集题签时间上的失误。就是这样一篇文章，鲁迅将其刊发，抓住不放，小题大做，还加上嘲讽味道的按语。

> 学生会刊行的韦烈士"三·一八"死难之一的《韦杰三纪念集》到了，我打开一看，见有梁任公拿"陆放翁送芮司业诗借题韦烈士纪念集"几行字。旁边还有"甲寅暮春启超"六个小字。我很奇怪，今年（民国十五年）不是丙寅年吗？还恐不是。翻阅日历，的确不是甲寅，而是丙寅。我自己推算，韦烈士死时，二十三岁（见《纪念集》陈云豹《韦烈士行述》）。甲寅在烈士死前十二年。
>
> 现在若无公历一九二六年同民国十五年来证明烈士是死在丙寅年，我们一定要说烈士是死在章士钊创办《甲寅》杂志那一年了。这样一算，烈士死时，应是十一岁。
>
> 我们还可以说章士钊创办《甲寅》杂志的那年，同时在段执政手下作教育总长，或司法总长。——这个考证，也只好请研究系首领，研究院教授来作吧。大人先生，学者博士们呵，天干地支是国粹之一，要保存不妨保存，可是有那闹笑话，不如不保存吧。文明的二十世纪，有公历一九二几或民国十几来纪年，用不着那些古董玩意了。

1932年6月，鲁迅在《文学月报》第一卷第一号发表《论翻译》一文，后收入《二心集》。文中有：

> 第四，我们揭穿赵景深等自己的翻译，指出他们认为是"顺"的翻译，其实只是梁启超和胡适之交媾出来的杂种——半文不白，半死不活的言语，对于大众仍旧是不"顺"的……

这样费解，怎样还可以称为翻译呢？我的答案是：这也是译本。这样的译本，不但在输入新的内容，也在输入新的表现法。中国的文或话，法子实在太不精密了，作文的秘诀，是在避去熟字，删掉虚字，就是好文章，讲话的时候，也时时要辞不达意，这就是话不够用，所以教员讲书，也必须借助于粉笔……远的例子，如日本，他们的文章里，欧化的语法是极平常的了，和梁启超做《和文汉读法》时代，大不相同；近的例子，就如来信所说，一九二五年曾给群众造出过"罢工"这一个字眼，这字眼虽然未曾有过，然而大众已都懂得了。

鲁迅在文中大谈自己的翻译主张，认为"中国的文或话，法子实在太不精密"，又捎带贬损梁启超的《和文汉读法》。《和文汉读法》是1899年梁启超旅日不久，在万木草堂时期同学罗普帮助下，草成的一本帮助中国人学习日文的入门书，流传影响甚广。但其编写体例是以中国文法比附日文，力图快速精通日语。梁启超自己早在1902的《新民丛报》上有过自我批评："其书仅以一日夜之力成之，漏略草率殊多，且其时不解日本文法，讹谬可笑者尤不少……今数重版矣，而一复读，尚觉汗颜。"多年后鲁迅以翻译专家的身份揶揄，没有必要。

1932年12月，鲁迅在《文学月报》第一卷第五、六号合刊上发表《祝中俄文字之交》一文，后收入《南腔北调集》。《祝中俄文字之交》一文中说：

我们曾在梁启超所办的《时务报》上，看见了《福尔摩斯包探案》的变幻，又在《新小说》上，看见了焦士威奴（Jules Verne）所做的号称科学小说的《海底旅行》之类的新奇。后来林琴南大译英国哈葛德（H. Rider Haggard）的小说了，我们又看见了伦敦小姐之缠绵和菲洲野蛮之古怪。至于俄国文学，却一点不知道，——但有几位也许自己心里明白，而没有告诉我们的"先觉"先生，自然是例外。不过在别一方面，是已经有了感应的。那时较为革命的青年，谁不知道俄国青年是革命的，暗杀的好手？尤其忘不掉的是苏菲亚，虽然大半也因为她是一位漂亮的姑娘。现在的国货的作品中，还常有"苏菲"一类的名字，那渊源就在此。

翻译哪国作品是译者自由，梁启超、林琴南等人没有翻译俄国文学作品，应该不至于获罪。鲁迅说，他们"也许自己心里明白，而没有告诉我们"，因为他们不认同"俄国青年是革命的"。

1933年8月14日，鲁迅在《申报·自由谈》发表《"中国文坛的悲观"》一文，后收入《准风月谈》，文中说：

> 其实是作文"藏之名山"的时代一去，而有一个"坛"，便不免有斗争，甚而至于谩骂，诬陷的。明末太远，不必提了；清朝的章实斋和袁子才，李莼客和赵㧑叔，就如水火之不可调和；再近些，则有《民报》和《新民丛报》之争，《新青年》派和某某派之争，也都非常猛烈。当初又何尝不使局外人摇头叹气呢，然而胜负一明，时代渐远，战血为雨露洗得干干净净，后人便以为先前的文坛是太平了。在外国也一样，我们现在大抵只知道嚣俄和霍普德曼是卓卓的文人，但当时他们的剧本开演的时候，就在戏场里捉人，打架，较详的文学史上，还载着打架之类的图。

此文表达了对梁启超、林琴南等"文人和文章"的强烈否定，说中国文坛历来"不免有斗争,甚而至于谩骂,诬陷",比如"《民报》和《新民丛报》之争"。

1934年7月23日,鲁迅在《申报·自由谈》上以笔名"莫朕"发表《算账》一文,后收入《花边文学》。《算账》一文中说:

> 说起清代的学术来,有几位学者总是眉飞色舞,说那发达是为前代所未有的。证据也真够十足:解经的大作,层出不穷,小学也非常的进步;史论家虽然绝迹了,考史家却不少;尤其是考据之学,给我们明白了宋明人决没有看懂的古书……
>
> ……我每遇到学者谈起清代的学术时,总不免同时想:"扬州十日""嘉定三屠"这些小事情,不提也好罢,但失去全国的土地,大家十足做了二百五十年奴隶,却换得这几页光荣的学术史,这买卖,究竟是赚了利,还是折了本呢?
>
> 可惜我又不是数学家,到底没有弄清楚。但我直觉的感到,这恐怕是折了本,比用庚子赔款来养成几位有限的学者,亏累得多了。
>
> ……大莫大于尊孔,要莫要于崇儒,所以只要尊孔而崇儒,便不妨向任何新朝俯首。对新朝的说法,就叫作"反过来征服中国民族的心"。
>
> 而这中国民族的有些心,真也被征服得彻底,到现在,还在用兵燹,疠疫,水旱,风蝗,换取着孔庙重修,雷峰塔再建,男女同行犯忌,四库珍本发行这些大门面……

文中的"几位学者",是指梁启超、胡适等人。"清代的学术"方面,梁启超著有《清代学者整理旧学之总成绩》《清代学术概论》等。胡适说清代学术"考订一切古文化","可算是中国的'文艺复兴'时代"(《几个反理学的思想家》)。

在鲁迅看来,清代学术的发展是以清廷的残酷,汉人做足"二百五十年奴隶"换来的,就像"用庚子赔款来养成几位有限的学者,亏累得多了",并不值得推崇。梁启超等人"只要尊孔而崇儒,便不妨向任何新朝俯首",缺乏民族的心。

1934年9月23日,鲁迅署名"苗挺",在《中华日报·动向》上发表《"莎士比亚"》一文,后收入《花边文学》。文中说:

> 严复提起过"狭斯丕尔",一提便完;梁启超说过"莎士比亚",也不见有人注意;田汉译了这人的一点作品,现在似乎不大流行了。到今年,可又有些"莎士比亚""莎士比亚"起来,不但杜衡先生由他的作品证明了群众的盲目,连拜服约翰生博士的教授也来译马克斯"牛克斯"的断片。为什么呢?将何为呢?

在这篇文章里,鲁迅提起梁启超对莎士比亚的介绍,也不见在国内有人注意。

1935年4月29日,鲁迅用日文写成《孔夫子在现代中国》一文,发表于当年6月号日本《改造》月刊,中译文发表于7月在日本东京出版的《杂文》月刊第二号,后收入《且介亭杂文二集》。这是一篇讨伐孔子的檄文,批评"权势者"借尊孔以愚民,却能扯上梁启超,暗讽梁启超保守立场,反倒显出了鲁迅全盘否定儒家文化的苍白无力。

> 然而倘是画像,却也会间或遇见的。我曾经见过三次:一次是《孔子家语》里的插画;一次是梁启超氏亡命日本时,作为横滨出

版的《清议报》上的卷头画，从日本倒输入中国来的；还有一次是刻在汉朝墓石上的孔子见老子的画像……

1936年10月9日，鲁迅在去世前十天写下《关于太炎先生二三事》一文，最初印入1937年3月10日在上海出版的《工作与学习丛刊》之一《二三事》一书，后收入《且介亭文集末编》。鲁迅在文中回忆老师章太炎，又捎带上了梁启超，说自己爱章太炎主持的《民报》，是"为了他和主张保皇的梁启超斗争"，梁启超和章太炎当时的政治立场针锋相对，鲁迅支持老师，就否定梁启超。

从1925年至去世，十年间，鲁迅对梁启超的政治表现、学术贡献、文化人格几乎全面否定。

梁启超并非完人，不是不可批评。朋友周善培就不客气地批评过梁启超。

1927年，周善培专程到天津饮冰室拜访梁启超。周善培呷了一口梁启超特意泡的工夫茶，直奔主题讨论文学，说："中国长久睡梦的人心被你一支笔惊醒了，这不待我来恭维你。但是，做文章有两个境界：第一个是能动人，读你的文章，没有不感动的，第一步你已经做到了；第二个是能留人，司马迁死了快两千年，至今《史记》里有许多文章还是使人不厌回读。你这几十年中，做了若干篇文章，你试想想，不说百回读不容易，就是使人读两回三回的能有几篇文章？"周善培此言，犹如老师教导学生，直言不讳地批评文章圣手梁启超，可谓勇者之为。孰料梁启超诚恳地颔首："切当，切当，那么你说说，文章要怎样才能留人呢？"周善培侃侃而谈，还指出了改正之道。此举可与鲁迅形成对照。

学者侯桂新认为，鲁迅年轻时深受梁启超多方面影响无疑，影响之大，甚至对他日后成为一名独立、优秀的思想家和文学家形成了某种压抑。虽然中年以后鲁迅基本摆脱了梁启超的影响，但作为一种自我保护，他长期回避曾受的影响。后来屡次谈及梁启超并给以负面评价，既是进一步摆脱其影响的某种宣泄，也是自我保护的延续。

第七章 上海景云里

响必应之于同声，道固从之于同类。

——唐·骆宾王《萤火赋》

1927年10月3日，鲁迅同许广平抵达上海。

10月，《语丝》周刊及发行此刊的北新书局被张作霖查封。郭沫若由武汉抵达上海。冯乃超、朱镜我、彭康、李初梨等人由日本弃学回国，抵达上海。毛泽东率领秋收起义部队进入井冈山，建立中国第一个农村革命根据地。

10月5日，鲁迅第一次踏入内山书店。

10月8日，鲁迅与许广平于景云里二十三号同居。

12月18日，鲁迅成为国民政府大学院特约撰述员。

1928年1月，创造社和太阳社成员提倡"革命文学"，对鲁迅等作家进行批判，掀起论争。

9月9日，鲁迅移居景云里十八号，柔石移居二十三号。

9月25日，冯雪峰（署名画室）在《无轨列车》半月刊第二期发表《革命与智识阶级》一文。

9月，北京未名社出版鲁迅散文集《朝花夕拾》。

10月，上海北新书局出版鲁迅杂文集《而已集》。

11月，鲁迅与柔石、崔真吾、王方仁等青年创立朝花社。

12月6日，鲁迅与柔石合创《朝花》周刊。

12月9日，柔石陪同冯雪峰去见鲁迅。

1929年2月21日，鲁迅移居景云里十七号。冯雪峰迁居鲁迅对门。

5月13日至6月3日，鲁迅回北京探亲。

9月27日，鲁迅儿子海婴出生。

年底，鲁迅接待左联筹备人员冯雪峰等来磋商成立左联。

1930年1月1日，鲁迅与冯雪峰等合编的《萌芽月刊》创刊，鲁迅绘制封面。

2月15日，鲁迅出席秘密举行的"中国自由运动大同盟"成立大会，成为发起人之一。

3月2日，鲁迅往中华艺术大学出席中国左翼作家联盟成立大会。

5月7日，鲁迅往爵禄饭店与中共中央宣传部长李立三秘密会见。

1927年9月27日下午，鲁迅同许广平乘"山东"轮离广州往上海。10月3日，二人到达上海，暂住共和旅馆。晚上，鲁迅与三弟周建人、北新书局李小峰等吃饭。10月5日，鲁迅见了许多朋友，还"往内山书店买书四种四本，十元二角"。这是鲁迅第一次踏入内山书店，从此开始与书店主人内山完造的友谊，这是后话。

旅馆不是久居之所，鲁迅与三弟商议，要找个像样的房子居住，便于写作、见客。恰好周建人住在景云里，离他工作的商务印书馆不远，这里环境嘈杂，但文人在此聚居，叶圣陶、茅盾等人皆住在这里，正好有余房出租。

鲁迅和许广平看了景云里第二弄最末的一家二十三号，还算满意，就定了下来，雇人收拾了一下后于10月8日搬入。周建人住在第一弄十号，鲁迅的前门与周建人的后门斜对。一年后，鲁迅移到十八号，周建人也搬过来。五个多月后，隔壁十七号空了出来，十七号两面可见太阳，鲁迅又租了下来搬过去，但还是从十八号门出入。

陈学昭在《回忆鲁迅先生》中描述过当时景云里的一些情景：

　　和大先生比较熟悉起来，还是在一九二八年秋天，我第一次回国，留沪的二三个月间，我寓在沈雁冰夫人处（沈先生在东京），沈家的后门斜对着周家的前门，他们都在景云里，大先生和三先生同住在一幢房子里。周家的饭开得比沈家早，因此每当德沚姊正要布置开饭的时候，三先生的夫人已在后门口喊开了："陈先生吃饭去。"

三先生的夫人就是王蕴如，此时与周建人在景云里同居，并且已生下大女儿周晔、二女儿周瑾。1926年9月14日，鲁迅致信许广平："建人与我有同一之景况，在北京所闻的流言，大抵是真的。但其人在绍兴，据云有时到上海来。他自己说并不负债，然而我看他所住的情形，实在太苦了，前天收到八月份的薪水，已汇给他二百元，或者可以略作补助。听说他又常喝白干，我以为很不好，此后想勒令喝蒲桃酒，每月给与酒钱十元，这样，则三天可以喝一瓶了，而且是每瓶一元的。"周建人为何生活过得那么拮据？原来，来到上海的周建人，遇见昔日的女学生王蕴如，二人很快擦出爱情的火花，所以鲁迅说"建人与我有同一之景况"，而且周建人一直没有告诉鲁迅，鲁迅只是听到"流言"。

　　现在，鲁迅与周建人都携情人居住在景云里，鲁迅继续供养在北京的朱安，周建人继续供养在北京的羽太芳子和孩子。二人都是婚外情、师生恋、金屋藏娇，彼此惺惺相惜。

　　王蕴如回忆，当时景云里几家合请一个保姆做饭，"每餐饭前，鲁迅和许广平总来得早一点，和我们说说话。那时我们的二女儿周瑾刚出生不久，躺在摇篮里。鲁迅总要逗逗她，说声：'可怜可怜啊！苍蝇要来叮啦。'拿一张报纸罩在摇篮上"（王蕴如《回忆鲁迅在上海的片断》）。

　　陈学昭第一次见到鲁迅，是在1925年9月9日，鲁迅日记记载："九日晴。上午往北大取去年十月分薪水泉十。往东亚公司买《クノ続ル博士小品集》、厨川白村《印象记》《文芸管见》各一部，共泉四元五角。下午素园、丛芜、赤坪、霁野、静农来。峰簇良充来。季市来。小峰、学昭、伏园、春台来，并赠《山野掇拾》一本。夜长虹来。夜半大雷雨。"1924年，陈学昭经常给《妇女杂志》投稿，《妇女杂志》是商务印书馆办的刊物，陈学昭因此认识了主编章锡琛、编辑周建人。陈学昭回忆："孙伏园领我去看鲁迅先生，大先生已早知道我熟识周建人先生，

▲1927年10月4日摄于上海。前排右起：鲁迅、许广平、周建人；后排右起：孙伏园、林语堂、孙福熙

所以我一进门,他就说'三先生的好朋友来了',后来我自己单独去过好几次。"(《陈学昭文集》)鲁迅一直鼓励陈学昭学习、写作。

1928年秋,陈学昭在留学法国一年后,要回国处理家事。9月27日,陈学昭到达上海,次日就去看望鲁迅。10月初,陈学昭从老家海宁返回上海,借住在景云里茅盾寓所,边写作边准备出国。当时茅盾已赴日本避难,茅盾夫人孔德沚亦无暇照顾陈学昭。两个月里,陈学昭就在鲁迅、周建人家中搭伙,每天都能见到鲁迅,生活无拘无束。吃晚饭的时候,鲁迅"一边喝着酒,一边就谈起来,一些刊物、杂志上的文章,当天报上的新闻,国内外的社会上的一切大大小小的事件,各方面都有"(陈学昭《回忆鲁迅先生》)。

1927年"四一二反革命政变"后,茅盾从汉口返回上海,居住在景云里,与鲁迅成为邻居,但这两个文化界名人只敢偷偷见面。茅盾在《纪念鲁迅先生》一文中说:

> 1927年10月,那时我由武汉回上海,而鲁迅亦适由广州来。他租的屋,正和我同在一个弄堂。那时我行动不自由,他和老三到我寓中坐了一回,我却没有到他寓里去,因为知道他那边客多。似乎以后就没有再会面,直到1930年春。

鲁迅与三弟周建人去茅盾寓所"坐了一回",为了茅盾的安全,谁都没告诉。这次会面,鲁迅和茅盾各自聊了自身的一些情况。茅盾那时被南京政府通缉,"行动不自由"。

鲁迅说,年初到了"革命策源地"广州,原以为那里的政治气候总比厦门大学好一些吧,谁知并不然。就在4月15日清晨,看到

景云里住宅方位图

(据《鲁迅年谱》复制)

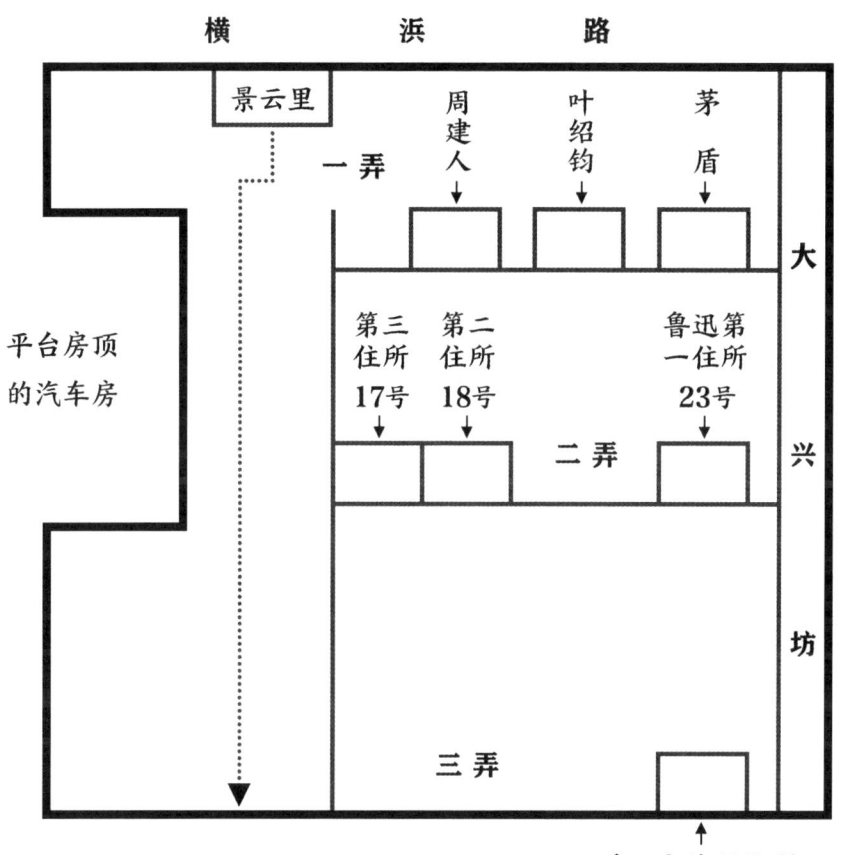

在白云楼对岸，似乎是工会的住所被查抄了，不少文件和人被带走了。接着有人来说，中山大学的墙上贴满标语，都是骂共产党的，对鲁迅也不利，要鲁迅躲起来。为什么要躲起来？鲁迅说："我自己，是什么也不怕的，生命是我自己的东西，所以我不妨大步走去，向着我自以为可以走去的路。即使前面是深渊、荆棘、狭谷、火坑，都由我自己负责。"

鲁迅立刻跑到中山大学，这时已有许多学生被捕，鲁迅主张营救学生。但校长朱家骅立刻露出凶相，说中大是"党校"，教职员应服从"党"，不能有二志。这几句话把在场的人弄得哑口无言。鲁迅看看不能扭转局势，立即辞职。许寿裳也一起辞职，表示抗议。（周晔《鲁迅和茅盾的一次会面》）

在此前一年，1926年8月30日，鲁迅就与茅盾见过面，前文提过，当时鲁迅南下厦门，途经上海"至消闲别墅夜饭"，座中人就有茅盾。更早在1921年文学研究会成立之初，鲁迅虽未参加文学研究会，但经常撰文支持茅盾主编的《小说月报》，查鲁迅日记，当年二人来往书信有五十多封，惜未保存下来。后来二人一在北京，一在上海，在著述方面也是互相关注的。

在景云里，茅盾不能出门谋生，便开始创作第一篇小说《幻灭》，不到两周时间就完成了前半部。当时《小说月报》由叶圣陶主编，他看了茅盾的小说，决定在《小说月报》上连载。原来用的笔名"玄珠""郎损"等都不能用了，当时"矛盾"一词很流行，他就取了"矛盾"这一笔名。叶圣陶怕引起官方注意，建议在"矛"字上面加上草字头。"茅盾"从此名扬文坛。

至1928年6月，茅盾在离开上海赴日本避难前，又陆续写成另两篇中篇小说《动摇》《追求》。这三部中篇小说，独立成篇又互相观照，表现大革命前后知识青年特别是女性的思想状态、生活经历及命运跌宕。

* * *

鲁迅辞去中山大学职务之后，经济来源减少，生活就有些吃紧。1927年5月25日，国民党政府浙江省务委员会通过了设立浙江大学研究院计划，蔡元培是"九人筹备委员会"成员之一。鲁迅通过章廷谦和时任浙江省教育厅科长郑介石（郑奠）等人向蔡元培说项，想在浙江大学研究院谋职，没有成功。6月12日，鲁迅致信章廷谦感谢二人，且对蔡元培颇有微词：

> 我很感谢你和介石向孑公（蔡元培）去争，以致此公将必请我们入研究院。然而我有何物可研究呢？古史乎，鼻已"辨"了；文学乎，胡适之已"革命"了，所余者，只有"可恶"而已。可恶之研究，必为孑公所大不乐闻者也，其实，我和此公（蔡元培），气味不投者也，民元以后，他所赏识者，袁希涛蒋维乔辈，则十六年之顷，其所赏识者，也就可以类推了。

6月12日，鲁迅致信章廷谦，讽刺顾颉刚挂名领薪的同时，说他必将得到蔡元培赏识：

> 鼻又赴沪，此人盖以"学者"而兼"钻者"矣，吾卜其必将蒙赏识于"孑公"。顷得季茀来信，已至嘉兴，信有云："浙省亦有办大学之事，……我想傅顾不久都会来浙的。"语虽似奇，而亦有理。

我从上帝之默示，觉得鼻之于粤，乃专在买书生意及取得别一种之"干脩"，下半年上堂讲授，则殆未必，他之口吃，他是自己知道的。所以也许对于浙也有所图也，如研究教授之类。

6月27日，国民党中央政治会议通过蔡元培等人提议，组建国民政府大学院，为全国最高学术教育行政机关。鲁迅通过许寿裳等人再次向蔡元培说项。10月，蔡元培任院长，准备聘"在学术上有贡献而不兼有给职者"任该院特约撰述员，不用上班，"听其自由著作"，每月可领取三百元补助费，鲁迅、江绍原、吴稚晖、李石曾、马夷初五人是第一批。

当时鲁迅初到上海，很希望得到这笔薪水。10月21日，鲁迅致信江绍原，问薪水之事：

> 季茀有信来，先以奉阅。我想此事于兄相宜，因为与人斗争之事或较少。但不知薪水可真拿得到否耳。

十天后还是没有消息，10月31日，鲁迅沉不住气又写信给江绍原：

> 季茀所谈事迄今无后文，但即有后文，我亦不想去喫，我对于该方面的感觉，只觉得气闷之至，不可耐。

又过了几天，11月7日，鲁迅致信章廷谦，言蔡元培"无聊"：

> 季茀本云南京将聘绍原，而迄今无续来消息，岂蔡公此说，所以敷衍季黻者欤，但其实即来聘，亦无聊。

又过了一个月，12月6日，鲁迅借给学生荆有麟写推荐信的机会，直接向蔡元培写信，态度诚恳、恭敬地表达自己的意愿：

孑民先生几下，谨启者：

久违雅范，结念弥深，伏知贤劳，未敢趋谒。兹有荆君有麟，本树人旧日学生，忠于国事，服务已久，近知江北一带，颇有散兵，半是北军旧属，既失渠率，迸散江湖，出没不常，亦为民患。荆君往昔之同学及同乡辈，间亦流落其中，得悉彼辈近态，本非夙心，倘有所依，极甘归命，因思招之使来，略加编练，则内足以纾内顾之劳，外足以击残余之敌。其于党国，诚为两得。已曾历访数处，贡其款诚，尤切希一聆先生教示，以为轨臬。辄不揣微末，特为介绍，进谒台端，倘蒙假以颜色，俾毕其词，更赐指挥，实为万幸。肃此布达，敬请道安。

查鲁迅日记，1927年10月26日"晨有麟来"，11月1日"上午得有麟信"，而12月整个月荆有麟几乎每天都来或来信，荆有麟要托鲁迅找工作。

12月9日，鲁迅在写给章廷谦的信中却直接批评蔡元培：

太史（蔡元培）之类，不过傀儡，其实是不在话下的。他们的话听了与否，不成问题，我以为该太史在中国无可为。

12月18日，特约撰述员的聘书终于来了。12月26日，鲁迅致章廷谦：

绍原经济情形，殊可虑。但前两星期，有一个听差（我想，是蔡"公"家的人）送大学院的聘书到我这里来，也有绍原的一份，但写明是由胡适之转的。问他何时送去；他说已送去过了；胡博士说本人不在沪，不收。我本想中途截取转寄，但又以为不好，中止了。后来打听季茀，他说大约已经寄杭了，星期二（十九）付邮的。莫非还不到么？倘到，则其中有一批钱，可以过年。

从1927年12月受聘至1931年12月被裁撤，总共四年，鲁迅每月从国民政府大学院领取三百元津贴，总共领取一万四千七百元。拿着国民政府大学院特约撰述员的收入，鲁迅没有了后顾之忧，不涉足政、教两界，对高校的延请婉言谢绝，可以购买大量书籍、资助左联，"关起门来，专事译著"，在文学上取得了辉煌的成就。

查鲁迅日记，1930年3月19日，鲁迅"寄寓"于日本友人内山完造开办的内山书店的假三层楼上，4月19日夜才"回寓"，避难三十一天。据说2月13日鲁迅在上海发起成立"中国自由运动大同盟"时，国民党浙江省党部指导委员许绍棣，将呈请通缉鲁迅的函提交给国民党中央宣传部，宣传部提交给国民党中央执委会，委员陈立夫签署通缉密令。鲁迅正在通缉名单上。

1930年12月，蒋梦麟辞去教育部长之职，担任北京大学校长，蒋介石以行政院院长兼任教育部长，一直到1931年6月18日。许广平回忆，有人去向蒋介石告密说：现在部里的特约编辑周豫才，就是周树人，也就是鲁迅，也就是最激烈地反对你的中国自由运动大同盟和中国左翼作家联盟的发起人和这两个团体的头子，也就是浙江国民党省党部呈请中央通缉，并已通缉在案的这个人。他是提请蒋介石注意此事并加以处理，借此邀功。蒋介石说：这事很好。你知道教育部中，还有与他交好的老同事、老朋友没有？应该派这样的人，去找他，告诉他，我知道了这事，很高兴。我素来很敬仰他，还想和他会会面。只要他愿意去日本住一些时候，不但可以解除通缉令，职位也当然保留；而且如果有别的想法，也可以办到。后来教育部果然有人找到鲁迅说这事，鲁迅拒绝了。拖了几个月，到1931年底，鲁迅的特约撰述员还是被裁了。（锡金《鲁迅为什么不去日本疗养》）

蔡元培还想挽回，但鲁迅认为不必，因为他"所辑书籍，迄未印行，近方图自印《嵇康集》"，他也没做什么工作，所以不会埋怨。鲁迅1932年3月2日致信许寿裳：

> 被裁之事，先已得教部通知，蔡先生如是为之设法，实深感激。惟数年以来，绝无成绩，所辑书籍，迄未印行，近方图自印《嵇康集》，清本略就，而又突陷兵火之内，存佚盖不可知。教部付之淘汰之列，固非不当，受命之日，没齿无怨。现北新书局尚能付少许版税，足以维持，希释念为幸。

1931年12月25日，鲁迅在《十字街头》第二期发表《"友邦惊诧"论》一文，指出蒋介石政权与日本侵略者是一丘之貉："可是'友邦人士'一惊诧，我们的国府就怕了，'长此以往，国将不国'了，好像失了东三省，党国倒愈像一个国，失了东三省谁也不响，党国倒愈像一个国，失了东三省只有几个学生上几篇'呈文'，党国倒愈像一个国，可以博得'友邦人士'的夸奖，永远'国'下去一样。"

但是，鲁迅那么多篇文章对蒋介石政权进行讽刺，却没有一篇文章指名道姓地批评蒋介石，点蒋介石的名。

> 鲁迅同我讲过他见过一次李立三。他说："李立三找我去，我

去了。李立三说:'你在社会上是知名人物,有很大影响。我希望你用周树人的真名写篇文章,痛骂一下蒋介石。'我说:'文章是很容易写的。蒋介石干的坏事太多了,我随便拣来几条就可以写出来。不过,我用真名一发表文章,在上海就无法住下去了。'李立三说:'这个问题好办!黄浦江里停泊着很多轮船,其中也有苏联船,你跳上去就可以到莫斯科去了。'我说:'对,这样一来蒋介石是拿我没办法了。但我离开了中国,国内的情况就不容易了解了,我的文章也就很难写了,就是写出来也不知在什么地方发表。我主张还是坚守住阵地,同国民党进行韧性战斗,要讲究策略,用假名字写文章,这样,就能够真正同国民党反动派战斗到底。'李立三没有办法,只好说:'好吧,你自己考虑吧!'我就回来了。"(周建人《关于鲁迅的若干史实》)

1940年1月,许广平在给郁达夫的信中谈到励志社曾给鲁迅捐款,指定部分用于接济鲁家属生计。励志社于1929年1月成立,社长是蒋介石,实际负责人是总干事黄仁霖。

此外,周海婴在《直面与正视:鲁迅与我七十年》中"朱安女士"一章提到,朱安生活拮据,宁愿吃苦也不接受馈赠,只有一次破了例。

一九四二年二月一日,她写信告诉母亲:国民党中央党部的秘书长郑彦芬找到她家,代表蒋委员长送她十万法币,她开始仍"辞不敢收",但是这位秘书长说出一番道理,可把她蒙住了。秘书长这样告诫:"长官赐不敢辞。别人的可以不收,委员长的意思,一定要领受。"

鲁迅逝世后，有传言说蒋介石让上海市长吴铁城到灵堂致哀，并以他个人名义敬献花圈。此事无法证实。但上海孔公馆确实送来孔祥熙的挽联，上书："鲁迅先生千古。一代高文树新帜，千秋孤痛托遗言。孔祥熙拜挽。"（孙玉祥《鲁迅与蒋介石：对立中的分寸》）

* * *

20世纪二三十年代的上海，有着独特的历史背景。特别是上海的租界，为文艺提供了相对宽松的话语平台。上海不仅有左翼文人的活动，还有大量自由文人的文学活动，不同的文艺思想与文艺实践在这里喧哗，相互交错。上海文坛门派林立，没有一派能主导舆论，左联也不能雄视一切。创造社、太阳社等青年革命文人，集中火力对鲁迅的批判，只是上海滩文化风景的一隅。

鲁迅一生用一支如椽大笔，包打天下，无所畏惧，但在四面楚歌的处境之下，也颇为感慨。

他后来在《三闲集·序言》中说：

> 到了上海，却遇见文豪们的笔尖的围剿了，创造社，太阳社，"正人君子"们的新月社中人，都说我不好，连并不标榜文派的现在多升为作家或教授的先生们，那时的文字里，也得时常暗暗地奚落我几句，以表示他们的高明。我当初还不过是"有闲即是有钱"，"封建余孽"或"没落者"，后来竟被判为主张杀青年的棒喝主义者了。这时候，有一个从广东自云避祸逃来，而寄住在我的寓里的廖君，也终于悠悠的对我说道："我的朋友都看不起我，不和我来往了，说我和这样的人住在一处。"

1928年1月，创造社与太阳社成员共同倡导"革命文学"，传播马克思主义文艺理论。他们从文学的革命性、阶级性和实践性出发，展开一系列讨论。他们将"革命文学"归诸革命立场、革命感情，强调革命文学在革命斗争中的作用。但是，他们没有真正以马克思主义文艺思想为指导，受"左"倾路线影响，只凭一腔革命热情，简单教条地把文学当成阶级斗争的工具，混淆了文学与革命的属性。这一场关于"革命文学"的论争，变成了一场对不同观念作家及其作品的扫荡，鲁迅首当其冲。

　　创造社与太阳社成员集中火力对鲁迅进行批判。鲁迅毫不留情地予以回击。这一场论争扩大了革命文学运动的影响，引起了文艺界的注意。但是，参与者对马克思主义文艺思想理解不深，又有严重的主观主义和宗派主义倾向，未能将讨论引向深处。鲁迅也常犯意气用事、不讲道理之老毛病，致使这场论争成为一场混战，致使"革命文学"的形象受损。

　　创造社，是五四运动之后，新文化运动健将郭沫若、郁达夫、成仿吾等人成立的革命文学团队，初期具有反帝反封建色彩。太阳社，创始人之一蒋光慈原来被郭沫若拉进创造社，但相处不太融洽，蒋光慈与钱杏邨等人在上海成立太阳社，出版新杂志。有的史家简单机械地将创造社、太阳社视为一体的革命文学团体，与新月社、"现代评论派"等相对立，泾渭分明。但事实是，当时鲁迅与创造社、太阳社针锋相对，创造社与太阳社也时常互相指责。

　　鲁迅原本是要与创造社联合起来的。1926年11月8日，鲁迅致信许广平说："其实我也还有一点野心，也想到广州后，对于'绅士'们仍然加以打击，至多无非不能回北京去，并不在意。第二是与创造社联合起来，造一条战线，更向旧社会进攻，我再勉力写些文字。"

　　1927年，创造社成员先后来到上海，准备统一战线。郭沫若回忆，

1927年11月左右，他回到上海，"曾同郑伯奇、蒋光慈诸兄商议，把《创造周报》恢复起来，作为启发青年的言论机关，并请求鲁迅领导。他们两位去和鲁迅商量，鲁迅也就答应了。因此《创造周报》复活的广告便见诸报端，负责人是以鲁迅领头，我以'麦克昂'的变名居第二位。这是有报可查的"（郭沫若《一封信的问题》）。1928年1月1日，《创造月刊》一卷八期就登出鲁迅、郭沫若（麦克昂）、成仿吾、郑伯奇、蒋光慈等人共同署名的《〈创造周报〉复活宣言》。

但是，从日本归国的新进成员冯乃超开始向鲁迅发难。冯乃超在《文化批判》创刊号上发表《艺术与社会生活》一文，说：

> 鲁迅这位老生——若许我用文学的表现——是常从幽暗的酒家的楼头，醉眼陶然地眺望窗外的人生。世人称许他的好处，只是圆熟的手法一点，然而，他不常追怀过去的昔日，追悼没落的封建情绪，结局他反映的只是社会变革期中的落伍者的悲哀，无聊赖地跟他弟弟说几句人道主义的美丽的说话。隐遁主义！好在他不效L.Tolstoy变作卑污的说教人。

2月，成仿吾在《创造月刊》第一卷第九期发表《从文学革命到革命文学》一文，李初梨在《文化批判》第二期发表《怎样地建设革命文学》一文，指责鲁迅等人代表"有闲的资产阶级"。

太阳社很快响应，蒋光慈发表在《太阳月刊》二月号上的《关于革命文学》一文，表示要"转变文学的方向"，"面对表现旧社会生活的作家加以攻击"，并批评鲁迅虽然有时也发几声反抗呼喊，但始终在彷徨。《太阳月刊》还在《编后》中说："第三号将有杏邨的死去了的阿Q时代，是一篇很值得注意的鲁迅论。"钱杏邨的《死去了的阿Q时代》批评鲁迅作品"没有超越时代",说"鲁迅把自己的小资产阶级的恶习性完全暴露了出来"。

3月,鲁迅在《语丝》第四卷第十一期上发表《"醉眼"中的朦胧》一文作为回应,引来创造社、太阳社成员更强烈的攻击。成仿吾撰文《毕竟是"醉眼陶然"罢了》:

> 我们抱了绝大的好奇心在等待拜见那勇敢的来将的花脸,我们想象最先跳出来的如不是在帝国主义国家学什么鸟文学的教授与名人,必定是在这一类人的影响下少年老成的末将。看呀!阿呀,这却有点奇怪!这位胡子先生倒是我们中国的 Don Quixte(珰吉诃德)——珰鲁迅!

更有甚者,《戈壁》第二期还刊有叶灵凤一幅模仿西欧立体派的讽刺鲁迅的漫画,并附有说明:"鲁迅先生,阴阳脸的老人,挂着他已往的成绩,躲在酒缸的后面,挥着他'艺术的武器'在抵御着纷然而来的外侮。"

鲁迅遂以《我的态度气量和年纪》《文艺与革命》《文坛的掌故》等文还以颜色,自然也少不了挖苦讽刺。鲁迅以为创造社、太阳社诸人太浪漫、太浮泛,他在《文艺与革命》中说"他们对于目前的暴力和黑暗不敢正视",光凭一股热情在纸上写下"打打""杀杀",那只不过是"空嚷",对他们不注重作品"内容的充实和技巧的上达",只忙于给自己挂"革命文学"的"招牌"的做法不以为然。

这又引来了郭沫若《文艺战线上的封建余孽》一文对鲁迅及其作品的定性:

> 鲁迅先生的时代性和阶级性，就此完全决定了。他是资本主义以前的一个封建余孽。资本主义对于社会主义是反革命，封建余孽对社会主义是二重反革命。鲁迅是二重的反革命人物。以前说鲁迅是新旧过渡期的游移分子，说他是人道主义者，这是完全错了，他是一位不得志的Fascist（法西斯谛）！

鲁迅没有写文回应，但后来曾以"丰余""丰之余"做自己的笔名。1931年7月20日，鲁迅在上海社会科学研究会做《上海文艺之一瞥》演讲，提到"新才子派创造社的出现"，认为在某些地方"也有些才子+流氓式的"：

> 创造社的这一战，从表面看来，是胜利的。许多作品，既和当时的自命才子们的心情相合，加以出版者的帮助，势力雄厚起来了。势力一雄厚，就看见大商店如商务印书馆，也有创造社员的译著的出版，——这是说，郭沫若和张资平两位先生的稿件。这以来，据我所记得，是创造社也不再审查商务印书馆出版物的误译之处，来作专论了。这些地方，我想，是也有些才子+流氓式的。

此举引来郭沫若反击。1932年，郭沫若写下《创作十年》一书，讲述创造社形成和发展的历史。郭沫若意气用事，在序文《发端》中对鲁迅进行反击，嘲讽鲁迅是"折狱如神的名手""阿Q式的逻辑"。这也算是这场论战的余声。

这一场论战之后，鲁迅并没有与成仿吾、郭沫若等人产生芥蒂。许广平《鲁迅回忆录》记载：

记得有一天，鲁迅回来，瞒不住的喜悦总是挂上眉梢。我忍不住问个究竟，他于是说，今天见到了成仿吾，从外表到内里都成了铁打似的一块，好极了。我才知道他喜欢的原因所在。前不久，我有机会见到了成仿吾同志，问起他是否在上海见过鲁迅？他说："是的，并且通过鲁迅和党接上了关系，这情况我已经在回延安时报告了中央的。"

鲁迅晚年在讲到与郭沫若的关系时，表示他们都是为着同一目标，是不会记着个人恩怨的：

例如我和茅盾，郭沫若两位，或相识，或未尝一面，或未冲突，或曾用笔墨相讥，但大战斗却都为着同一的目标，决不日夜记着个人的恩怨。然而小报却偏喜欢记些鲁比茅如何，郭对鲁又怎样，好像我们只在争座位，斗法宝。（《答徐懋庸并关于抗日统一战线问题》）

鲁迅逝世后，郭沫若正在日本，闻听消息，他立刻写下悼文《民族的杰作——悼念鲁迅先生》，将鲁迅和高尔基称作"两个宏朗的大星"，他们逝世，"这损失的重大实在是不可测算的"，他感觉自己的"心思失掉羁縻，在不可知的境地上漂浮着"。之后，他不顾日本警探的监视，出席留日学生举行的追悼会，在追悼会的讲话中说："鲁迅以前，无一鲁迅！鲁迅以后，无数鲁迅。"

此次论战，创造社、太阳社误伤了鲁迅及其作品，但鲁迅的作品及其文化人格的弱点，也被客观地点破。人物的历史面貌是很难还原的，他们的生命留存一般靠文字或照片来完成。现代科技创造奇迹，可以用视频留下真相，这是后话。鲁迅的形象也一直被固化成神圣的、正襟危坐的形象。每每读到过往对鲁迅的描述，感觉是疏离的，和鲁迅生命的热度也是远的。鲁迅研究者孙郁说："我们看鲁迅文章和学者研究鲁迅的文章，有时候就觉得彼此隔膜，似乎此鲁迅非彼鲁迅。"语多剀切。因此，私人语境下的鲁迅最能现出鲁迅的真容及其文化人格。我们就是尝试从与鲁迅有交集的文人之间窥见其性格与灵魂。

这场论战之后，1930年初，鲁迅与创造社、太阳社等团体的成员联合成立了"中国左翼作家联盟"，简称"左联"。

* * *

在创造社、太阳社与鲁迅笔战之时，有一篇文章值得注意，即《革命与智识阶级》，谈的是如何确定现阶段文学的政治属性，以及如何看待知识分子在革命事业中的地位与作用问题。作者认为现阶段革命仍属民主革命，五四所实践的反帝反封建的任务尚未完成。因此，倡导"革命文学"而批判鲁迅、否定新文学传统是错误的。文中关于中国革命性质及特点的论述，虽没有进行完整的理论阐述，但这种认识已是非常有革命远见了。文中说：

> 实际上，鲁迅看见革命是比一般的智识阶级早一二年，不过他也常以"不胜辽远"似的眼光对无产阶级。

《革命与智识阶级》一文为鲁迅带来助力。鲁迅记住了，作者叫冯雪峰。后来，冯雪峰与鲁迅成为莫逆之交。他的另一个身份，是代表中共联系鲁迅。

冯雪峰（1903—1976），浙江义乌人，出身农民家庭，自幼放牛务农。他是五四运动中的一位战士,是我国早期马克思主义文艺理论引进和实践的文艺批评家,是鲁迅的学生、朋友及其研究者。

1921年秋,十八岁的冯雪峰进入杭州浙江省立第一师范学校。不久,冯雪峰与同学汪静之、潘漠华、魏金枝、赵平福(柔石)等人成立"晨光社",老师朱自清、叶圣陶被聘为顾问。次年,冯雪峰与应修人、汪静之、潘漠华等人合出了诗集《湖畔》,故又有"湖畔诗社"之名,在诗界引起注意。

1925年初,冯雪峰到北京大学旁听,听过鲁迅的课。为了维持生计,冯雪峰去做校对工作,或者当家庭教师。冯雪峰开始介绍马克思主义文艺理论,翻译了《新俄文学的曙光》。1926年8月5日,冯雪峰造访鲁迅,鲁迅日记记载:"晚冯君来,不知其名。"多年后,冯雪峰为此次造访连名字都未通报之唐突失礼,而感到羞愧。冯雪峰说几个人想编杂志,问能否介绍给北新书局。鲁迅说恐怕李小峰不想再出版刊物了。

在极端白色恐怖的环境下,李大钊就义之后,1927年6月,冯雪峰毅然参加共产党。他在自己的译稿上赫然写下"献给为共产主义而牺牲的人们",遭到通缉。

1928年春,冯雪峰来到上海,在论战时写下《革命与智识阶级》一文支持鲁迅,但他在文中认为,智识阶级中有两类角色,一种坚信和勇猛地参加革命,另一种在"承受革命,向往革命"与"反顾旧的,依恋旧的"之间"徘徊着,苦痛着",鲁迅属于"第二种人"。鲁迅看了文章,认为"这个人,大抵也是创造社一派",经柔石说明,鲁迅才明白。

1928年12月9日,鲁迅日记记载:"九日星期。雨,下午霁。夜望道来。柔石同画室来。收大江书店稿费十五元。""画室"就是冯雪峰。柔石在浙江乡下发动暴动失败后,亡命上海,住进景云里,成为鲁迅的邻居,过从甚密。柔石是鲁迅"一个惟一的不但敢于随便谈笑,而且还敢于托他办点私事的人"(《南腔北调集·为了忘却的记念》)。柔石品性忠厚、善良、忘我,深受鲁迅赞许。

二人见面那天,正逢严冬,屋里的小火炉正旺。冯雪峰带了一本日文杂志去,其中有德国人的关于知识分子问题的论文或译文,有几处附有德文原文要请教鲁迅。同时,他正在从日本藏原惟人的日文译本转译普列汉诺夫的《艺术与社会生活》,也有几处疑惑的地方要向鲁迅请教,而且他从柔石处"知道鲁迅先生也在从事马克思主义文艺理论的翻译工作,所根据的也是日本文译本,所以我去见他,是想请他指教,并且同他商量编一个马克思主义文艺理论丛书"(冯雪峰《回忆鲁迅》)。鲁迅答应了。

这次见面之后,冯雪峰逐渐成为鲁迅晚年最亲近的朋友和战友,成为中国共产党与鲁迅联系的重要纽带。

次年初,景云里茅盾家的三楼空了出来,因为茅盾去了日本,茅盾夫人见冯雪峰生活困难,让他住在这里。因为与鲁迅寓所对门,冯雪峰经常到鲁迅家去,二人常常一谈就是两三个钟头。许广平的回忆非常生动,当时冯雪峰"在闸北和先生住在同里,而对门即见,每天夜饭后,他在晒台上一看,如果先生处没有客人,他就过来谈天。他为人颇硬气,主见甚深,很活动,也很用功,研究社会科学,时向先生质疑问难,甚为相得"(许广平《欣慰的纪念·鲁迅和青年们》)。

鲁迅与冯雪峰彼此熟悉后,便有了第一次合作,编译"科学的艺术论丛书"(后改名"马克思主义文艺论丛")。

此前,冯雪峰、施蛰存、戴望舒、杜衡隐蔽到松江施蛰存家时,四人曾创办过同人小刊物《文学工场》,被查封。后来,施蛰存、戴望舒来到上海,与刘呐鸥一起开"第一线书店",办半月刊《无轨列车》。冯雪峰到达上海后,发现关于"革命文学"的论争如火如荼,但是大量文章缺乏理论支撑，常常不得要领，缺乏战斗力和说服力，于是有了系统介绍马克思主义文艺理论的想法，并试着从事这种工作。施蛰存与冯雪峰商量，认为系统地介绍苏联文艺理论是一种迫切需要的工作，但丛书编译工作规模浩大，他们难以胜任，便想到了由鲁迅来当主编。正好鲁迅正在默默地从事着外国图书的翻译工作，他们与鲁迅不谋而合。"科学的艺术论丛书"的书目是冯雪峰与鲁迅共同拟定的，最初拟定十二种，后增至十六种，主要是马克思主义理论经典作家普列汉诺夫、卢那察尔斯基、沃洛夫斯基等人的作品。"科学的艺术论丛书"自1929年5月起陆续出版了八种，由水沫书店和光华书局出版，被当局打压，无法再出版。冯雪峰和鲁迅在合作的过程中建立了真挚的友谊。鲁迅在丛书之《文艺与批评》的《译者附记》中说："这首先要感谢雪峰君，他于校勘时，先就给我改正了不少的脱误。"

查鲁迅日记，我们发现，1929年是鲁迅与冯雪峰交往最频繁的一年，关于冯雪峰的有三十多处，足见友谊笃厚。鲁迅日记的特点之一是熟人不入日记，冯雪峰是个例外。许广平在《鲁迅先生的日记》中说："有关政治人物和他通信或见面时，他也不一定写在日记里"，"他的日记写的大约是不大不小的事。太大了，太有关系了，不愿意写出；太小了，没什么关系了，也不愿写出"。

鲁迅日记中的冯雪峰，诸如相见、赠书赠物、操办杂务、书信往来的记录非常多。除了不能记录的事项，鲁迅都记录下来了，而这些记录中可见二人交往密切的，有吃饭、饮冰、饮啤酒等，生活气息浓厚。

    同雪峰、柔石、真吾、贤桢及广平出街饮冰。（1929年7月19日）
    晚修甫、友松来，邀往中华饭店晚餐，并有侃元、雪峰、柔石。（1929年11月7日）

▲1928年3月16日，鲁迅在景云里寓所

大江书店招宴于新雅茶店,晚与雪峰同往,同席为傅东华、施复亮、汪馥泉、沈端先、冯三昧、陈望道、郭昭熙等。(1930年2月1日)

邀侍桁、雪峰、柔石往中有天夜饭。(1930年2月10日)

泰东书局招饮于万云楼,晚与柔石、雪峰、侍桁同往,同席十一人。(1930年3月14日)

因有绍酒越鸡,遂邀广湘、侍桁、雪峰、柔石夜饭。(1930年3月15日)

晚侍桁邀往东亚食堂晚膳,同席为雪峰及其夫人、柔石、广平。(1930年4月6日)

夜柔石、广湘来,雪峰及侍桁来,同出街饮啤酒。(1930年5月17日)

晚与广平携友人为我在荷兰西菜室作五十岁纪念,海婴同往,席中共二十二人,夜归。(1930年9月17日)

今日为海婴生后一周年,晚治面买肴,邀雪峰、平甫(柔石)及三弟共饮。(1930年9月27日)

是日为旧历中秋,煮一鸭及火腿、治面邀平甫、雪峰及其夫人于夜间同食。(1930年10月6日)

午请文英夫妇食春饼。(1931年4月4日)

夜邀方璧、文英及三弟食蟹。(1931年10月15日)

治馔六种邀乐扬(冯雪峰)、维宁(瞿秋白)及其夫人夜饭,三弟亦至。(1932年12月11日)

是日旧历八月三日,为我五十三岁生日,广平治肴数种,约雪方夫妇及其孩子午餐,雪方见赠万年笔一枝。(1933年9月22日)

▲1930年9月25日，鲁迅五十岁生辰照，摄于上海春阳照相馆

当时冯雪峰受命在上海从事地下革命工作，经费自筹，只有微薄稿费维持生计，生活拮据。1929年7月20日，鲁迅日记记载："雪峰来，假以稿费卅。"8月15日，鲁迅日记记载"夜雪峰来并还泉卅。"鲁迅看在眼里，但他知道自尊自立的冯雪峰不会接受他人接济，就想用替出版社预支付稿费的办法帮助冯雪峰。10月13日下午，鲁迅"寄雪峰信并《艺术论》译稿一份"，次日"付雪峰校对费五十"，15日"午后得雪峰信并还泉五十。下午达夫来。夜仍以泉交雪峰"。这三天的日记记载了鲁迅的良苦用心。鲁迅付给冯雪峰《艺术论》译稿校对费五十，冯雪峰次日想起稿费已经收了，所以又寄回给鲁迅，但鲁迅坚持给冯雪峰。

二人常常秉烛夜谈，直到东方欲晓。许广平是见证，她在《欣慰的纪念·鲁迅和青年们》中说：

> 这青年有过多的热血，有勇猛的锐气，几乎样样事都想来一下，行不通了，立刻改变，重新再做，从来好像没见他灰心过。有时听听他们谈话，觉得真有趣。
>
> F说："先生，你可以这样这样的做。"
>
> 先生说："不行，这样我办不到。"
>
> F又说："先生，你可以做那样。"
>
> 先生说："似乎也不大好。"
>
> F说："先生，你就试试看吧。"
>
> 先生说："姑且试试也可以。"
>
> 于是韧的比赛，F目的达到了。

这里的"F""这青年"就是冯雪峰。后来，冯雪峰向楼适夷谈到当年这个情景时说："你看，我当时这样做党的地下工作，对鲁迅先生，

▲1930年9月25日,"海婴与鲁迅,一岁与五十"

是不是有点'强迫命令'的样子？"（楼适夷《怀雪峰》）但是鲁迅对冯雪峰这种态度是不反感的，他说："有什么法子呢？人手又少，无可推委。至于他，人很质直，是浙东人的老脾气，没有法子。他对我的态度，站在政治立场上，他是对的。"（许广平《欣慰的纪念·鲁迅和青年们》）

其实，鲁迅在《"硬译"与"文学的阶级性"》一文中说："从别国窃得火来，本意却在煮自己的肉。"鲁迅一直在深刻地进行自我批判，由排斥十月革命到主动翻译并学习马克思主义文艺理论，汲取马克思主义的精髓，有冯雪峰这样韧性的帮助，正如鲁迅在《对于左翼作家联盟的意见》中所说："等待有一个能操马克思主义批评的枪法的人来狙击我。"当那个人突然出现在灯火阑珊处，那心情该是怎样的喜悦。

一直以来，研究鲁迅有个怪现象，即鲁迅地位崇高，他人无资格与之比肩，更不能超越。将血肉丰满，个性十足，充满人间烟火气的鲁迅，不断神化，弄成不食人间烟火的圣人让人膜拜，是不对的。要知道，新文化运动以来，诞生了许多思想的先驱和文化大师，他们是一座座并肩矗立的高峰。

* * *

鲁迅与冯雪峰，他们有长幼之分，有地位人望之别，但思想文胆可互补，让他们各自受益匪浅。

冯雪峰于1929年10月间正式受党的委托，充当党与鲁迅之间的联系人，负责沟通党与鲁迅的关系。冯雪峰以特殊身份和个性特点，向鲁迅提出充满善良的、有建设性的建议，而不是单纯地传达党的命令。鲁迅是何等精明之人，日子一久，他对冯雪峰的身份便了然了。没有资料证明，冯雪峰向鲁迅表明过自己的桥梁身份。冯雪峰这一角色扮演得很自然，保持鲁迅的党外人士身份至关重要，便于鲁迅做革命工作，尊重鲁迅的独立个性，是党组织的智慧。

陈望道看到这一层独特关系："今天许多青年受鲁迅的影响，但他（冯雪峰）不但受了鲁迅的影响，也时时刻刻企图影响鲁迅的。"（楼适夷《怀雪峰》）但笔者一直不赞同"企图影响鲁迅"一说，那时党受"左"倾思想影响，革命受挫，冯雪峰也难免受其影响，鲁迅冷静地审时度势，也会影响冯雪峰，冯雪峰也会向组织传达，使党更加重视鲁迅的影响，把鲁迅推向革命文化的领导地位。

1929年底，冯雪峰考虑论争已经结束，新的阵营准备形成，就开始筹办《萌芽月刊》。《萌芽月刊》1930年1月创刊，第三期时成为左联机关刊物，后被国民党反动派查禁。冯雪峰办刊，得到鲁迅的支持和指导。鲁迅称《萌芽月刊》"较急进""销行颇多"，将刊物赠送友人。

同时，左联也开始筹建，发起人和筹备人是鲁迅、冯雪峰、柔石、冯乃超、阳翰笙、夏衍、阿英（钱杏邨）等十二位。查鲁迅日记，1930年2月24日，"午后乃超来。波多野种一来，不见。敬隐渔来，不见。晚得乐天文艺研究社信。得白莽信并稿。夜雨"。冯乃超一个人去鲁迅家，请他对冯雪峰等人起草的左联成立宣言等文件提意见，纲领中提出"无产阶级革命文学"口号，当时鲁迅是赞成的。3月2日，鲁迅日记记道："上午携海婴往福民医院诊。收淑卿所寄家用帐簿一本。内山书店送来《千夜一夜》一本，二元五角。午后修甫、友松来。往艺术大学参加左翼作家连盟成立会。夜蓬子来。雨。"中国左翼作家联盟，在上海北四川路窦乐安路中华艺术大学召开成立大会。鲁迅、阿英、夏衍被推定组成主席团。接着报告筹备经过，对纲领进行说明，各方代表致祝词。鲁迅等人讲话后，大会选出鲁迅、夏衍等七人为执行委员并通过各项提案，宣布左联正式成立。

自此，一个独来独往，凭一己之力驰骋于文坛的骁将，变成了有明确政治主张的党派组织的领导，对鲁迅来说，是福是祸？

冯雪峰受党组织之命筹备左联的同时，也在筹备"中国自由运动大同盟"。这是以争取言论、出版、结社、集会等自由，反对国民党反动统治为宗旨的革命组织。在冯雪峰的努力说服下，鲁迅也参加了"中国自由运动大同盟"。

1930年2月13日，鲁迅"晚邀柔石往快活林吃面，又赴法教堂"，出席"中国自由运动大同盟"的成立会，鲁迅、冯雪峰、郁达夫等五十一人是发起人。鲁迅被派往中国公学分院等学校宣传同盟的宗旨。国民党浙江省党部呈请"通缉堕落文人鲁迅等五十一人"。查鲁迅日记，3月19日，"午后落一牙。往中国公学分院讲演。离寓。收《萌芽》稿费"，鲁迅开始避难于内山书店。3月20日，"上午得许楚生信并中学募捐启，午后复之。魏金枝自杭来，夜同往兴亚夜餐，同坐又有柔石、雪峰及其夫人，归途有形似学生者三人，追踪甚久。夜浴"。果然，鲁迅被人跟踪了。3月23日，"午前广平来。杨律师交来北新书局版税千。午后柔石及三弟来，同往近处看屋，不得。下午广平来，未见。晚柔石来，同往老靶子路看屋，不佳。夜侍桁来。雪峰来"。鲁迅开始看房子，准备搬家。4月19日，"李小峰之妹希同与赵景深结婚，因往贺，留晚饭，同席七人。夜回寓"。这一天，鲁迅才从内山书店回景云里。

冯雪峰回忆：

在上海的党中央希望鲁迅先生也做"中国自由运动大同盟"的发起人，派人来告诉我，要我先征求鲁迅先生的意见；我去和鲁迅先生谈了，记得他当时的表示是不大同意这种方式，认为一成立就会马上被解散了，可是他又依然立刻答应参加并为发起人之一。以

▲鲁迅设计的《萌芽月刊》封面

后是先由我介绍,党又派人(我记得是派潘汉年)和他直接谈过几次。"中国自由运动大同盟"的成立大会是秘密开的,鲁迅先生也出席了,我记得他没有正式发言,可是精神很愉快,好像对于这种会他倒很感兴趣,几天之后他还谈起那天开会的情形。(冯雪峰《党给鲁迅以力量——片断回忆》)

其实,鲁迅是不同意这种方式的,认为做不了什么有意义的事。1930年3月21日,鲁迅致信章廷谦:

> 自由运动大同盟,确有这个东西,也列有我的名字,原是在下面的,不知怎地,印成传单时,却升为第二名了(第一是达夫)。近来且往学校的文艺团体演说几回,关于文学的。我本不知"运动"的人,所以凡所讲演,多与该同盟格格不入,然而有些人已以为大出风头,有些人则以为十分可恶,谣诼谤骂,又复纷纭起来。半生以来,所负的全是挨骂的命运,一切听之而已,即使反将残剩的自由失去,也天下之常事也。

因为参加"中国自由运动大同盟",鲁迅被推到危险境地。于是社会上便有了鲁迅给别人当梯子一说。章廷谦写信告诉鲁迅,3月27日,鲁迅给章廷谦回信:

> 廿五日来信,今天收到。梯子之论,是极确的,对于此一节,我也曾熟虑,倘使后起诸公,真能由此爬得较高,则我之被踏,又何足惜。中国之可作梯子者,其实除我之外,也无几了。所以我十年以来,帮未名社,帮狂飙社,帮朝花社,而无不或失败,或受

欺，但愿有英俊出于中国之心，终于未死，所以此次又应青年之请，除自由同盟外，又加入左翼作家连盟，于会场中，一览了荟萃于上海的革命作家，然而以我看来，皆茄花色，于是不佞势又不得不有作梯子之险，但还怕他们尚未必能爬梯子也。哀哉！

果然，有几种报章，又对我大施攻击，自然是人身攻击，和前两年"革命文学家"攻击我之方法并同，不过这回是"罪孽深重，祸延"孩子，计海婴生后只半岁，而南北报章，加以嘲骂者已有六七次了。如此敌人，不足介意，所以我仍要从事译作，再做一年。我并不笑你的"懦怯和没出息"，想望休息之心，我亦时时有之，不过一近旋涡，自然愈卷愈紧，或者且能卷入中心，握笔十年，所得的是疲劳与可笑的胜利与无进步，而又下台不得，殊可慨也。

明知自己被当作梯子，明知做梯子对个人有危险，但还怕别人不会爬。这是这位战士的悲哀。

许寿裳在《亡友鲁迅印象记》中道出一些实情：

鲁迅曾把这事的经过，详细地对我说过："自由大同盟并不是由我发起，当初只是请我去演说。按时前往，则来宾签名者已有一人（记得是郁达夫君），演说次序是我第一，郁第二，我待郁讲完，便先告归。后来闻当场有人提议要有甚么组织，凡今天到会者均作为发起人，迨次日报上发表，则变成我第一名了。"鲁迅又说："浙江省党部颇有我的熟人，他们倘来问我一声，我可以告知原委。今竟突然出此手段，那么我用硬功对付，决不声明，就算由我发起好了……"这愤慨是无怪的。鲁迅又常常说："我所抨击的是社会上的种种黑暗，不是专对国民党，这黑暗的根原，有远在一二千年前的，也有在几百年，几十年前的，不过国民党执政以来，还没有把它根绝罢了。现在他们不许我开口，好像他们决计要包庇上下几千年一切黑暗了。"

鲁迅为了革命大局不计较小节，而且自己用硬功对待，承担一切后果，这是何等有筋骨的梯子，这是何等的胸襟和气魄。

左联的成立，标志着中国革命文学进入了一个新的阶段。1930年4月5日，鲁迅与回国的茅盾相见。查鲁迅日记，"五日晴。上午得段雪生信。下午寄紫佩信，附三、四月家用二百元，托转交。夜圣陶、沈余及其夫人来"。鲁迅得知茅盾经由冯乃超联系已加入左联。茅盾的加入，是"添一支生力军"，很快却被国民党反动派注意到了。

1930年5月7日，鲁迅日记记载："上午复季志仁信。午后往齿科医院。往内山书店买书二册，共泉十四元四角。晚同雪峰往爵禄饭店，回至北冰洋吃冰其林。"这一天，李立三约鲁迅见面。冯雪峰回忆："一九三〇年五月间，李立三曾约鲁迅见面，地点在上海的爵禄饭店。李立三由潘汉年引来，鲁迅则由我陪去。他们谈话约四五十分钟，我和潘汉年也在场。李立三要鲁迅发表一个宣言，拥护他'左'倾路线的各项政治主张，鲁迅拒绝了。鲁迅认为中国革命是长期的、艰巨的，必须搞'韧战'、持久战，不赞成赤膊上阵。结果各谈各的。"（《冯雪峰同志关于鲁迅、"左联"等问题的谈话》）

据许广平回忆，由于受到国民党反动派的通缉，再加上邻居律师之子投引火纸于鲁迅家的厨房险成火灾，他们于5月12日迁居于北四川路公寓（拉摩斯公寓）。周建人在《回忆大哥鲁迅》一书中说："在北四川路公寓，鲁迅住在二楼右边一个小门里。这套房间有一个客厅、一个卧室、一个吃饭间、一个客室，后边还有几间小房间。"

* * *

1930年5月12日,由废名和冯至编辑的《骆驼草》周刊创刊号在北京出版。有一篇署名为"丁武"的文章——《〈中国自由运动大同盟宣言〉》一文,说"新近得见由郁达夫鲁迅领衔的《中国自由运动大同盟宣言》,真是不图诸位之丧心病狂一至于此",批评鲁迅等人是"文士立功",有政治野心。在《骆驼草》第三期,"丁武"又发表《闲话》一文,肯定鲁迅早期的《呐喊》《彷徨》的同时,认为现在的鲁迅丢掉了自己,丧失了自我。

1930年5月24日,鲁迅致信章廷谦:"《骆驼草》已见过,丁武当系丙文无疑,但那一篇短评,实在晦涩不过。以全体而论,也没有《语丝》开始时候那么活泼。"

"丙文"就是废名,原名冯文炳。文学青年废名进入北京大学之后,成为周作人的学生,跟周氏兄弟有了往来。周作人在《语丝》任编辑,废名经常在《语丝》上发表文章。1924年,废名写下《〈呐喊〉》一文,是小说集《呐喊》较早的评论文章,而且他极为推崇《孔乙己》。

鲁迅日记中提及废名来访或来信共有七次,1925年四次,1926年两次,1929年一次。1925年2月15日,废名带来自己在《现代评论》上发表的《鹧鸪》和在《语丝》上发表的《竹林的故事》拜访鲁迅,未遇。查鲁迅是日日记,"冯文炳来,未见,置所赠《现代评论》及《语丝》去"。5月,废名的短篇《河上柳》在鲁迅主编的《莽原》上发表。年底废名又拜访鲁迅,未遇。

1925年10月26日,段祺瑞政府邀请英、美、法等十二国召开"关税特别会议"。当日,北京各学校和团体五万余人在天安门集会游行,反对关税会议,主张关税自主。大批武装警察殴打、逮捕游行人群,造成流血事件。许多报纸造谣说"周树人（北大教员）齿受伤，脱门牙二"。11月9日，鲁迅在《语丝》周刊第五十二期发表《从胡须说到牙齿》一文进行反驳。12月，废名发表《从牙齿念到胡须》一文，开篇就表达想念之情，说："鲁迅先生，你知道吗？在这里有一个人时常念你！"废名通过此文表明自己是站在鲁迅一边的。

> 鲁迅先生我也只见过两回面，在今年三四月间。第一次令我非常的愉快，悔我来得迟。第二次我觉得我所说的话完全与我心里的意思不相称，有点苦闷，一出门，就对自己说，我们还是不见的见罢，——这是真的，我所见的鲁迅先生，同我在未见以前，单从文章上印出来的，能够说有区别吗？

鲁迅与陈源论争之时，废名也多次写文章支持鲁迅。废名的文章《〈呐喊〉》被台静农编入《关于鲁迅及其著作》，1926年7月由未名社印行。1926年8月8日，鲁迅在离京赴厦门时致信韦素园，说："《关于鲁迅……》须送冯文炳君二本（内有他的文字），希即令人送去。但他的住址，我不大记得清楚，大概是北大东斋，否则，是西斋也。"

1927年4月12日，废名发表《忘记了的日记》，前面加了一个按语说："我在去年六月里决定要写日记，写了不过十天却没有写下去了。今天拿出来看，自己觉得喜欢，把他发表出来。有几节我想拿来做别的文章的材料则不发表。"文章中的其中一节，坦诚地说出他与鲁迅的思想差别：

> 六月十一日 我近来本不打算出去，出去也只随便到什么游玩的地方玩玩，昨天读了《语丝》八十七期鲁迅的《马上支日记》，实在觉得他笑得苦。尤其使得我苦而痛的，我日来所写的都是太平

天下的故事，而他玩笑似的赤着脚在这荆棘道上踏。又莫名其妙的这样想：倘若他枪毙了，我一定去看护他的尸首而枪毙。于是想到他那里去玩玩，又怕他在睡觉，我去耽误他，转念到八道湾。

1934年7月，废名应林语堂之邀，在《人间世》第十三期发表《知堂先生》一文，称赞周作人是一个"唯物论者""躬行君子"。鲁迅针对这篇文章写下《势所必至，理有固然》一文，但他写完之后又团起来扔掉了。许广平把它捡起来收好，在鲁迅逝世后发表。文中批评废名丢掉本名"文炳"，改用笔名"丁武"，是"弃文就武"。这也是在说周作人，因为周作人在《独立评论》发表过《弃文就武》一文。

> 有时发表一些顾影自怜的吞吞吐吐文章的废名先生，这回在《人间世》上宣传他的文学观了：文学不是宣传。这是我们已经听得耳膜起茧了的议论。谁用文字说"文学不是宣传"的，也就是宣传——这也是我们已经听得耳膜起茧了的议论。写文章自以为对于社会毫无影响，正如称"废名"而自以为真的废了名字一样。"废名"就是名。要于社会毫无影响，必须连任何文字也不立，要真的废名，必须连"废名"这笔名也不署。假如文字真的毫无什么力，那文人真是废物一枚，寄生虫一条了。他的文学观，就是废物或寄生虫的文学观。但文人又不愿意做这样的文人，于是他只好说现在已经下掉了文人的招牌。然而，招牌一下，文学观也就没有了根据，失去了靠山。但文人又不愿意没有靠山，于是他只好说要"弃文就武"了。这可分明的显出了主张"为文学而文学"者后来一定要走的道路来——事实如此，前例也如此。正确的文学观是不骗人的，凡所指摘，自有他们自己来证明。

废名于1928年出版短篇小说集《桃园》，1931年出版短篇小说集《枣》，1932年出版长篇小说《桥》《莫须有先生传》等。废名的小说"多写乡村儿女翁媪之事，于冲淡朴讷中追求生活情趣，并不努力发掘题材的社会意义，虽为小说，实近散文"。废名凭借散文化的小说在文坛占有一席之地。周作人为其作品作跋时说："废名君是诗人，虽然是做着小说。"1935年6月，上海良友图书公司出版了鲁迅选编的《中国新文学大系·小说二集》，其中收录了废名小说集《竹林的故事》中的《浣衣母》《竹林的故事》和《河上柳》三篇。鲁迅在序中所说，算是对废名文学成就的肯定：

> 后来以"废名"出名的冯文炳，也是在《浅草》中略见一斑的作者，但并未显出他的特长来。在一九二五年出版的《竹林的故事》里，才见以冲淡为衣，而如著者所说，仍能"从他们当中理出我的哀愁"的作品。可惜的是大约作者过于珍惜他有限的"哀愁"，不久就更加不欲像先前一般的闪露，于是从率直的读者看来，就只见其有意低徊，顾影自怜之态了。

* * *

周氏兄弟二人在上海景云里金屋藏娇的消息不胫而走，传回了北京。朱安心里早已明白一切，脸上虽有黯然之色，却无怒怨之气。原来她的心还有一点盼头，现在这点盼头也跌进了深渊。

1926年8月，鲁迅离京南行之后，西三条二十一号周宅清静而寂寞。在鲁迅学生宋紫佩、俞氏三姐妹的陪伴和照料下，朱安和鲁瑞还算平安。许羡苏在外地谋了个教员职，告别时将与鲁迅的来往信件一大包交给朱安保管，可能没有保存下来。

鲁迅每月通过北新书局寄回一百元版税，全由朱安当家。鲁瑞婆媳生活宽裕，至1932年11月有储蓄八百余元。鲁迅还额外每月给朱安十元作为零用钱，后来朱安身体差，要加强营养，零用钱就增加到十五元。

1929年5月13日，春末夏初，在上海站稳脚跟的鲁迅，从上海回北京探亲。查鲁迅日记："十三日晴。晨登沪宁车，柔石、真吾、三弟相送，八时五十分发上海，下午三时抵下关，即渡江登平津浦通车，六时发浦口。""十五日晴，风。午后一时抵北平，即返寓。下午托淑卿发电于三弟。紫佩来。"

鲁迅在西三条二十一号周宅住了二十一天，每天迎来送往，出门拜会友朋，到学校演讲，活动颇多，日记有记载。如"赴中央公园贺李秉中结婚，赠以花绸一丈"，"往博古斋买六朝墓铭拓片七种八枚"，"往燕京大学讲演"，"往孔德学校访马隅卿，阅旧本小说"，"往东亚公司买插画本《项羽と刘邦》一本"，"往松古斋及清闲阁买信笺五种"……

不管多忙，鲁迅几乎每天都给许广平写信。但是，日记中没有关于鲁瑞和朱安的记载。不知道5月17日所记"夜濯足"，是不是朱安给他端的水。而俞芳在《我记忆中的鲁迅先生》中回忆："老人家曾和我说，大先生一九二九年回家告诉她老人家：害马（广平师母）对他十分体贴，做事很能干，两人脾气合得来……太师母又说：过去大先生一个人在外边，自己总放心不下，现在有害马照顾，就放心了。"

算一下日子，此时许广平已有身孕四个月，鲁迅应该也告知了鲁瑞，那么朱安应该也知道了。

1929年9月27日，海婴在上海福民医院出生了，鲁迅买了一盆文竹送给许广平。

查鲁迅日记，"廿七日晴。晨八时广平生一男。午后寄谢敦南信。寄淑卿信。下午得友松、修甫信。夜为《朝华旬刊》译游记一篇","廿八日晴。上午往福民医院。下午寄霁野信。复友松信。秋田义一来，不见。往内山书店买文艺书五种共九本，泉十六元八角。买文竹一盆，赠广平。泽村幸夫来，未见"。

10月1日"下午往福民医院，与广平商定名孩子曰海婴"。因为是出生在这上海的婴儿，所以叫海婴。鲁迅一生用了一百八十多个笔名，给自己孩子起的名字如此令人忍俊不禁。

> 孩子生于前年九月间，今已一岁半，男也，以其为生于上海之婴孩，故名之曰海婴。我不信人死而魂存，亦无求于后嗣，虽无子女，素不介怀。后顾无忧，反以为快。今则多此一累，与几只书箱，同觉笨重，每当迁徙之际，大加擘画之劳。但既已生之，必须育之，尚何言哉。（1931年3月6日致李秉中信）

鲁瑞得到消息，十分高兴，毕竟鲁迅总算有后了。朱安也十分高兴。

> 原来她思想上已考虑过：当时她自己已是五十出头的人了，过去常常暗自思忖，此生、此世是不可能有孩子了。按绍兴习俗，没有孩子，也属妇人的一个"过错"。现在有了海婴，他是大先生的儿子，自然也是她的儿子。她自己无端加给自己的"罪名"，现在得到赫然"赦免"，怎么不高兴呢？另外，她还想到有了海婴，死后，有海婴给她烧纸，送庚饭，送寒衣……阎罗大王不会认为她是孤魂野鬼，罚她下地狱，让她挨饿受冻的。于是她精神上得到了安慰，所以很高兴。（俞芳《我记忆中的鲁迅先生》）

第八章 上海北四川路

出师未捷身先死,长使英雄泪满襟。

——唐·杜甫《蜀相》

1930年5月12日，鲁迅一家三口移居北四川路楼寓（拉摩斯公寓）。

9月17日，柔石、冯雪峰、冯乃超、茅盾、史沫特莱等人为鲁迅祝寿。

10月4日，与内山完造于上海北四川路狄思威路日侨"购买组合"第一店二楼，举办世界版画展览会，展出鲁迅收藏的世界各国版画七十余幅。

11月1日，蒋介石开始动员十万军队对中央苏区进行第一次"围剿"，被红军粉碎。

1931年1月20日至2月28日，鲁迅一家避难于日本人开设的花园庄旅馆。

2月7日，青年作家李伟森、柔石、殷夫、胡也频、冯铿被秘密杀害于上海龙华。

4月20日，鲁迅与冯雪峰编定《前哨》创刊号。

7月，冯雪峰帮助丁玲筹办《北斗》月刊。

9月18日，九一八事变发生。

12月11日，鲁迅与冯雪峰共同编辑的左联机关刊物《十字街头》创刊，第三期出版后被查禁。

1932年1月28日，日本发动"一·二八"事变，淞沪抗战爆发。

2月，邹韬奋、鲁迅、郁达夫、叶圣陶、丁玲、周扬、夏衍等四十三人签名发表了《上海文化界发告世界书》。

5月5日，中日双方在上海签署《淞沪停战协定》。

1933年1月17日，中国民权保障同盟上海分会成立，鲁迅任执行委员。

1930年底，蒋介石调动大军"围剿"江西中央苏区，又在全国"围剿"革命文化。

1931年1月17日，左联作家、共产党员柔石被捕，口袋里有一份鲁迅给抄的合同。前一天晚上，因为明日书店拟印鲁迅译著，柔石受委托来问版税的办法，鲁迅将自己和北新书局订的合同抄了一份给他。反动派逼问鲁迅的住址，柔石拒不透露。（据《鲁迅年谱》）有人提醒鲁迅要当心。查鲁迅日记，1月20日"下午偕广平携海婴并许媪移居花园庄"，避难至2月28日才回寓。

1931年2月7日，左翼青年革命作家李伟森、柔石、殷夫、胡也频、冯铿以及其他十八位年轻的共产党员，被国民党反动派秘密杀害于上海龙华。牺牲的五位青年作家，史称"左联五烈士"。左联受到沉重打击。茅盾在《关于左联》一文中说，左联"人数从九十多降至十二"。在这个艰苦的时刻，冯雪峰奉调担任左联党团书记。

"左联五烈士"就义后，左联发表抗议，控诉、指斥国民党的暴行，国内外的进步力量也纷纷声讨这一暴行。鲁迅得知"左联五烈士"牺牲的消息后，写成了那首后来传诵的七律。

> 在一个深夜里，我站在客栈的院子中，周围是堆着的破烂的什物；人们都睡觉了，连我的女人和孩子。我沉重的感到我失掉了很好的朋友，中国失掉了很好的青年。我在悲愤中沉静下去了，然而积习却从沉静中抬起头来，凑成了这样的几句：

惯于长夜过春时，挈妇将雏鬓有丝。
梦里依稀慈母泪，城头变幻大王旗。
忍看朋辈成新鬼，怒向刀丛觅小诗。
吟罢低眉无写处，月光如水照缁衣。

（《南腔北调集·为了忘却的记念》）

两年后，1933年4月1日，鲁迅在《现代》第二卷第六期发表《为了忘却的记念》一文纪念左联五烈士，也将此诗附于其中。

题外话，鲁迅1933年2月8日就写好了文章，但4月1日才发表。因为即使事情发生已经两年，很多编辑部还是不敢发表鲁迅的这篇文章。2月20日，这篇文章转到了正在办《现代》杂志的施蛰存手里，"舍不得鲁迅这篇异乎寻常的杰作被扼杀"，毅然决定发表。施蛰存在2月28日写的《社中日记》记道："鲁迅先生的纪念柔石的文章，应该是编在第五期上的，但因为稿子送来时，第五期稿已全部排讫，只得迟到今天。稍微失去了一点时间性了。"

言归正传。冯雪峰读到这首诗后，心沸腾起来，他分明感到鲁迅对青年革命者被害的沉痛及深厚的革命情怀在撞击着他，也在撞击着沉沉的黑夜。冯雪峰与鲁迅商量秘密出版左联机关刊物"纪念战死者专号"的《前哨》杂志。鲁迅亲笔书写了刊物的名称"前哨"二字作为封面。

查鲁迅日记，1931年4月20日，"上午以信笺八十枚寄诗荃。下午同广平、海婴、文英及其夫人并孩子往阳春馆照相。得Meyenburg信及诗荃绍介函，十四日自日本发。晚托三弟往西泠印社代买《益智图》《续图》《字图》及《燕几图》共六本，四元二角。夜雨"。

这一天，鲁迅与冯雪峰编定《前哨》创刊号。因白色恐怖，第二期改名为《文学导报》，由冯雪峰、楼适夷编辑。

自从左联五烈士遇难以来,鲁迅终日悲痛、愤怒,今天始略得宽慰,下午就提议与冯雪峰全家一起去照相馆合影留念。这张合影,给这段历史留下了弥足珍贵的史料。看照片,鲁迅身着长衫,怀抱海婴,与西装革履打着领带的冯雪峰在前排席地而坐,两位夫人坐在他们身后的椅子上。许广平略微低头,疼爱地看着海婴,冯雪峰夫人何爱玉也微笑地抱着女儿。鲁迅眉宇间显得放松,一改严肃之态,而平时总微笑的冯雪峰略显紧张。照片冲洗出来,鲁迅在右下角亲笔题词"一九三一年四月二十日,上海所照"。

鲁迅写下《柔石小传》和悼文《中国无产阶级革命文学和前驱的血》交给冯雪峰刊于《前哨》。

> 我们现在以十分的哀悼和铭记,纪念我们的战死者,也就是要牢记中国无产阶级革命文学的历史的第一页,是同志的鲜血所记录,永远在显示敌人的卑劣的凶暴和启示我们的不断的斗争。(《二心集·中国无产阶级革命文学和前驱的血》)

《前哨》还发表了史沫特莱同鲁迅一起起草的《中国左翼作家联盟为国民党屠杀同志致各国革命文学和文化团体及一切为人类进步而工作的著作家思想家书》,强烈抗议国民党反动派屠杀左翼作家的暴行,号召"全世界革命文学家和艺术家共同起来,反对国民党对于我们同志的迫害"。1931年6月,茅盾协助史沫特莱译成英文,以《中国作家致全世界书》之名发表在美国进步杂志《新群众》第七卷第一期上,马上有好几个国家数十名作家回电,一致抗议国民党反动派屠杀进步作家的残暴罪行。

查鲁迅日记,1929年12月25日,1930年1月21日、1月22日,鲁

▲1931年4月20日,鲁迅全家与冯雪峰全家摄于上海阳春照相馆

迅收到史沫特莱女士的信，1月25日，"下午史沫特列、蔡咏霓、董时雍来。雨"。就是美国记者史沫特莱，以《法兰克福日报》特派记者的身份来到中国。1月25日，史沫特莱在《世界月刊》编辑董绍明夫妇陪同下来到景云里鲁迅寓所。在这次与鲁迅的谈话之后，史沫特莱开始与上海左翼文艺运动发生联系。之后鲁迅与史沫特莱书信来往频繁。史沫特莱关注中国农村生活，调查后写成《中国乡村生活断片》一书，谴责反动统治者对劳动人民的残酷压榨和迫害。《中国乡村生活断片》发表在《萌芽月刊》一卷五期上。5月5日，鲁迅写成《〈进化和退化〉小引》一文，还引用了其中的文字。9月17日，在白色恐怖的阴霾下，柔石、冯雪峰、冯乃超、茅盾、史沫特莱以及左联、社联、美联、剧联代表等三十余人，秘密在法租界的荷兰西餐厅为鲁迅祝寿。这次祝寿会的地点，正是史沫特莱出面租借的。她还选购了一块上等绸料做成一件长衫赠给鲁迅。祝寿会当天，史沫特莱早早来到餐厅花园门口"放哨"，接待与会者。

1931年3月18日，史沫特莱刚从菲律宾回到上海，得知左联五烈士遇难的消息，立刻赶到鲁迅家。很快，鲁迅的《黑暗中国的文艺界的现状》一文的英文译文，就通过史沫特莱发表在《新群众》上。

左联五烈士中，鲁迅与柔石、胡也频、殷夫较熟，来往较多，在文学创作方面积极热情地帮助他们。

《柔石小传》写道："一九三一年一月十七日被捕，由巡捕房经特别法庭移交龙华警备司令部，二月七日晚，被秘密枪决，身中十弹。柔石有子二人，女一人，皆幼。"

柔石（1901—1931），名赵平复，早年从事教育工作，受新文化运动感召，参加进步文学活动。柔石受鲁迅《狂人日记》影响，二十二岁开始写作，其短篇小说《疯人》写个性解放，其长篇小说《旧时代之

▲1930年9月17日，鲁迅摄于上海荷兰西餐厅

死》虽然缺乏对现实生活的观照，但力求表现大革命中知识青年游移徘徊的思想状态，其中篇小说《三姊妹》与《旧时代之死》属同一题材。其作品概念化和公式化的情况比较突出。

1928年夏天，柔石来到上海便住在景云里，找到鲁迅开始交往。在鲁迅的帮助下，柔石一方面译介欧洲的进步文学作品，另一方面编辑《语丝》《萌芽月刊》《朝花》周刊等。鲁迅对柔石的思想和创作产生了积极的影响。其间，柔石的短篇小说集《希望》出版，着眼于日常生活中的一些平庸、卑微的人物与故事，使作品的生活气息浓郁，艺术风格也个人化了，文笔真实，情感丰沛。

柔石善良的性格，可以从鲁迅的回忆文章《为了忘却的记念》中见到：

> 然而柔石自己没有钱，他借了二百多块钱来做印本。除买纸之外，大部分的稿子和杂务都是归他做，如跑印刷局，制图，校字之类。可是往往不如意，说起来皱着眉头。看他旧作品，都很有悲观的气息，但实际上并不然，他相信人们是好的。我有时谈到人会怎样的骗人，怎样的卖友，怎样的吮血，他就前额亮晶晶的，惊疑地圆睁了近视的眼睛，抗议道，"会这样的么？——不至于此罢？……"
>
> 不过朝花社不久就倒闭了，我也不想说清其中的原因，总之是柔石的理想的头，先碰了一个大钉子，力气固然白化，此外还得去借一百块钱来付纸账。后来他对于我那"人心惟危"说的怀疑减少了，有时也叹息道，"真会这样的么？……"但是，他仍然相信人们是好的。

1929年，柔石创作了长篇小说《二月》，慧眼识珠的鲁迅，为之作小引，后收入《三闲集》。鲁迅评论小说中的主人公萧涧秋"他极想有为，怀着热爱，而有所顾惜，过于矜持，终于连安住几年之处，也不可得"。鲁迅从塑造人物着眼，对将萧涧秋塑造成一个性格复杂的人物形象予以肯定。小说《二月》对革命浪潮前后犹豫彷徨的小知识分子形象的塑造，表达了作者对现实的不满和对知识分子道路的思考，除了主人公，其他人物也塑造得个性鲜明，栩栩如生。

左联成立时，柔石是发起人之一，并任常务委员、编辑部主任等职。柔石同时坚持创作，1930年又发表了短篇小说《为奴隶的母亲》，以诚挚的笔触描写了一个悲惨的故事。

作为奴隶和母亲的春宝娘，被丈夫典给邻村秀才为妻，作为传宗接代的工具，屈辱地生活了三年，等她为秀才生下一个男婴，又被撵回原家，依然过着困苦的生活。小说较之《二月》伤感抒情的情调消失了，多了对劳苦大众的悲悯。鲁迅评价柔石"转换作品的内容和形式"（《为了忘却的记念》）。

6月，柔石参加在上海召开的全国苏维埃区域代表大会后，将会上所见所闻写成通讯《一个伟大的印象》。10月，柔石在《前哨》发表长诗《血在沸》，以此纪念一位被国民党反动派杀害的十六岁少年先锋队队长。几个月后，柔石也被杀害。

丁玲是"带着'五四'以来时代烙印的作家"（茅盾《女作家丁玲》），胡也频（1900—1931）是丁玲的革命伴侣。1924年，丁玲、胡也频、沈从文在北京大学做旁听生时相识，成为挚友，一起从事文学活动。

胡也频曾与人合编北京《京报》附刊之一《民众文艺》并在上发表作品。他的早期作品多署名胡崇轩。此后数年，其作品虽不如丁玲、沈从文作品光芒四射,却数量颇多,有短篇小说《圣徒》《三个不统一的人物》,诗集《也频诗集》,戏剧集《别人的幸福》,中篇小说《一幕悲剧的写实》等。

胡也频与鲁迅交往不多。1928年,丁玲、胡也频、沈从文到上海发展,沈从文的创作精力主要放在湘西世界,而胡也频于1929年发表长篇小说《到莫斯科去》,次年又有长篇小说《光明在我们的前面》。这些具有鲜明政治色彩的小说,在上海滩不会不被左翼文坛重视。

《到莫斯科去》是在马克思主义文艺思想指引下进行的小说实践产物,有点幼稚,但给小说注入了新的灵魂。小说政治倾向鲜明,但澎湃的革命热情并未与具体的艺术描写融合在一起。

胡也频与丁玲夫妇都经历过第一次国内战争风暴的洗礼,但除了天赋和才华之外,丁玲的文学走向了革命现实主义,而胡也频一直信奉"个人主义的文艺老早就过去了",要寻求"无产阶级的文艺"。鲁迅在关注胡也频和丁玲时,对丁玲的创作予以肯定,对胡也频的文艺观显然是不赞同的。"同时被难的四个青年文学家之中,李伟森我没有会见过,胡也频在上海也只见过一次面,谈了几句天。"(《南腔北调集·为了忘却的记念》)

殷夫(1900—1931)即白莽,是一位诗人。鲁迅在《为了忘却的记念》中写道:

> 较熟的要算白莽,即殷夫了,他曾经和我通过信,投过稿,但现在寻起来,一无所得,想必是十七那夜统统烧掉了,那时我还没有知道被捕的也有白莽。然而那本《彼得斐诗集》却在的,翻了一遍,也没有什么,只在一首《Wahlspruch》(格言)的旁边,有钢笔写的四行译文道:

"生命诚宝贵，

爱情价更高；

若为自由故，

二者皆可抛！"

又在第二叶上，写着"徐培根"三个字，我疑心这是他的真姓名。

楼适夷（笔名林荪）写过一篇《白莽印象记》，鲁迅也在《为了忘却的记念》中引用了。

"他做了好些诗，又译过匈牙利诗人彼得斐的几首诗，当时的《奔流》的编辑者鲁迅接到了他的投稿，便来信要和他会面，但他却是不愿见名人的人，结果是鲁迅自己跑来找他，竭力鼓励他作文学的工作，但他终于不能坐在亭子间里写，又去跑他的路了。不久，他又一次的被捕了。……"

这里所说的我们的事情其实是不确的。白莽并没有这么高慢，他曾经到过我的寓所来，但也不是因为我要求和他会面；我也没有这么高慢，对于一位素不相识的投稿者，会轻率的写信去叫他。我们相见的原因很平常，那时他所投的是从德文译出的《彼得斐传》，我就发信去讨原文，原文是载在诗集前面的，邮寄不便，他就亲自送来了。看去是一个二十多岁的青年，面貌很端正，颜色是黑黑的，当时的谈话我已经忘却，只记得他自说姓徐，象山人……

我们第三次相见，我记得是在一个热天。有人打门了，我去开门时，来的就是白莽，却穿着一件厚棉袍，汗流满面，彼此都不禁失笑。这时他才告诉我他是一个革命者，刚由被捕而释出，衣服和书籍全被没收了，连我送他的那两本；身上的袍子是从朋友那里借来的，没有夹衫，而必须穿长衣，所以只好这么出汗。我想，这大约就是林莽先生说的"又一次的被了捕"的那一次了。

殷夫十八岁就参加革命斗争。第一次被捕是1927年4月在上海。两年后，他离开学校，成为革命者，专门从事青年工人运动。残酷却火热的斗争激发了他的诗情，他以白莽、殷夫、莎菲等笔名发表了《梦中的龙华》等政治鼓动诗。诗歌在其主编、秘密发行的《列宁青年》杂志和左联办的《拓荒者》《萌芽月刊》等杂志发表后，影响较大，被誉为"红色鼓动诗"。1929年，殷夫收到同胞哥哥徐培根的一封劝告信后，这位背叛了自己家庭的年轻诗人，写下了《别了，哥哥》一诗作为回答。诗的最后一段是：

> 别了，哥哥，别了，
> 以后各走前途，
> 再见的机会是在，
> 当我们和你隶属着的阶级交了战火。

殷夫站在革命立场，与哥哥割袍断义，分道扬镳。徐培根时任国民革命军总司令部参谋处处长，位高官重，深受蒋介石器重。殷夫与哥哥决裂，宣告了他与整个剥削阶级决裂。

殷夫生前将1924年至1929年所写65首诗结成诗集《孩儿塔》，未能出版。这些诗稿皆存在鲁迅处。几经努力，《孩儿塔》因其革命性终于问世。1936年，鲁迅为《孩儿塔》作序，发表在《文学丛报》第一期，后收入《且介亭杂文集末编》。

为殷夫的诗集作序，鲁迅的心情自然再次被触痛，其序中说：

这《孩儿塔》的出世并非要和现在一般的诗人争一日之长，是有别一种意义在。这是东方的微光，是林中的响箭，是冬末的萌芽，是进军的第一步，是对于前驱者的爱的大纛，也是对于摧残者的憎的丰碑。一切所谓圆熟简练，静穆幽远之作，都无须来作比方，因为这诗属于别一世界。

冯铿（1907—1931）早年写诗，参加革命后写小说，有短篇小说《一个可怜的女子》《小阿强》《红的日记》等，中篇小说《重新起来》和《最后的出路》等。鲁迅在《为了忘却的记念》中写道：

他（柔石）曾经带了一个朋友来访我，那就是冯铿女士。谈了一些天，我对于她终于很隔膜，我疑心她有点罗曼谛克，急于事功；我又疑心柔石的近来要做大部的小说，是发源于她的主张的。但我又疑心我自己，也许是柔石的先前的斩钉截铁的回答，正中了我那其实是偷懒的主张的伤疤，所以不自觉地迁怒到她身上去了。——我其实也并不比我所怕见的神经过敏而自尊的文学青年高明。

她的体质是弱的，也并不美丽。

李伟森（1903—1931）鲁迅没有见过。他主要从事革命实际工作，是中国共青团早期领导人。写过不少杂文、论文，主编《上海报》。

鲁迅在《为了忘却的记念》最后写道：

前年的今日，我避在客栈里，他们却是走向刑场了；去年的今日，我在炮声中逃在英租界，他们则早已埋在不知那里的地下了；今年的今日，我才坐在旧寓里，人们都睡觉了，连我的女人和孩子。我又沉重的感到我失掉了很好的朋友，中国失掉了很好的青年，我在悲愤中沉静下去了，不料积习又从沉静中抬起头来，写下了以上那些字。

要写下去，在中国的现在，还是没有写处的。年青时读向子期《思旧赋》，很怪他为什么只有寥寥的几行，刚开头却又煞了尾。然而，现在我懂得了。

不是年青的为年老的写记念，而在这三十年中，却使我目睹许多青年的血，层层淤积起来，将我埋得不能呼吸，我只能用这样的笔墨，写几句文章，算是从泥土中挖一个小孔，自己延口残喘，这是怎样的世界呢。夜正长，路也正长，我不如忘却，不说的好罢。但我知道，即使不是我，将来总会有记起他们，再说他们的时候的。……

* * *

1931年9月18日，日本驻中国沈阳的关东军，突然对中国军队发动袭击，并迅速占领东北大城市沈阳，又很快地向四周扩张。闻此消息，举国震惊，全国军民纷纷抗议，胡适、蔡元培、钱玄同等爱国人士以笔为刀枪发表檄文，声讨日本帝国主义的侵华罪行。一些文章批评鲁迅不抗日，没有抗日的言论，没有写过一篇抗日的文章。

九一八事变之后，在关于日本侵华问题上，鲁迅予以一定关注，并有自己的思考。鲁迅自然知道，此事件发生后，日本绝对不会满足仅仅占领东北，其最终目的是占领整个中国疆土。

9月28日，鲁迅在《文艺新闻》第二十九期上发表《答文艺新闻社问——日本占领东三省的意义》一文，收入《二心集》。全文如下：

  这在一面，是日本帝国主义在"膺惩"他的仆役——中国军阀，也就是"膺惩"中国民众，因为中国民众又是军阀的奴隶；在另一面，是进攻苏联的开头，是要使世界的劳苦群众，永受奴隶的苦楚的方针的第一步。

作为左联的领袖，鲁迅之《答文艺新闻社问——日本占领东三省的意义》是代表左联对日本侵华表态。此声明简明有力，应是左翼文艺界的抗日宣言。

10月23日，鲁迅署名"晏敖"，在上海《文学导报》第一卷第六、第七期合刊上发表《"民族主义文学"的任务和运命》一文，开头写道：

  殖民政策是一定保护，养育流氓的。从帝国主义的眼睛看来，惟有他们是最要紧的奴才，有用的鹰犬，能尽殖民地人民非尽不可的任务：一面靠着帝国主义的暴力，一面利用本国的传统之力，以除去"害群之马"，不安本分的"莠民"。所以，这流氓，是殖民地上的洋大人的宠儿，——不，宠犬，其地位虽在主人之下，但总在别的被统治者之上的。上海当然也不会不在这例子里。巡警不进帮，小贩虽自有小资本，但倘不另寻一个流氓来做债主，付以重利，就很难立足。到去年，在文艺界上，竟也出现了"拜老头"的"文学家"。

这是鲁迅式对九一八事变的反应，没有直接谴责声讨，而用曲笔，旁敲侧击。

三个月后，1931年12月11日，鲁迅在《十字街头》第一期发表署名"它青"的《沉滓的泛起》一文，其中有：

> 日本占据了东三省以后的在上海一带的表示，报章上叫作"国难声中"。在这"国难声中"，恰如用棍子搅了一下停滞多年的池塘，各种古的沉滓，新的沉滓，就都翻着筋斗漂上来，在水面上转一个身，来趁势显示自己的存在了。
>
> 自信现在可以说能打仗的，是要操练久不想起的洋枪了，但也有现在也不想说去打仗的，那就照欧洲大战时候的德意志帝国的例，来"头脑动员"，以尽"国民一份子"的义务。有的去查《唐书》，说日本古名"倭奴"；有的去翻字典，说倭是矮小之意；有的记得了文天祥，岳飞，林则徐，——但自然，更积极的是新的文艺界……

只要主张抗战，地不分南北，民不分长幼，力不分大小，大凡是抗日的，都应视为抗战力量。但是，其中有许多怀着各种目的的投机分子。鲁迅批评所谓的"爱国歌舞表演"，将这些投机分子喻为"沉滓"，对这些在"国难声中"的"显示自己存在"的投机行为进行批评。

> 因为要这样，所以都得在这个时候，趁势在表面来泛一下，明星也有，文艺家也有，警犬也有，药也有……也因为趁势，泛起来就格外省力。但因为泛起来的是沉滓，沉滓又究竟不过是沉滓，所以因此一泛，他们的本相倒越加分明，而最后的运命，也还是仍旧沉下去。

11月20日，鲁迅以笔名"冬华"在《北斗》第一卷第三期上发表《新的"女将"》《宣传与做戏》两篇文章，收入《二心集》。

《新的"女将"》一文指出，只有摈弃"做戏"的心态和习惯，才能真正去"做事"，国家才能有进步。

> 这些画报上，除了一排一排的坐着大人先生们的什么什么会开会或闭会的纪念照片而外，还一定要有"女士"……
>
> "A女士，B女校皇后，性喜音乐。"
>
> "C女士，D女校高材生，爱养叭儿狗。"
>
> "E女士，F大学肄业，为G先生之第五女公子。"
>
> 再看装束：春天都是时装，紧身窄袖；到夏天，将裤脚和袖子都撤掉了，坐在海边，叫作"海水浴"，天气正热，那原是应该的；入秋，天气凉了，不料日本兵恰恰侵入了东三省，于是画报上就出现了白长衫的看护服，或托枪的戎装的女士们……
>
> 还有事实可以证明。一，谁也没有看见过日本的"惩膺中国军"的看护队的照片；二，日本军里是没有女将的。然而确已动手了。这是因为日本人是做事是做事，做戏是做戏，决不混合起来的缘故。

《宣传与做戏》同样指出"普遍的做戏"在中国仍然根深蒂固，认为其危害比"真的做戏"还要坏。

> 就是那刚刚说过的日本人，他们做文章论及中国的国民性的时候，内中往往有一条叫作"善于宣传"。看他的说明，这"宣传"两字却又不像是平常的"Propaganda"，而是"对外说谎"的意思。

这宗话，影子是有一点的。譬如罢，教育经费用光了，却还要开几个学堂，装装门面；全国的人们十之九不识字，然而总得请几位博士，使他对西洋人去讲中国的精神文明；至今还是随便拷问，随便杀头，一面却总支撑维持着几个洋式的"模范监狱"，给外国人看看。还有，离前敌很远的将军，他偏要大打电报，说要"为国前驱"。连体操班也不愿意上的学生少爷，他偏要穿上军装，说是"灭此朝食"……

但这普遍的做戏，却比真的做戏还要坏。真的做戏，是只有一时；戏子做完戏，也就恢复为平常状态的。杨小楼做《单刀赴会》，梅兰芳做《黛玉葬花》，只有在戏台上的时候是关云长，是林黛玉，下台就成了普通人，所以并没有大弊。倘使他们扮演一回之后，就永远提着青龙偃月刀或锄头，以关老爷，林妹妹自命，怪声怪气，唱来唱去，那就实在只好算是发热昏了……

12月25日，鲁迅以笔名"明瑟"在《十字街头》发表《"友邦惊诧"论》一文，后收入《二心集》。鲁迅猛烈抨击了"友邦惊诧"的论调，揭露日寇强占辽吉、炮轰机关、阻断铁路、追炸客车、捕禁官吏、枪毙人民等一系列暴行。

只要略有知觉的人就都知道：这回学生的请愿，是因为日本占据了辽吉，南京政府束手无策，单会去哀求国联，而国联却正和日本是一伙。读书呀，读书呀，不错，学生是应该读书的，但一面也要大人老爷们不至于葬送土地，这才能够安心读书。报上不是说过，东北大学逃散，冯庸大学逃散，日本兵看见学生模样的就枪毙吗？放下书包来请愿，真是已经可怜之至。不道国民党政府却在十二月十八日通电各地军政当局文里，又加上他们"捣毁机关，阻断交通，殴伤中委，拦劫汽车，横击路人及公务人员，私逮刑讯，社会秩序，悉被破坏"的罪名，而且指出结果，说是"友邦人士，莫名惊诧，长此以往，国将不国"了！

好个"友邦人士"！日本帝国主义的兵队强占了辽吉，炮轰机关，他们不惊诧；阻断铁路，追炸客车，捕禁官吏，枪毙人民，他们不惊诧。中国国民党治下的连年内战，空前水灾，卖儿救穷，砍头示众，秘密杀戮，电刑逼供，他们也不惊诧。在学生的请愿中有一点纷扰，他们就惊诧了！

好个国民党政府的"友邦人士"！是些什么东西！

1932年，日军制造"一·二八"事端，硝烟在上海弥漫。1月28日下午，周建人一家紧急避难到鲁迅家，但鲁迅家也不安全了，一颗子弹穿过窗户把写字台后面鲁迅坐的一把椅子打穿。他们两家紧急避难内山书店，过几天又不安全了，再次避难于英租界内的内山书店分店。

1月28日下午，闸北、虹口一带十分纷扰，路上都是逃难的群众。鲁迅赶到我们家，要我们搬到他那里去住。但已经叫不到黄包车，我和建人只好一人抱着一个孩子搬到了北四川路鲁迅的家里。到晚上有人来说，不远的日本海军司令部贴出布告，说是中日正在谈判，今天大概打不起来了。于是建人执意要回去住，保姆也说要回去住，就剩下我带了两个小孩在那里。开始鲁迅和建人聊白话，建人去后就和我们聊白话。忽然听见枪声，放了两枪，一枪是从对面的西童公学（外国人办的学校）打出来的。一颗子弹穿过鲁迅桌前的窗户，把写字台后面鲁迅坐的一把椅子打穿。幸好那天鲁迅和我们聊天，没有坐在那里写作，否则正中他的胸膛。

当天夜里，终于打起来了。

在景云里那边，建人也遇到一场虚惊。第二天日本军人出来大搜查，说是昨夜景云里有人打枪。于是把景云里的男人都叫出来察看手茧，有没有当兵的。看看有点像，就挑出来站在一边。建人也被挑出来，说要杀掉他。幸好电车站下车的地方有一爿日本人开的小药店，店里的一个日本小伙计认识建人，说"他是好人，常常到店里买东西，我认识他"。总算把他放了。其他人就被日本兵一刺刀一个杀害了。

鲁迅和建人都差一点遇难，真是一对难兄难弟。建人脱险后，和保姆阿二又来到鲁迅家。1月30日上午内山来了。他估计战争恐怕不会马上结束，要我们到他那里去住，于是下午我们就和鲁迅全家搬到内山书店避难。过了几天，又搬到福州路内山书店的支店，一直住到3月中旬战争结束。（王蕴如《回忆鲁迅在上海的片断》）

查鲁迅1932年1月和2月的日记，只知其简略过程，其中战事之惨烈，只能窥一斑。

二十九日　晴。遇战事，终日在枪炮声中。夜雾。
三十日　晴。下午全寓中人俱迁避内山书店，只携衣被数事。

或因战火，鲁迅2月1日至5日的日记失记。6日全部十人避难内山书店支店，挤在一起打地铺。安定下来后，鲁迅就给北京的鲁瑞写信报平安。

六日　旧历元旦。昙。下午全寓中人俱迁避英租界内山书店支店，十人一室，席地而卧。

七日　雨雪。大冷。下午寄母亲信。

在英租界内比较安全，鲁迅开始恢复购书、饮酒、饮茗。

十四日　星期。晴。午后同三弟往北新书局，又往开明书店。

十五日　晴。下午寄母亲信。收北新书局版税泉百。夜偕三弟、蕴如及广平往同宝泰饮酒。

十六日　晴。下午同三弟往汉文渊买翻汪本《阮嗣宗集》一部一本，一元六角；《绵州造象记》拓片六种六枚，六元。又往蟫隐庐买《鄱阳王刻石》一枚，《天监井阑题字》一枚，《湘中诗》一枚，共泉二元八角。夜全寓十人皆至同宝泰饮酒，颇醉。复往青莲阁饮茗，邀一妓略来坐，与以一元。

3月中旬，战事结束。因景云里房子被打坏了，已经不能住人，13日，周建人一家搬到善钟路许羡苏家里。14日，鲁迅回北四川路寓所后看到家中略有损失。

十三日　星期。晴。晨觉海婴出疹子，遂急同三弟出觅较暖之旅馆，得大江南饭店订定二室，上午移往。三弟家则移寓善钟路淑卿寓。下午往北新书局取版税二百。得季市信。得紫佩信。晚雨雪，大冷。

十四日　晴。上午三弟来，即同往内山支店交还钥匙，并往电力公司为付电灯费。午后同三弟及蕴如往知味轩午餐，次赁摩托赴内山书店，复省旧寓，略有损失耳。

15日，鲁迅致信许寿裳，信中提及上海经历战争后的惨状。

　　在漂流中，海婴忽生疹子，因于前日急迁至大江南饭店，冀稍得温暖，现视其经过颇良好，希释念。昨去一视旧寓，除震破五六块玻璃及有一二弹孔外，殊无所损失，水电瓦斯，亦已修复，故拟于二十左右，回去居住。但一过四川路桥，诸店无一开张者，入北四川路，则市廛家屋，或为火焚，或为炮毁，颇荒漠，行人亦复寥寥。如此情形，一时必难恢复，则是否适于居住，殊属问题，我虽不悍荒凉，但若购买食物，须奔波数里，则亦居大不易耳。总之，姑且一试，倘不可耐，当另作计较，或北归，或在英法租界另觅居屋，时局略定，租金亦想可较廉也。乔峰寓为炸弹毁去一半，但未遭劫掠，故所失不多，幸人早避去，否则，死矣。

19日，海婴出的疹子消退后，全家搬回。

　　十九日　昙。海婴疹已全退，遂于上午俱回旧寓。午后访镰田君兄弟，赠以牛肉二罐，威士忌酒一瓶。夜补写一月三十日至今日日记。

20日，鲁迅立刻写信给北京的母亲，报告自己全家、三弟周建人全家以及许羡苏的情况，使鲁瑞安心。全信照录如下：

　　母亲大人膝下敬禀者，十七日寄奉一函，想已到。现男等已于十九日回寓，见寓中窗户，亦被炸弹碎片穿破四处，震碎之玻璃，有十一块之多。当时虽有友人代为照管，但究不能日夜驻守，故衣服什物，已有被窃去者，计害马衣服三件，海婴衣裤袜子手套等十件，皆系害马用毛线自编，厨房用具五六件，被一条，被单五六张，合共值洋七十元，损失尚算不多。两个用人，亦被窃去值洋二三十元之物件。惟男则除不见了一柄洋伞之外，其余一无所失，可见书籍及破衣服，偷儿皆看不入眼也。

老三旧寓，则被炸毁小半，门窗多粉碎，但老三之物，则除木器颇被炸破之外，衣服尚无大损，不过房子已不能住，所以他搬到法租界去了。

海婴疹子见点之前一天，尚在街上吹了半天风，但次日却发得很好，移至旅馆，又值下雪而大冷，亦并无妨碍，至十八夜，热已退净，遂一同回寓。现在胃口很好，人亦活泼，而更加顽皮，因无别个孩子同玩，所以只在大人身边吵嚷，令男不能安静。所说之话亦更多，大抵为绍兴话，且喜吃咸，如霉豆腐，盐菜之类。现已大抵吃饭及粥，牛乳只吃两回矣。

男及害马，全都安好，请勿念。淑卿小姐久不见，但闻其肚子已很大，不久便将生产，生后则当与其男人同回四川云。专此布达，恭请

金安。

男树　叩上　三月二十日夜

22日，鲁迅发现春阳馆照相馆三楼被炮弹炸毁。

二十二日　昙。午三弟及蕴如来。午后往景云里三弟旧寓取纸版，择存三种，为《唐宋传奇集》《近代美术史潮论》及《桃色之云》。下午寄诗荃信。寄紫佩信。得季市信，十七日发，晚复。访春阳馆照相馆，其三楼被炮弹爆毁，而人皆无恙。

1932年2月初,《文艺新闻》的战时特刊《烽火》中刊登了邹韬奋、鲁迅、郁达夫、叶圣陶等人联名签署的《上海文化界发告世界书》,抗议日本侵略暴行,坚决反对帝国主义瓜分中国,反对压迫中国民众反日反帝。

全世界的无产阶级和革命的文化团体及作家们:

日本帝国主义在上海的军事行动,迄今已经轰炸了上海华界的重要工厂、文化机关和繁盛街市,中国民众死在日军炮火下者,已数千人。日本帝国主义现又倾其海军全力轰击长江沿岸及东南沿海各重要城市。同时,英美法各帝国主义的军舰亦已云集上海,瓜分中国的帝国主义战争瞬将爆发。上海民众英勇的反日反帝斗争,已在严重的压迫下。我们坚决反对帝国主义瓜分中国的战争,反对加于中国民众反日反帝斗争的任何压迫,反对中国政府的对日妥协,以及压迫革命的民众。我们敬告全世界的无产阶级和革命的文化团体及作家们,立即起来运用全力,援助中国被压迫民众,反对帝国主义瓜分中国的战争,反对日本帝国主义惨无人道的屠杀,转变帝国主义战争为世界革命的战争,打倒日本帝国主义、国际帝国主义。反对瓜分中国的战争,保护中国革命。

1933年3月19日,胡适在《独立评论》第四十二号发表《日本人该醒醒了》一文,指出日本人迷信的暴力无法让中国屈服,只会激发中国人民对日本的仇恨以及坚定的反抗决心。但是,文章引用了一句胡适答萧伯纳的话:"是的。日本决不能用暴力征服中国。日本只有一个法子可以征服中国,即就是悬崖勒马,彻底的停止侵略中国,反过来征服中国民族的心。"一时间,舆论界强烈批评胡适。

3月26日《申报·自由谈》上发表了署名"何家干"的文章《出卖

灵魂的秘诀》，猛烈批评"胡博士"的《日本人该醒醒了》一文。

> 这据说是"征服中国的唯一方法"。不错，古代的儒教军师，总说"以德服人者王，其心诚服也"。胡适博士不愧为日本帝国主义的军师。但是，从中国小百姓方面说来，这却是出卖灵魂的唯一秘诀。中国小百姓实在"愚昧"，原不懂得自己的"民族性"，所以他们一向会仇恨，如果日本陛下大发慈悲，居然采用胡博士的条陈，那么，所谓"忠孝仁爱信义和平"的中国固有文化，就可以恢复：——因为日本不用暴力而用软功的王道，中国民族就不至于再生仇恨，因为没有仇恨，自然更不抵抗，因为更不抵抗，自然就更和平，更忠孝……中国的肉体固然买到了，中国的灵魂也被征服了。
>
> 可惜的是这"唯一方法"的实行，完全要靠日本陛下的觉悟。如果不觉悟，那又怎么办？胡博士回答道："到无可奈何之时，真的接受一种耻辱的城下之盟"好了。那真是无可奈何的呵——因为那时候"仇恨鬼"是不肯走的，这始终是中国民族性的污点，即为日本计，也非万全之道。

"何家干"并非鲁迅，而是借用鲁迅笔名的瞿秋白。此文后来被鲁迅收入杂文集《伪自由书》。

5月18日，鲁迅写下《"有名无实"的反驳》一文，收入《伪自由书》。本文针对以"反驳"报纸所载国民党军队一位排长对当局不满的谈话的方式，尖锐地揭露和嘲讽国民党的不抵抗主义。文章最后说："结论：要不亡国，必须多找些'敌国外患'来，更必须多多'教训'那些痛心的愚劣人民，使他们变成'有名有实'。"鲁迅批评了蒋介石政府一直对日本的侵略采取容忍，尽量不发生全面对抗局面的态度。

▲1933年5月1日，鲁迅摄于上海

这段时间，鲁迅在黎烈文主编的《申报·自由谈》上发表多篇杂文批评国民党政府御用文人，揭露国民党政府不抵抗政策。国民党政府就让这些御用文人抹黑鲁迅，说鲁迅是汉奸，替日本人做事。

1934年5月15日，鲁迅在写给杨霁云的信中说：

> 汉奸头衔，是早有人送过我的，大约七八年前，爱罗先珂君从中国到德国，说了些中国的黑暗，北洋军阀的黑暗。那时上海报上就有一篇文章，说是他之宣传，受之于我，而我则因为女人是日本人，所以给日本人出力云云。这些手段，千年以前，百年以前，十年以前，都是这一套。叭儿们何尝知道什么是民族主义，又何尝想到民族，只要一吠有骨头吃，便吠影吠声了，其实，假使我真做了汉奸，则它们的主子就要来握手，它们还敢开口吗？

杂文集《南腔北调集》收录了鲁迅在1932年至1933年所写杂文五十一篇，批判锋芒直指国民党政府。5月6日，上海《社会新闻》第七卷第十二期发表了署名"思"的《鲁迅原为汉奸》一文，抹黑鲁迅是汉奸，说鲁迅搜集一年来批评政府的文字编为《南腔北调集》，由内山完造介绍给日本情报局，鲁迅取得稿费几及万元。5月16日，鲁迅在写给郑振铎的信中说：

> 但另有文氓，恶劣无极，近有一些人，联合谓我之《南腔北调集》乃受日人万金而作，意在卖国，称为汉奸；又有不满于语堂者，竟在报上造谣，谓当福建独立时，曾秘密前去接洽。是直欲置我们于死地，这是我有生以来，未尝见此黑暗的。

▲1934年8月29日摄于上海内山完造寓所。左起：内山完造、林哲夫、鲁迅、井上芳郎

6月2日，鲁迅在写给郑振铎的信中说：

我之被指为汉奸，今年是第二次。记得十来年前，因爱罗先珂攻击中国缺点，上海报亦曾说是由我授意，而我之叛国，则因女人是日妇云。今之衮衮诸公及其叭儿，差亦深知中国已将卖绝，故在竭力别求卖国者以便归罪，如《汗血月刊》之以明亡归咎于东林，即其微意也。

然而变迁至速，不必一二年，则谁为汉奸，便可一目了然矣。

10月6日，巴金准备赴日本，文学社为他在南京路饭店饯行，鲁迅与茅盾一同出席。巴金回忆："我第一次看见鲁迅先生是在文学社的宴会上，那天到的客人不多，除鲁迅先生外，还有茅盾先生……他从文学杂志的内容一直谈到帮闲文人的丑态，和国民党的愚蠢而丑恶的宣传方法。自然不是他一个人谈话，关于每一个题目，别的人也发表意见，不过大家高兴听他的意见。"（巴金《鲁迅先生就是这样的一个人》）

12月6日，鲁迅在写给萧军、萧红的信中说：

尤其是那些诬陷的方法，真是出人意外，譬如对于我的许多谣言，其实大部分是所谓"文学家"造的，有什么仇呢，至多不过是文章上的冲突，有些是一向毫无关系，他不过造着好玩，去年他们还称我为"汉奸"，说我替日本政府做侦探。我骂他时，他们又说我器量小。

单是一些无聊事，就会化去许多力气。但，敌人是不足惧的，最可怕的是自己营垒里的蛀虫，许多事都败在他们手里。

内山完造在《中国人的生活风景》一书中回忆,日本诗人野口米次郎去印度要途经上海,朝日新闻社委托他让野口米次郎跟鲁迅见一面。1935年10月21日,内山完造在六三园设宴,让他跟鲁迅见面。谈话涉及很多方面,野口米次郎提了这样一个问题:"鲁迅先生,如果中国的政治家、军人无法让中国人生活安定,中国是否也会像印度把政治和军事交给英国管理那样,让日本来管理中国的政治和军事呢?"这明摆着是让中国向日本投降。对于这种带有侮辱性的语言,鲁迅没有露出丝毫怒色,平静地回答说:"那就是感情的问题了。同样是丧失财产,与其被强盗抢走,不如让败家子败光。同样是被杀,与其被外国人屠杀,还是宁愿死在本国人手里。"

1936年9月27日《申报》出版的《儿童专刊》上,有人对"小朋友"说中国人"杀害外侨,这比较杀害自国人民,罪加一等"。9月28日,鲁迅愤慨地写下《"立此存照"(七)》,此文在鲁迅去世后一天才发表,10月20日发表于《中流》,后收入《且介亭附集》。鲁迅说:

不过我们站在中国人的立场上,却还"希望"我们对于自己,也有这"大国民的风度",不要把自国的人民的生命价值,估计得只值外侨的一半,以至于"罪加一等"。主杀奴无罪,奴杀主重办的刑律,自从民国以来(呜呼,二十五年了!)不是早经废止了么?

真的要"救救孩子"。这"于我们民族前途的关系是极大的"!

而这也是关于我们的子孙。大朋友,我们既然生着人头,努力来讲人话罢!

鲁迅在随稿所附写给黎烈文的信中说:

我仍间或发热，但报总不能不看，一看，则昏话之多，令人发指。例如此次《儿童专刊》上一文，竟主张中国人杀日本人，应加倍治罪，此虽日本人尚未敢作此种主张，此作者真畜类也。草一《存照》，寄奉，倘能用，幸甚。

＊　＊　＊

　　1931年5月，瞿秋白到上海养病，暂居茅盾家中。茅盾已于1930年4月回上海，全家已移居静安区愚园路口弄堂里一座三楼的厢房。一天，冯雪峰到茅盾家送刚出版的左联机关刊物《前哨》第一期，遇见了瞿秋白夫妇。瞿秋白读到《前哨》中所载鲁迅《中国无产阶级革命文学和前驱的血》一文，兴奋地说："写得好，究竟是鲁迅！"（冯雪峰《回忆鲁迅》）

　　瞿秋白，江苏常州人，1917年入北京俄文专修馆，1919年加入李大钊领导的共产主义小组，次年以北京《晨报》记者身份访问苏联。1922年，瞿秋白加入中国共产党，回到北京投入战斗。在1923年至1928年中国共产党的第三次至第六次全国代表大会上，瞿秋白都被选为中央委员。

　　在上海，冯雪峰承揽杂务，充当瞿秋白的信使，负责他的安全与对外联系。在冯雪峰的介绍下，瞿秋白化名林复，从茅盾家中迁出，搬到紫霞路六十八号谢澹如家中。谢澹如是冯雪峰的朋友，也曾是"湖畔诗社"的诗人，同情革命，正在钱庄里做事。谢澹如先在报上登了一个招租广告，瞿秋白夫妇当作新从乡间来上海的人租住。谢澹如从此谢绝文艺界朋友到他家中，连他的母亲和妻子也不知道这对房客夫妇是谁。新中国成立后，谢澹如将冒险珍藏的瞿秋白、鲁迅等人的手迹全部捐给了国家。

冯雪峰告诉鲁迅，瞿秋白正从事文学著译并愿意参加左联。一次，冯雪峰将瞿秋白对鲁迅从日文译本转译马克思主义理论著作的译文的意见转告鲁迅，鲁迅并不先回答和解释，而是怕错过机会似的急忙说："我们抓住他！要他从原文多翻译这类作品：以他的俄文和中文，确是最适宜的了。"接着又平静地说，"马克思主义的文艺理论，能够译得精确流畅，现在是最要紧的了。"（冯雪峰《回忆鲁迅》）

瞿秋白参加了左联，这不是党组织的安排，而是一个共产党人对革命事业的忠诚和热情。在丁玲主编的左联公开刊物《北斗》杂志上，瞿秋白以笔名陈笑峰、司马令、史铁儿等，连续发表犀利的杂文。

通过冯雪峰，从未谋面的鲁迅与瞿秋白二人建立了崇高的友谊。鲁迅请瞿秋白为《铁流》翻译涅拉陀夫的序文。10月10日，鲁迅写下《〈铁流〉编校后记》一文：

> 没有木刻的插图还不要紧，而缺乏一篇好好的序文，却实在觉得有些缺憾。幸而，史铁儿竟特地为了这译本而将涅拉陀夫的那篇翻译出来了，将近二万言，确是一篇极重要的文字。读者倘将这和附在卷末的《我怎么写铁流的》都仔细的研读几回，则不但对于本书的理解，就是对于创作，批评理论的理解，也都有很大的帮助的。

长篇小说《铁流》是苏联作家绥拉菲摩维奇所作，以十月革命为题材，叙述了古班的红军达曼军的事迹。《铁流》是鲁迅等人计划出版的"现代文艺丛书"之一。译本于本年12月由三闲书屋出版，曹靖华译。

曹靖华，河南卢氏人，中学时即投身五四运动，1920年毕业后加入社会主义青年团，被派往苏联莫斯科东方大学学习，次年底回国在北京大学旁听，从事文学翻译工作。1923年，曹靖华译出契诃夫独幕剧《蠢货》，经瞿秋白推荐，发表在《新青年》杂志上。1925年，北伐战争爆发后，李大钊派曹靖华赴开封任国民革命军第二军苏联顾问团俄语翻译。苏联军事顾问团瓦西里耶夫（汉名王希礼）要将鲁迅的《阿Q正传》译成俄文，曹靖华就通过书信联系鲁迅。鲁迅为俄译本写了一篇序言、一篇自传，还寄了一张近期照片。自此，曹靖华与鲁迅书信往来极多，他还在国外代鲁迅搜集革命书刊、版画、插图等。

鲁迅又请瞿秋白翻译卢那察尔斯基的《解放了的堂·吉诃德》。这个剧本，鲁迅原先已根据日文译本译出第一场，并用"隋洛文"的笔名在《北斗》第三期刊载。鲁迅找到俄文原本，请瞿秋白重新翻译。瞿秋白立即动手，译文继续在《北斗》上连载，并拟出单行本。鲁迅亲自写了《后记》，并译《作者传略》。

虽然有了神交，但是环境很坏，二人见面还是不方便的，很多事情通过冯雪峰口头传达。冯雪峰将两位英才和战士连接在一起，使左联有了坚强的核心，面貌大大改观。

鲁迅翻译的法捷耶夫《毁灭》出版后，1931年12月5日瞿秋白给鲁迅写了一封长信表达喜爱，还就翻译问题对鲁迅提出自己的看法。这封信署名"J.K."，以《论翻译》之名发表于1931年12月11日、25日《十字街头》第一、第二期。

> 所以我也许和你自己一样，看着这本《毁灭》，简直非常的激动：我爱它，像爱自己的儿女一样。咱们的这种爱，一定能够帮助我们，使我们的精力增加起来，使我们的小小的事业扩大起来……
> ……这种感觉，使我对于你说话的时候，和对自己说话一样，和自己商量一样。

鲁迅看到后，非常高兴，12月28日就写下回信，后发表于1932年6月《文学月报》第一卷第一号，题为《论翻译》，副标题为《答J.K.论翻译》：

> 看见你那关于翻译的信以后，使我非常高兴……但我真如你来信所说那样，就像亲生的儿子一般爱他，并且由他想到儿子的儿子。还有《铁流》，我也很喜欢……不过我也和你的意思一样，以为这只是一点小小的胜利，所以也很希望多人合力的更来绍介。

1932年"一·二八"事变，瞿秋白一家随同谢澹如一家搬到法租界毕勋路毕兴坊十号住了三个月，战争结束后又搬回紫霞路。鲁迅亦避难于内山书店，3月19日回到北四川路寓所。

5月14日，鲁迅与瞿秋白有了第一次见面。瞿秋白夫人杨之华回忆：

> 和鲁迅的第一次会晤，是在一九三二年夏天，我们从毕兴坊搬回紫霞路以后。那天早饭后，秋白非常高兴地同冯雪峰同志去拜访鲁迅，直到晚上才回家。这个渴望已久的心愿终于实现了，他兴奋地告诉我他初次与鲁迅见面的经过，说彼此一见如故，谈得十分投机；他已邀请鲁迅全家到我们家来玩，鲁迅高兴地答应了。（杨之华《回忆秋白》）

许广平回忆：

> 时间一久就忘记了月日，不记得是春末还是夏初光景，真算得是气候宜人，人们游兴正浓的某一天。那是1932年了，通过介绍：说有一位为了革命过着地下生活的人，想乘此大好时光，出来游散

一下，见见太阳。但苦于没有适当地方。问起来，才知道是"没有见面的时候就这样亲密的人"——秋白同志，就约定于某日来我家盘桓一整天。

这一天天气特别和煦，似乎天也不负好心人似的。阳光斜射到东窗上的大清早，介绍人就陪同稀有的初次到来的客人莅临了我们的住处。除了秋白同志之外还有杨之华同志。（许广平《瞿秋白与鲁迅》）

9月1日，鲁迅日记记载"午前同广平携海婴访何家夫妇，在其寓午餐"，鲁迅亲自到紫霞路六十八号回访瞿秋白夫妇。没多久，瞿秋白夫妇又去看望鲁迅，查鲁迅日记，"九月十四日，晴。文尹夫妇来，留之饭"。

后来，瞿秋白夫妇到鲁迅家中住过好几次。

国民党政府悬赏两万元捉拿瞿秋白。在1932年11月下旬，瞿秋白和夫人杨之华不得不躲避到鲁迅家中。当时，鲁迅因去北京探望生病的母亲，不在家。许广平曾这样回忆瞿秋白的到来："我还记得：他和杨大姐晚间来到的时候，我因鲁迅不在家，就把我们睡的双人床让出。"

11月30日，鲁迅回到上海家中，就安排瞿秋白夫妇住在公寓中的另一房间。

瞿秋白夫妇在鲁迅家住了半个来月，中共地下组织派出"史平"前来接出他们，以便转移到另一安全的处所。

这位"史平"，也就是陈云。（叶永烈《他影响了中国——陈云全传》）

因为接应瞿秋白夫妇，陈云有了与鲁迅的第一次相见，也是唯一一次相见。1936年10月26日，陈云写下回忆文章《一个深晚》记述了那个难忘的夜晚，也记下了鲁迅对瞿秋白的深切关心："他（鲁迅）穿着一件旧的灰布棉袍子，庄重而带着忧愁的脸色表示出非常担心地恐怕秋白、之华和我在路上被侦探、巡捕捉了去。他问我：'深晚路上方便吗？'"

1932年12月7日，瞿秋白重录1917年写的旧体诗《雪意》赠鲁迅并加跋语。

雪意凄其心惘然，江南旧梦已如烟。
天寒沽酒长安市，犹折梅花伴醉眠。

此诗没有太新的诗意，却集粹了中国古典诗词的情趣意绪，有浓郁伤感存焉。瞿秋白将少年之诗赠鲁迅，显然是对彼此感情的认同，只有清纯之诗才配得上彼此真挚的情感。

1933年春，鲁迅亲录一对联赠瞿秋白："人生得一知己足矣，斯世当以同怀视之。"

周建人回忆："对联中的话，鲁迅说是录何瓦琴的话，我记得是秋白说的，而鲁迅有同感，所以书录下来，又赠送给秋白。后来有人纠正我，说何瓦琴在历史上确有此人。可能我记错了，也可能这句话是秋白找来的，而鲁迅书写了。总之，这句话代表两人的共同心意。"（周建人《回忆大哥鲁迅·我所知道的瞿秋白和鲁迅》）

何瓦琴即清代学者何溱，浙江钱塘人。此联非他所作，乃是他从王羲之《兰亭集序》中集字创作的。算起来，何瓦琴也是鲁迅同乡，鲁迅当读过何瓦琴的《益寿馆吉金图》。鲁迅书此联，表达了对人世交谊理想的期许和美好的愿望。

雪意凄其心惘然 江南旧梦已如烟 天寒沽酒
长安市 独折梅花伴醉眠

此种颓唐气息 今日思之 悚然汗出 然无作此
诗时 正是青年时代 绍所谓"忏悔的贵族"
心情也 录呈

鲁迅先生

魏凝 卅二·十二·七

▲瞿秋白书自作诗赠鲁迅

1933年2月，瞿秋白从紫霞路搬出，未找到住处，又暂居鲁迅家中。3月，鲁迅通过内山夫人的介绍，为瞿秋白夫妇在施高塔路日照里十二号租了一个日本人住家的亭子间。

3月21日，鲁迅日记记载："决定居于大陆新村，付房钱四十五两，付煤气押柜泉廿，付水道押柜泉四十。"鲁迅租下大陆新村九号整栋楼。学者吴仲凯认为，这个"两"字，可能并非指的是黄金，而是银两。鲁迅在大陆新村可能并不需支付顶费，每月的房租为银圆六十元左右。（吴仲凯《鲁迅在大陆新村的顶费和房租》）

4月11日，鲁迅全家迁至施高塔路大陆新村九号，与瞿秋白家只隔一条马路。后来瞿秋白离开上海，把他使用的西式拉盖书桌、箱子和木框椭圆形镜子，寄存于大陆新村九号。瞿秋白使用过的西式拉盖书桌，台面一侧有抽屉和隔层，左右有圆形挡板，台面条木板可拉上拉下，不用时能锁住文件、用具，下端两旁还有抽屉。瞿秋白说："这样一走开，写不完的文件只要下软木板，就不会被人乱翻了。做革命工作的人，这种桌子是比较方便的。"（许广平《瞿秋白与鲁迅》）许广平将瞿秋白寄存于鲁迅处的遗物都捐献给了国家，这是后话。

瞿秋白生活困难，但不肯接受鲁迅的馈赠，鲁迅就换一种方式帮助瞿秋白——帮他出版作品。美国进步作家萧伯纳游历上海，受到上海各界热烈欢迎。由鲁迅提议，许广平收集上海中外报纸对于萧伯纳的记载和评论，瞿秋白选择、整理、编译并作序，编成《萧伯纳在上海》一书。

3月5日到4月24日，瞿秋白和鲁迅合作写了一批杂文。据许广平回忆，瞿秋白用鲁迅笔名发表文章十篇，学者考证是十四篇。瞿秋白见鲁迅的时候，就把腹稿讲出来与鲁迅交流、增删内容，然后由他执笔写出。二人合作无间。这不仅是革命斗争之友谊，更是瞿秋白在左联时期

▲《萧伯纳在上海》书封

的文艺战线上的一次文艺思想实践。

3月20日，鲁迅致信北新书局李小峰，主动提及由北新书局来出版《鲁迅杂感选集》一书："有一本书我倒希望北新印，就是：我们有几个人在选我的随笔，从《坟》起到《二心》止，有长序，字数还未一定。因为此书如由别的书店出版，倒是于北新有碍的。"

5天后，鲁迅告诉李小峰，等序写好就寄给他。一开始，鲁迅说的是有几个人在选自己的随笔，但是，随后的几封信，渐渐见出鲁迅对瞿秋白的良苦用心。

4月5日，鲁迅致信李小峰："我的《杂感选集》，选者还只送了一个目录来，须我自己拆出，抑他拆好送来，尚未知，且待数天罢。但付印时，我想先送他一注钱，即由我将来此书之版税中扣除，实亦等于买稿。"这封信中，鲁迅表示送给"选者"瞿秋白"一注钱"，而且可以从他"将来此书之版税中扣除"，等于"买稿"。

4月8日，瞿秋白编成《鲁迅杂感选集》，"花了四夜的功夫"写成《〈鲁迅杂感选集〉序言》。瞿秋白夫人杨之华在《〈鲁迅杂感选集〉序言是怎样产生的》一文中回忆：

> 鲁迅几乎每天到日照里来看我们，和秋白谈论政治、时事、文艺各方面的事情，乐而忘返。我们见到他，像在海阔天空中吸着新鲜空气享着温暖的太阳一样。秋白一见鲁迅，就立刻改变了不爱说话的性情，两人边说边笑，有时哈哈大笑，冲破了像牢笼似的小亭子间里不自由的空气。我们舍不得鲁迅走，但他走了以后，他的笑声、愉快和温暖还保留在我们的小亭子间里。

在读《〈鲁迅杂感选集〉序言》时，鲁迅"看了很久，显露出感动和满意的神情，香烟头快烧着他的手指头，他也没有感觉到"（杨之华《回忆秋白》）。我们再读瞿秋白之序，岁月已经流去九十载，发现其文太多生硬的政治词汇，但是他对鲁迅文章的大视野、高起点以及鲁迅不懈的战斗精神和社会价值、艺术地位，都有恰切的定位。

4月13日，鲁迅致信李小峰，以降低自己版税的办法，说要先送编者三百元，还希望快点将书印出来：

版税收到，收条当于星期六面交店友。

《杂感选集》已寄来，约有十四五万字，序文一万三四千字，以每页十二行，每行卅六字版印之，已是很厚的一本，此书一出，单行本必当受若干影响也。

编者似颇用心，故我拟送他三百元。其办法可仿《两地书》，每发行一千，由兄给我百元，由我转寄。此一千本，北新专在收账确实处发售，于经济当不生影响，如此办法，以三次为度。但此三千本，我只收版税百分之二十。

序文因尚须在刊物上发表一次，正在托人另抄，本文我也须略看一回，并标明格式，星期六不及交出了，妥后即函告。

此书印行，似以速为佳。

4月20日，鲁迅致信李小峰，关心《鲁迅杂感选集》的版式：

《杂感选集》的格式，本已用红笔批了大半，后来一想，此书有十七万余字（连序一万五千在内），若用每版十二行，行卅六字印，当有四百余页，未免太厚，不便于翻阅。所以我想不如改为横行，格式全照《两地书》，则不到三百页可了事，也好看。

5月14日，鲁迅又致信李小峰，谈及校对、插图、字体诸事：

> 校稿还不如仍由我自己校，即使怎样草草，错字也不会比别人所校的多也。
>
> 《杂感集》之前，想插画像一张，照原大；又原稿一张，则应缩小一半。像用铜版，字用什么版，我无意见，锌版亦可。制后并试印之一张一同交下，当添上应加之字，再寄奉。

瞿秋白编的《鲁迅杂感选集》很快由上海青光书局出版，这是二人友谊的结晶。

因房东总是趁没人时检查房客的东西，6月初，瞿秋白夫妇暂居冯雪峰住处。冯雪峰已从上海中央分局宣传部干事调任江苏省委宣传部长。一个多月后，江苏省委机关被敌人发觉，牵连冯雪峰住处，必须立刻转移，瞿秋白夫妇又冒雨到了鲁迅家。9月，党组织安排瞿秋白夫妇住进上海中央局的机关里，一直到1934年初去往江西瑞金。

1934年1月4日，瞿秋白来向鲁迅辞行，他将要到瑞金沙洲坝去。瞿秋白特意到鲁迅家里叙别。鲁迅向许广平提出把床让给瞿秋白安睡，自己睡在地板上。

冯雪峰比瞿秋白早一个月到达瑞金。可以想见，二人在瑞金相遇时，闲谈的话题自然少不了鲁迅。瞿秋白离开上海后，鲁迅同样怀念。1935年1月6日，鲁迅在写给曹靖华的信中问："它嫂平安，唯它兄仆仆道途，不知身体如何耳？""它"就是瞿秋白，瞿秋白曾用笔名"屈维它"。

1934年10月，红军主力开始撤离江西中央苏区，身患重病的瞿秋白无法随军长征，留在瑞金。蒋介石派出十万大军向以赣南、闽西为中心的中央苏区进行"全面清剿"。1935年初，中央分局决定送瞿秋白转道香港去上海就医。2月24日，瞿秋白一行在福建长汀被捕。一开始敌人还不知道他的身份，他被囚禁在上杭县监狱。4月间，瞿秋白以"林其祥"之名给在上海商务印书馆的周建人写信，周建人转给鲁迅和杨之华。

周建人回忆：

> 有时有些送给鲁迅的信，是由我转的。有时给我送到编辑室，一次我正在开会送来一封信，我一看旧式信封上写着"家姑奶奶收"，就放在口袋里，后送给鲁迅，因鲁迅对我说过："凡是你看不懂的，就都交给我。"
>
> ……他的肺病有些厉害，但还喝酒。瞿秋白在狱中曾给我写一封信，署名是林其祥，信中说："我本是做生意的人，从上海到这里来做买卖，哪能讲共产主义。天气渐渐冷了，能不能给我带些衣服来。这里说只要有可靠铺保就可以释放。"这样的信他还写给别人，后面盖有监狱的大印："福建长汀监狱署"，有人接到后不敢收，我收下了，并且把它交给鲁迅。（《回忆大哥鲁迅·略谈鲁迅》）

鲁迅得知消息后，多方设法营救。鲁迅打算与陈望道等发起公开营救运动，未能实现。鲁迅还通过蔡元培在国民党统治集团内部力争保住瞿秋白的性命，也未成功。

瞿秋白身份被暴露后，营救的计划通通失败，瞿秋白被押回长汀监狱。

5月14日鲁迅致信曹靖华："闻它兄大病，且甚确，恐怕很难医好的了；闻它嫂却尚健。"

5月22日鲁迅致信曹靖华："它事极确，上月弟曾得确信，然何能为。这在文化上的损失，真是无可比喻。"

6月11日鲁迅致信曹靖华："它兄的事，是已经结束了，此时还有何话可说。"

5月17日至22日，瞿秋白在狱中写下自传性的文章《多余的话》。6月18日，瞿秋白英勇就义。

6月24日鲁迅致信曹靖华："中国事其实早在意中，热心人或杀或囚，早替他们收拾了，和宋明之末极像。但我以为哭是无益的，只好仍是有一分力，尽一分力，不必一时特别愤激，事后却又悠悠然。我看中国青年，大都有愤激一时的缺点，其实现在秉政的，就都是昔日所谓革命的青年也。"

6月17日鲁迅致信萧军："中国人先在自己把好人杀完，秋即其一。萧参是他用过的笔名，此外还很多。他有一本《高尔基短篇小说集》，在生活书店出版，后来被禁止了。另外还有，不过笔名不同。他又译过革拉特珂夫的小说《新土地》，稿子后来在商务印书馆被烧掉，真可惜。中文俄文都好，像他那样的，我看中国现在少有。"

7月30日，鲁迅在致《译文》杂志黄源的信中说"急于换几个钱"，他要筹款向现代书局赎回瞿秋白的《高尔基论文选集》和《现实——马克思主义论文集》两部译稿。

查鲁迅8月6日日记：

六日　晴，热。上午收サイレン社寄赠之《わが漂泊》一本，《支那小说史》五部五本，即以一部赠镰田君。陈子鹄寄赠《宇宙之歌》一本。得耳耶信。下午内山书店送来《ド氏全集》(别卷)、《ウデゲ族の最後の者》各一本，共直四元。西谛招夜饭，晚与广平携海婴同至其寓，同席十二人，赠其女玩具四合，取《十竹笺谱》

（一）五本，笺纸数十合而归。

这一天同席的都是瞿秋白的好友，鲁迅和他们秘密集合在郑振铎家中，共同哀悼这位杰出的、不屈的英勇战士。他们当时就商议给瞿秋白出书，其中排字、打制纸版由几个人出资托开明书店办理，鲁迅则负责编辑、校对、设计封面、装帧、题签、拟定广告及购买纸张、印刷、装订等。

鲁迅撑着带病之身，夜以继日地将自己珍藏的和收集到的瞿秋白的译著遗稿进行整理，编辑成书。查鲁迅日记，10月22日，"下午编瞿氏《述林》起"，12月6日，"校《海上述林》（第一部：《辨林》）起"。

1936年春天起，鲁迅肺病日趋严重，仍在一边校对《海上述林》上卷，一边编《海上述林》下卷。查鲁迅日记，4月22日，"夜校《海上述林》上卷迄，共六百八十一页"，5月22日，"以《述林》上卷托内山君寄东京付印"。8月13日，鲁迅致信茅盾：

说到贱体，真也麻烦，肺部大约告一段落了，而肋膜炎余孽，还在作怪，要再注射一星期看。大约这里的环境，本非有利于病，而不能完全不闻不问，也是使病缠绵之道。我看住在上海，总是不好的。

《述林》下卷校样，七天一来，十天一来，现在一算，未排的也不过百五十面上下了。前天寄函雪村，托其催促，于二十日止排成。至今无答说不可之函，大约是做得到的了。那么，下卷也可以在我离沪之前，寄去付印。

8月27日，鲁迅致信曹靖华，告知《海上述林》上卷已在装订，但是他已经病到吐血了。

> 它兄集上卷已在装订，不久可成，曾见样本，颇好，倘其生存，见之当亦高兴，而今竟已归土，哀哉。至于第二本，说起来真是气死人；原与印刷局约定六月底排成，我在病中，亦由密斯许校对，未曾给与影响，而他们拖至现在，还差一百余页，催促亦置之不理。说过话不算数，是中国人的大毛病，一切计画，都被捣乱，无可豫算了。
>
> 《城与年》尚未付印。我的病也时好时坏。十天前吐血数十口，次日即用注射制止，医诊断为于肺无害，实际上确也不觉什么。此后已退热一星期，当将注射，及退热，止咳药同时停止，而热即复发，昨已查出，此热由肋膜而来（我肋膜间积水，已抽去过三次，而积不已），所以不甚关紧要，但麻烦而已。至于吐血，不过断一小血管，所以并非肺病加重之兆，因重症而不吐血者，亦常有也。

10月初，《海上述林》上卷印成之后，鲁迅立即开始分送诸相关者。为了使《海上述林》安全出版，作者署名是"STR"，由瞿秋白常用笔名"史铁儿"转化而来，出版者则署名为"诸夏怀霜社"，寓意深刻，因瞿秋白原名瞿双。编辑者鲁迅只署了"编者"二字。

去世前两天，鲁迅在写给曹靖华的信中说：

> 它兄译作，下卷亦已校完，准备付印，此卷皆曾经印过的作品，为诗，戏曲，小说等，预计本年必可印成，作一结束。此次所印，本系纪念本，俟卖去大半后，便拟将纸版付与别的书店，用报纸印普及本，而删去上卷字样；因为下卷中物，有些系卖了稿子，

不能印普及本的。这样，或者就以上卷算是《述林》全部，而事实，也惟上卷较为重要，下卷就较"杂"了。

鲁迅生前还在念念不忘要做《海上述林》的普及本。遗憾的是，鲁迅并未能见到下卷出版。

* * *

鲁迅与瞿秋白的《论翻译》两封信发表之后，比鲁迅小二十多岁的梁实秋再次被激怒了。因为鲁迅和瞿秋白都直接或间接地对新月社代表人物梁实秋及其弟子赵景深进行了尖锐的批判。

新月社成立于1923年，前期主要成员是胡适、陈源、徐志摩等，后期有梁实秋、罗隆基、叶公超等人，创办新月书店，发行《新月》月刊。梁实秋以《新月》为阵地，与鲁迅展开了近十年的文艺论战，二人的恩怨直到鲁迅溘然长逝才宣告结束。

二人论战的范围涉及人性、文学的阶级性、文学批评的态度、翻译的标准等。梁实秋说，论战只是他和鲁迅个人之间的事。梁实秋说："我批评普罗文学运动，我也批评了鲁迅，这些文字发表在新月上，但是这只是我个人的意见，我并不代表新月。我是独立作战。新月的朋友并没有一个人挺身出来支持我，新月杂志上除了我写的文字之外，没有一篇文字接触到普罗文学。"（梁实秋《忆新月》）

1926年，留美归来的梁实秋发表了《现代中国文学之浪漫的趋势》，对"新文学运动"进行批评。1927年，鲁迅在黄埔军校及复旦大学进行的两场演讲《革命时代的文学》及《文艺与政治的歧途》中，对梁实秋的观点进行辩难。

1927年，鲁迅辞去中山大学职务，还没有离开广州，梁实秋署名"徐丹甫"，在6月4日的上海《时事新报·学灯》上发表《北京文艺界之分门别户》一文，称鲁迅先生为"小说家及杂感家""语丝派的首领"，说"鲁迅先生的特长，即在他的尖锐的笔调，除此别无可称"。

　　接着，梁实秋又发文《评〈华盖集续编〉》，嘲讽道："喜欢鲁迅先生的深刻的文笔的人，不可不看《华盖集续编》；喜欢知道北京文艺界纷争的内容的人，也不可不看，因为这本书是代表鲁迅一方面的辩词。"

　　6月10日，香港《循环日报》转载《北京文艺界之分门别户》，鲁迅写信给该报要求更正文中的讹误。但《循环日报》不予刊登。7月11日，鲁迅发表《略谈香港》一文，披露此信的主要内容。

　　　　在《循环日报》上，以讲文学为名，提起我的事，说我原是"《晨报副刊》特约撰述员"，现在则"到了汉口"。我知道这种宣传有点危险，意在说我先是研究系的好友，现是共产党的同道，虽不至于"枪终路寝"，益处大概总不会有的，晦气点还可以因此被关起来。便写了一封信去更正：

　　　　"在六月十日十一日两天的《循环世界》里，看见徐丹甫先生的一篇《北京文艺界之分门别户》。各人各有他的眼光，心思，手段。他要他的，我不想来多嘴。但其中有关于我的三点，我自己比较的清楚些，可以请为更正，即：

　　　　"一，我从来没有做过《晨报副刊》的'特约撰述员'。

　　　　"二，陈大悲被攻击后，我并未停止投稿。

　　　　"三，我现仍在广州，并没有'到了汉口'。"

　　　　从发信之日到今天，算来恰恰一个月，不见登出来。"总之你是这样的：因为我说你是这样"罢。

此时的鲁迅，保持着克制的态度。11月，梁实秋在《复旦旬刊》上发表《卢梭论女子教育》，鲁迅认为该文有一种明显的精神贵族自以为是的傲然态度，在1928年1月7日的《语丝》上发表《卢梭和胃口》一文，予以驳击。

复旦大学出版的《复旦旬刊》创刊号上梁实秋教授的意思，却"稍微有点不同"了。其实岂但"稍微"而已耶，乃是"卢梭论教育，无一是处，唯其论女子教育，的确精当。"因为那是"根据于男女的性质与体格的差别而来"的。而近代生物学和心理学研究的结果，又证明着天下没有两个人是无差别。怎样的人就该施以怎样的教育。所以，梁先生说——"我觉得'人'字根本的该从字典里永远注销，或由政府下令永禁行使。因为'人'字的意义太糊涂了。聪明绝顶的人，我们叫他做人，蠢笨如牛的人，也一样的叫做人，弱不禁风的女子，叫做人，粗横强大的男人，也叫做人，人里面的三流九等，无一非人。近代的德谟克拉西的思想，平等的观念，其起源即由于不承认人类的差别。近代所谓的男女平等运动，其起源即由于不承认男女的差别。人格是一个抽象名词，是一个人的身心各方面的特点的总和。人的身心各方面的特点既有差别，实即人格上亦有差别。所谓侮辱人格的，即是不承认一个人特有的人格，卢梭承认女子有女子的人格，所以卢梭正是尊重女子的人格。抹杀女子所特有之特性者，才是侮辱女子人格。"于是势必至于得到这样的结论——"……正当的女子教育应该是使女子成为完全的女子。"那么，所谓正当的教育者，也应该是使"弱不禁风"者，成为完全的"弱不禁风"，"蠢笨如牛"者，成为完全的"蠢笨如牛"，这才免于侮辱各人——此字在未经从字典里永远注销，政府下令永禁行使之前，暂且使用——的人格了。

郁达夫也撰文反击梁实秋，三人之间形成一场关于卢梭教育的论战。鲁迅发表的文章有《卢梭和胃口》《文学和出汗》《文艺和革命》《拟豫言》《头》等。郁达夫发表的文章有《卢骚传》《卢骚的思想和他的创作》《翻译说明就算答辩》《关于卢骚》等。梁实秋发表的文章有《卢梭论女子教育》《关于卢骚——答郁达夫先生》《读郁达夫先生的〈卢骚传〉》等。

6月10日，梁实秋在《新月》第四期上发表《文学与革命》一文，进一步明确地否定"革命文学"的存在，否定文学阶级性的存在，认为"伟大的文学乃是基于固定的普遍的人性，从人心深处流出来的情思才是好的文学，文学难得是忠实——忠于人性"，"人性是测量文学的唯一的标准"。

1929年9月10日，梁实秋在《新月》第二卷六、七期合刊上发表《文学是有阶级性的吗？》和《论鲁迅先生的"硬译"》，否认文学的阶级性，宣扬基于人性的天才论，反对无产阶级革命文学运动。半年之后，1930年3月，鲁迅发表回应文章《"硬译"与"文学的阶级性"》，二人的论战升级为关于文学的人性与阶级性的论战，同时引发了有关翻译问题的论争。后来赵景深、瞿秋白、叶公超等人卷入其中。

冯乃超在1930年2月10日的《拓荒者》第三卷第二期上发表《阶级社会的艺术》一文，首次称梁实秋是"资本家的走狗"。梁实秋争辩说"我不生气"，称"还不知道我的主子是谁，我若知道，我一定要带着几分杂志去到主子面前表功，或者还许得到几个金镑或卢布的赏赉呢"，暗指左翼作家被苏联卢布"收买"。

鲁迅在5月1日的《萌芽月刊》第一卷第五期上发表《"丧家的""资

本家的乏走狗"》一文，参与对梁实秋的讨伐：

> 梁实秋先生为了《拓荒者》上称他为"资本家的走狗"，就做了一篇自云"我不生气"的文章。先据《拓荒者》第二期第六七二页上的定义，"觉得我自己便有点像是无产阶级里的一个"之后，再下"走狗"的定义，为"大凡做走狗的都是想讨主子的欢心因而得到一点恩惠"，于是又因而发生疑问道——"《拓荒者》说我是资本家的走狗，是那一个资本家，还是所有的资本家？我还不知道我的主子是谁，我若知道，我一定要带着几分杂志去到主子面前表功，或者还许得到几个金镑或卢布的赏赉呢。……我只知道不断的劳动下去，便可以赚到钱来维持生计，至于如何可以做走狗，如何可以到资本家的帐房去领金镑……"

1930年8月，梁实秋因不堪"沪上的尘嚣"，应国立青岛大学校长杨振声之邀，前往青岛大学担任外文系主任兼图书馆馆长。

然而，论战仍在继续。臧克家回忆，同学们知道梁鲁经常论争，在课堂上向他发问，梁实秋笑而不答，用粉笔写下"鲁迅与牛"四个大字，因为梁实秋曾在1930年1月10日《新月》第二卷第十一期发表了《鲁迅与牛》一文，阐述了他与鲁迅论战的缘起。

鲁迅发表了一系列文章参与对梁实秋的讨伐，例如在1931年12月至1932年1月撰写的《几条"顺"的翻译》《风马牛》《再来一条"顺"的翻译》等文中讨论赵景深等人提出的"顺"的问题。鲁迅在《几条"顺"的翻译》一文中指出：

> 在这一个多年之中，拚死命攻击"硬译"的名人，已经有了三

代：首先是祖师梁实秋教授，其次是徒弟赵景深教授，最近就来了徒孙杨晋豪大学生。但这三代之中，却要算赵教授的主张最为明白而且彻底了，那精义是——"与其信而不顺，不如顺而不信"。

1932年春又发生了青岛大学所谓"逐书事件"。梁实秋担任青岛大学图书馆馆长，主持成立的图书委员会的大多数成员都是新月派，所以鲁迅的作品并不受推崇，甚至传出梁实秋将鲁迅作品从图书馆中清除的流言。鲁迅对此"念念不忘"。1936年1月1日，鲁迅在《海燕》上发表的《〈题未定〉草（之六）》中写道："梁实秋教授充当什么图书馆主任时，听说也曾将我的许多译作驱逐出境。"去世前几天，鲁迅还在《曹靖华译〈苏联作家七人集〉序》一文中写道："为了我的《呐喊》在天津图书馆被焚毁，梁实秋教授掌青岛大学图书馆时，将我的译作驱除。"

1932年11月，鲁迅回京探亲，在北京大学做了《帮忙文学与帮闲文学》的讲演，立刻引出梁实秋的《代庖的普罗文学》《"帮忙文学与帮闲文学"质疑》两篇文章。

论争一直在延续。鲁迅与瞿秋白的《论翻译》通信发表之后，翻译论战掀起高潮。梁实秋写下《通讯一则》一文，托以与人探讨翻译，矛头直指鲁迅，指出在从事翻译时译不出来不要硬译，不要生造谁也不懂的句法词法。梁实秋继续发表《论翻译的一封信》《关于翻译》《欧化文》等文对鲁迅发起猛攻。鲁迅采取了迂回的策略，只在文章中旁敲侧击，比较被动。

直到1935年4月1日，鲁迅在上海《文学》月刊上发表《非有复译不可》一文才算告一段落。

* * *

在上海，鲁迅与曹聚仁的真正交往虽然是从1933年1月30日互通信件开始的，但早在1927年12月21日就已相识。"二十一日　晴。午后衣萍来邀至暨南大学演讲。晚语堂来。夜雨。"

接待鲁迅的章衣萍，时任暨南大学校长秘书兼文学系教授，他曾是《语丝》的编辑，在北京时就与鲁迅相识。他登门敦请鲁迅，顺理成章。

鲁迅演讲的题目为《文艺与政治的歧途》。现存记录两份：一是章铁民记，后由鲁迅修订，19日寄陈翔冰，以"文学与政治的歧途"为题，发表在该校《秋野》杂志第三期；另一份则为刘率真记，发表于1928年1月29日至30日上海《新闻报》副刊《学海》，署名"周鲁迅讲"，后收入《集外集》。

鲁迅演讲那天，在校任教的曹聚仁慕名到场，听时也做了一份记录，寄到《北新》半月刊，章衣萍将此稿压下，也没让鲁迅看此稿。直到曹聚仁的记录稿在《新闻报》发表，鲁迅方知刘率真是曹聚仁。鲁迅就此说了章衣萍一顿。

章衣萍既然已发了事前布置的章铁民的记录稿，不发曹聚仁的记录稿，也属正常。鲁迅后来同意将曹聚仁的记录稿收入《集外集》，自然是更满意此稿。

鲁迅的《集外集》由杨霁云负责编辑。杨霁云是曹聚仁的高足，师生关系不错。曹聚仁将《新闻报》上发的记录稿交给杨霁云编入《集外集》，说："曹先生的那一篇也很好，不必作为附录了。"

1933年初，曹聚仁正在编《涛声》周刊，鲁迅对此周刊也很看重，经常浏览。

1933年1月21日出版的《涛声》第二卷第四期上刊载了一篇周木斋的文章《骂人与自骂》："最近日军侵占榆关，北平的大学生竟至要求提前放假，所愿未遂，于是纷纷离校。敌人未到，闻风远逸，这是绝顶离奇了……论理日军侵榆……即使不能赴难，最低最低的限度也不应逃难……写到这里，陡然的想起五四运动时期北京学生的锋芒，转眼之间，学风民气，两俱丕变，我要疑心是'北京'改为'北平'的应验了。"周木斋是江苏常州人，1931年在上海任大东书局编辑，经常给进步文艺报刊撰稿，针砭时弊，1934年后在《大晚报》任职。

鲁迅不同意周木斋的说法，以"罗怃"之名，写了一封信给《涛声》，其中说：

> 周木斋先生那篇《骂人与自骂》……使我如骨鲠在喉，不能不说几句话。因为我是和周先生的主张正相反，以为"倘不能赴难，就应该逃难"，属于"逃难党"的。

1月30日，曹聚仁以《三十六计走为上计——寄〈涛声〉编辑的一封信》为题，将此信发表于《涛声》第二卷第五期。后来，此文收入《南腔北调集》，改题为《论"赴难"和"逃难"》。

其实曹聚仁并不知道"罗怃"就是鲁迅，特地刊登给"罗怃"的复信，请他示知地址以便寄赠《涛声》，并请继续写稿。

观周木斋之《骂人与自骂》一文，主旨并无过错，而鲁迅之信有些言不达意。他说："我的意见是：我们不可看得大学生太高，也不可责备他们太重，中国是不能专靠大学生的。"

这也是出人意外之论，曹聚仁以"三十六计走为上计"为题，可能有其深意。

后来，鲁迅又署名"何家干"，发表《逃的辩护》《乘凉：两误一不同》等文章对周木斋予以批评。1933年4月，周木斋在《涛声》第二卷第十四期发表《第四种人》一文，对鲁迅以"何家干"笔名发表的《文人无文》提出看法，嘲讽鲁迅是"第四种人"。

曹聚仁说："鲁迅的确有点误会，认为周木斋乃是某君的'化名'，意在讽刺鲁迅。后来，我告诉鲁迅，周木斋另有其人，并非'化名'；那段杂文，只是主张一个作家着重在'作'，并无讽刺之意。过了一些日子，鲁迅在我家中吃饭，周木斋也在座，相见倾谈，彼此释然了。"（曹聚仁《文坛五十年续集·史料述评》）

1933年4月10日，《申报·自由谈》发表曹聚仁的杂文《杀错了人》，该文认为革命总要杀人，要钉"中年以上""代表旧势力的人"。鲁迅认为未触及本质，就写下《〈杀错了人〉异议》一文，也发表在《申报·自由谈》上，后收入《伪自由书》。曹聚仁后来在《鲁迅评传》中说，鲁迅的话，"当然说得更真切"。

5月7日，曹聚仁致信鲁迅，请他为李大钊全集作序。鲁迅是日日记："得曹聚仁信，即复。"这是曹聚仁首次出现在鲁迅日记之中，从此，二人越走越近。鲁迅的信中说：

> 守常先生我是认识的，遗著上应该写一点什么，不过于学说之类，我不了然，所以只能说几句关于个人的空话。
> 我想至迟于月底寄上，或者不至于太迟罢。

鲁迅信守承诺，5月底即写好序文寄给曹聚仁。

曹聚仁为编辑《守常全集》，付出了很多心血。1933年李大钊公葬仪式举行后，其遗孀赵纫兰找到北大教授周作人，请他帮助出版《守常全集》，周作人写信给曹聚仁，说"守常殁后，其从侄即为搜辑遗稿"，"二三年略有成就，惟出版为难"，"未知群众图书公司可为刊印否"。《涛声》正是由群众图书公司发行的，曹聚仁同意联系出版事宜。但以当时严酷的出版制度，共产党领袖的文集是不会允许出版的。6月3日，鲁迅致信曹聚仁：

> 《李集》我以为不如不审定，也许连出版所也不如胡诌一个，卖一通就算。论起理来，李死在清党之前，还是国民党的朋友，给他留一个纪念，原是极应该的，然而中央的检查员，其低能也未必下于邮政检查员，他们已无人情，也不知历史，给碰一个大钉子，正是意中事。到那时候，倒令人更为难。所以我以为不如"自由"印卖，好在这书是不会风行的，赤者嫌其颇白，白者怕其已赤，读者盖必寥寥，大约惟留心于文献者，始有意于此耳，一版能卖完，已属如天之福也。

曹聚仁不敢贸然行事。最后，这部鲁迅作序的《守常全集》出于种种原因难以出版。《李大钊全集》的出版是中华人民共和国成立之后的事情了。

8月19日，曹聚仁将鲁迅写作的序《〈守常全集〉题记》，同时也是一篇深情怀念朋友的文章，编发在《涛声》第二卷第三十一期上，后收入《南腔北调集》。文中说：

> 他（李大钊）的遗文却将永住，因为这是先驱者的遗产，革命史上的丰碑。

鲁迅与曹聚仁友谊不断加深，并以文字常常呼应。鲁迅公开称赞别的报刊并不多见。同期的《涛声》上还发表了鲁迅的文章《祝〈涛声〉》，称赞其斗争艺术：

《涛声》的寿命有这么长，想起来实在有点奇怪的……《涛声》上常有赤膊打仗，拚死拚活的文章，这脾气和我很相反，并不是幸存的原因。我想，那幸运而且也是缺点之处，是在总喜欢引古证今，带些学究气。

丁玲被捕后，关于她被处死的消息，在上海滩广为流布，9月21日，鲁迅致信曹聚仁，说："旧诗一首，不知可登《涛声》否。此首旧诗即《悼丁君》。曹聚仁将诗发表于9月30日《涛声》第二卷第三十八期。后收入《集外集》。

如磐夜气压重楼，剪柳春风导九秋。
瑶瑟凝尘清怨绝，可怜无女耀高丘。

10月，鲁迅与施蛰存发生笔战。起因是施蛰存应《大晚报》之请向青年读者推荐图书。施蛰存在印着表格的邮片上"介绍给青年的书"一栏填上《庄子》《文选》，并加了一个注脚："为青年文学修养之助。"10月6日，鲁迅以"丰之余"笔名，在《申报·自由谈》上发表《重三感旧——一九三三年忆光绪朝末》的批驳文章：

排满久已成功，五四早经过去，于是篆字、词、《庄子》《文选》、古式信封、方块新诗，现在是我们又有了新的企图，要以

"古雅"立足于天地之间了。

两天后,施蛰存在《申报·自由谈》上发表《〈庄子〉与〈文选〉》一文进行回应:"近数年来,我的生活,从国文教师转到编杂志,与青年人的文章接触的机会实在太多了。我总感觉到这些青年人的文章太拙直,字汇太少,所以在《大晚报》编辑寄来的狭狭的行格里推荐了这两部书。我以为从这两部书中可以参悟一点做文章的方法……但是我当然并不希望青年人都去做《庄子》《文选》一类的'古文'。"同时,施蛰存也讽刺了鲁迅:"这里,我们不妨举鲁迅先生来说,像鲁迅先生那样的新文学家,似乎可以算是十足的新瓶子。但是他的酒呢?纯粹的白兰地吗?我就不能相信。没有经过古文学的修养,鲁迅先生的新文章决不会写到现在那样好。所以,我敢说:在鲁迅先生那样的瓶子里,也免不了有许多五加皮或绍兴老酒的成分。"

11月5日,鲁迅致信姚克,说:

> 我和施蛰存的笔墨官司,真是无聊得很,这种辩论,五四运动时候早已闹过的了,而现在又来这一套,非倒退而何。我看施君也未必真研究过《文选》,不过以此取悦当道,假使真有研究,决不会劝青年到那里面去寻新字汇的。此君盖出自商家,偶见古书,遂视为奇宝,正如暴发户之偏喜摆士人架子一样,试看他的文章,何尝有一些"《庄子》与《文选》"气。

对于继承还是摒弃文化遗产,成为中国文化史上的一桩公案,有赞同的,有质疑的,引发过一场激烈的争论。鲁迅对此更有过一段思想交锋的时期。当出于对中国文化革新的考量,从传统文化在五四新文化运动中产生的功效出发来评判其价值，众人认为旧文化传统成为新文化运动发展的桎梏并导致文明之衰落时，鲁迅也站出来，对传统文化进行批评及至主张完全抛弃。这表现出鲁迅思想的矛盾。其实，新文化运动的根基在于传统文化自身的觉醒，西方文化的撞击只是外因。中国传统文化内在驱动力才是新文化运动的本原和土壤。

鲁迅对文化遗产的继承有过真知灼见和贡献。鲁迅曾经整理国故，从民间的金石、碑帖、墓志等着手，其收藏十分可观。鲁迅在《中国小说史略·题记》中说：

> 回忆讲小说史时，距今已垂十载，即印此梗概，亦已在七年之前矣。尔后研治之风，颇益盛大，显幽烛隐，时亦有闻。如盐谷节山教授之发见元刊全相平话残本及"三言"，并加考索，在小说史上，实为大事；即中国尝有论者，谓当有以朝代为分之小说史，亦殆非肤泛之论也。此种要略，早成陈言，惟缘别无新书，遂使尚有读者，复将重印，义当更张，而流徙以来，斯业久废，昔之所作，已如云烟，故仅能于第十四十五及二十一篇，稍施改订，余则以别无新意，大率仍为旧文。大器晚成，瓦釜以久，虽延年命，亦悲荒凉，校讫黯然，诚望杰构于来哲也。

历史证明，继承传统文化或整理国故实践，一要学养深厚，二要阅读广博，三要有识力。鲁迅在卷帙浩繁的中国经典文化典籍中，利用睿智的目光发现，以深邃的思想识辨，在富有个性与深切感悟的基础上，让传统文化得以传承。

施蛰存又相继写下《突围》等文，鲁迅回敬以《答"兼示"》《反刍》《难得糊涂》《古书中寻活字汇》《"文人相轻"》等篇，二人的交锋一直持续。

鲁迅与施蛰存酣战之时，曹聚仁先在《涛声》上发表《论突围》，公开支持鲁迅，"反对先生（施蛰存）的介绍《庄子》与《文选》给青年"。其文比鲁迅讲得明白，之所以"反对"，是因为"近来，孔庙重建，高考再作，读经之声洋洋盈耳；南方还有人表彰汉人伪作的《孝经》，奉为治世大典；这个黑漆一团的乾坤，比民国十三年时代何如？先生（施蛰存）还趁此间叫青年读《庄子》与《文选》，叫我怎能忍得住不反对呢"。

10月20日，邵洵美主编的《十日谈》第八期发表陈静生的漫画《鲁迅翁之笛》，画一大群老鼠应着鲁迅笛声追随而行，意在批左翼青年唯鲁迅马首是瞻。曹聚仁站到鲁迅一边，利用《涛声》这一阵地，声援了鲁迅。曹聚仁在《涛声》上发表同名文章《鲁迅翁之笛》反击，云"把今日青年，比作故事里的群鼠，也太小之视乎今日之青年了"。曹聚仁的文章远不如鲁迅老辣和具有锋芒，鲁迅看后，于11月13日写信给他："其实如欲讽刺，当画率群鼠而来，不是率之而去，此画家似颇懵懂。"

曹聚仁在《鲁迅评传》中对自己与鲁迅的关系有过一段描述："鲁迅就因为和文人这小圈子朋友往来，一群冬天的豪猪，是难得处好的。笔者和他相处，一直就保持着一段距离，所以结果还不错。"

"冬天的豪猪"之说，源于叔本华之"将绅士们比作豪猪"的比喻。鲁迅在《一点比喻》（收入《华盖集续编》）一文中引用过：

> 人们因为社交的要求，聚在一处，又因为各有可厌的许多性质和难堪的缺陷，再使他们分离。他们最后所发见的距离，——使他们得以聚在一处的中庸的距离，就是"礼让"和"上流的风习"。

曹聚仁再次引用，对此论是认可的。那么，我们便可以说鲁迅与别人常闹冲突、矛盾，有时并非皆与事情的是非有关，更多的源于各自的"难堪的缺陷"。

20世纪30年代文人之间的往来，没有太多的社交活动，多是聚餐。鲁迅也不例外。查鲁迅日记，聚餐是他与人交流最常用的方式，隔三岔五就要与人饮宴。

曹聚仁在《鲁迅评传》中说："我和鲁迅同过许多回酒席，他也曾在我家中喝过酒。"

1934年1月6日鲁迅日记记道："午烈文招饮于古益轩，赴之，同席达夫、语堂等十二人。"《徐懋庸回忆录》也有记载："一九三四年新年，一月六日，黎烈文邀请《自由谈》的十来个撰稿者聚餐，其中有鲁迅、郁达夫、曹聚仁、陈子展、唐弢、周木斋、林语堂……，也有我。"

1933年9月11日鲁迅日记记道："曹聚仁邀晚饭，往其寓，同席六人。"曹聚仁在《我与我的世界》一书中写道："有一天晚上，鲁迅在我家中吃晚饭，〔曹〕礼吾、〔陈〕子展、〔徐〕懋庸、〔周〕木斋诸兄都在座，我说到了礼吾讲《好的故事》的事，鲁迅大为赞许呢。我说我有一个不伦不类的比喻：'鲁迅先生是嵇康，礼吾则是阮籍，所以礼吾懂得周先生的《野草》。'大家都说我说得对。"

据《鲁迅评传》，1933年冬天的一个晚上，曹聚仁又邀鲁迅到家吃晚饭。鲁迅见曹家有不少关于自己的著作资料，问曹聚仁是否拟写自己的传记。曹聚仁回答说："我知道我并不是一个适当的人，但是，我也有我的写法。我想与其把你写成为一个'神'，不如写成为一个'人'的好。"听了曹聚仁的话，鲁迅笑了，说："就凭这句话，你是懂得我的了。"曹聚仁得到默许，"就在大家没动手的空缺中，真的写起来了"。

1934年9月13日，曹聚仁又邀请鲁迅去他家。查鲁迅是日日记，"晚曹聚仁招饮于其寓，同席八人"。

鲁迅也宴请过曹聚仁。1935年3月5日鲁迅日记记道："晚约阿芷、萧军、悄吟往桥香夜饭，适河清（黄源）来访，至内山书店又值聚仁来送《芒种》，遂皆同去，并广平携海婴。"《芒种》是曹聚仁与徐懋庸合编的文学期刊。

曹聚仁的一些活动得到了鲁迅的帮助。1934年夏，叶圣陶、陈子展、陈望道、曹聚仁、徐懋庸、乐嗣炳、夏丏尊七人在上海福州路印度咖哩饭店有个讨论会，内容是针对当时汪懋祖的"读经运动"与许梦因的"提倡文言"有什么对策。与会者针对白话文运动还不彻底，复古逆流袭来之态势，提出了大众语的口号。鲁迅应曹聚仁诸人之请，"写了一篇《门外文谈》，那倒是大众语运动中最有力量的文字"（《鲁迅评传》）。

1934年5月，五四时期反对白话文的汪懋祖，连续写下《禁习文言与强令读经》《中小学文言运动》两文，鼓吹文言，提倡读经。吴研因发表《驳小学参教文言文中学读孟子》一文，予以反驳。于是文化界展开了一场关于文言文与白话文的论战。6月，《申报·自由谈》先后刊出陈子展的《文言——白话——大众语》和陈望道的《关于大众语文学的建设》，提出了有关语文改革的大众语问题。7月25日，曹聚仁以《社会月报》编者身份发出一封征求关于大众语的意见的信，提出五个问题，希望大家回答。鲁迅针对这五个问题做了答复，但曹聚仁没有发表。

同时，鲁迅给魏猛克写了一封信表达他对大众语运动的意见。信写完后，鲁迅交给徐懋庸，由他代转魏猛克。查鲁迅日记，8月2日"上午得猛克信，下午复"。曹聚仁跟徐懋庸住得近，在徐懋庸处见到此信，便以《答曹聚仁先生信》之名作为头条发表在《社会月报》上。同期还编发共产党叛徒杨邨人的反共文章《赤区归来记》，引起了一场攻击鲁迅的风波。

8月30日,《大晚报》副刊《火炬》上发表署名"绍伯"的文章《调和》,以嘲弄调侃的口气说:"鲁迅先生似乎还'嘘'过杨邨人氏,然而他却可以替杨邨人氏打开场锣鼓,谁说鲁迅先生器量窄小呢?"《调和》一文还引用了鲁迅在《答曹聚仁先生信》中的一句话:"汉语和大众,是势不两立的。"曹聚仁未征得鲁迅同意发表此信,让他的文章与不齿之丑陋文人杨邨人的文章摆在一起,的确把鲁迅置于尴尬的境地,成为他晚年的一大恨事。

尽管鲁迅在《答〈戏〉周刊编者信》中力图挽回,已覆水难收了。鲁迅说:

我并无此种权力,可以禁止别人将我的信件在刊物上发表,而且另外还有谁的文章,更无从豫先知道,所以对于同一刊物上的任何作者,都没有表示调和与否的意思;但倘有同一营垒中人,化了装从背后给我一刀,则我的对于他的憎恶和鄙视,是在明显的敌人之上的。这倒并非个人的事情,因为现在又到了绍伯先生可以施展老手段的时候,我若不声明,则我所说过的各节,纵非买办意识,也是调和论了,还有什么意思呢?

鲁迅此篇收进《且介亭杂文》的杂文,没有对曹聚仁来一通鲁迅式的"不饶恕",却有隐忍在其间,这是少见的。

曹聚仁还有一件事情引起鲁迅不快。我们从胡风在《关于"左联"及与鲁迅关系的若干回忆》及《鲁迅书信注释》中看到,1935年底,萧军、聂绀弩都对鲁迅表示要办刊物,鲁迅对他们说,与其都办,分散精力,不如"大家合起来共办一个刊物",后来就有了以胡风为负责人的《海燕》月刊。《海燕》甫一问世,即日便售尽两千本。第一期上载有鲁迅的《出关》等四篇作品。1936年1月19日鲁迅日记所记"晚同广平海婴往梁园夜饭,并邀萧军等共十一人",就是为庆贺《海燕》创刊并畅销而举行的聚餐。

《海燕》第二期又发表了鲁迅的《阿金》等五篇文章。《海燕》的影响力与《莽原》可以比肩。《海燕》创刊时,聂绀弩找到曹聚仁,希望他能做《海燕》的发行人,曹聚仁欣然允之。《海燕》第二期上就印上了"发行人曹聚仁"。谁也没想到,曹聚仁后来到巡捕房"告密,说这刊物是谁办的,谁编的,如何危险,以致我们找到别人去申请发行,巡捕房也不准许了。他还在《申报》上登广告,说我们怎样窃他的大名,又写信到鲁迅那里去剖白"(《聂绀弩全集》)。

后来,曹聚仁在《鲁迅评传》中为自己辩解,说鲁迅写信劝了他一阵。1936年2月21日,鲁迅确实写信给他,信中说:

> 我看这不过是一点小事情,一过也就罢了。
>
> 我不会误会先生。自己年纪大了,但也曾年青过,所以明白青年的不顾前后,激烈的热情,也了解中年的怀着同情,却又不能不有所顾虑的苦心孤诣。现在的许多论客,多说我会发脾气,其实我觉得自己倒是从来没有因为一点小事情,就成友或成仇的人。我还不少几十年的老朋友,要点就在彼此略小节而取其大。
>
> 《海燕》虽然是文艺刊物,但我看前途的荆棘是很多的,大原因并不在内容,而在作者。说内容没有什么,就可以平安,那是不能求之于现在的中国的事。其实,捕房的特别注意这刊物,是大有可笑的理由的。

但是,鲁迅在《半夏小集》一文,却不再如信里那么含混,而是态度鲜明地对曹聚仁进行了批评："你怎么竟向敌人告密去了？"

胡风说，曹聚仁告密后，"他安然无恙，照旧当教授，但《海燕》不得不停止唱歌和呼吸了"（胡风《鲁迅先生》）。

曹聚仁不可能没看过《半夏小集》（收入《且介亭杂文末编》），可他说鲁迅从来没有骂过他。鲁迅去世后的第六天，曹聚仁在《申报》第一卷第四十二期上发表悼文《鲁迅先生》。这是悼念鲁迅文字中分量最特殊的一篇。文中引用了不少鲁迅给他的信中的段落，在这些从未公开发表的信件中，确实有不少很重要、很精彩的内容。这足以证明鲁迅与曹聚仁有着非同一般的交往。曹聚仁写的《鲁迅评传》也具有非同一般的意义。曹聚仁与鲁迅不同寻常的关系，隐藏着怎样深奥的人生之谜，令史学家不能不泛起想象的涟漪。

* * *

查鲁迅1932年10月12日日记：

十二日　昙。前寄靖华之第二次纸张，上午退回，又付寄费十五元五角。午后为柳亚子书一条幅，云："运交华盖欲何求，未敢翻身已碰头。旧帽遮颜过闹市，破船载酒泛中流。横眉冷对千夫指，俯首甘为孺子牛。躲进小楼成一统，管他冬夏与春秋。达夫赏饭，闲人打油，偷得半联，凑成一律以请"云云。下午并《士敏土之图》一本寄之。晚内山夫人来，邀广平同往长春路看插花展览会。得映霞信。得真吾信并书两本，九月二九日南宁发，内一本赠三弟。夜雨。

▲鲁迅书"横眉冷对千夫指,俯首甘为孺子牛"

是日，郁达夫请鲁迅、柳亚子诸友吃饭，鲁迅为柳亚子书一条幅，此乃一首七律古诗。鲁迅顺便带给柳亚子。

诗人柳亚子（1887—1958），十六岁时与人发起成立诗歌社团南社。其旧体诗成为新文化运动最独特的部分。茅盾推崇为"前清末到解放后，这一漫长时间内，在旧体诗词方面最卓越的革命诗人"。

郁达夫（1896—1945）是创造社中创作小说、散文数量最多、成就最高，开创我国小说浪漫抒情派，对新文化运动产生过重大影响的作家。其第一部小说《沉沦》写留学日本的学生渴望获得友谊、爱情，却得到冷遇和屈辱而沉沦的故事。其短篇小说《春风沉醉的晚上》写一作家在穷困潦倒的苦难中挣扎，与一女工相爱的故事。抗日战争时期，郁达夫积极宣传抗战，后来来到苏门答腊，在与日寇斗争中被杀害，新中国成立后被追认为烈士。

鲁迅赠柳亚子的七律，是友人间的唱和，并没有在报刊上公开发表，后收入《集外集》，取诗名为"自嘲"。

华盖，《三命通会》云："华盖者，喻如宝盖，天有此星，其形如盖，常覆乎大帝之座，故以三合底处得库，谓之华盖……凡人命得华盖，多主孤寡，总贵亦不免孤独作僧道艺术论。"

交华盖运，民间多指厄运、不利。

交"华盖"运、"破帽""漏船"，指窘迫的生存状态。

"千夫指"，见《汉书·王嘉传》，有"千夫所指，无病而终"句。诗中的"千夫指"，系当时创造社、太阳社文学团体，以讨论"革命文学"为由全面围攻鲁迅。他们认为阿Q时代已经过去，其作品已失去"现代意义"，"只能代表清末以及庚子义和团暴动时代的思想"。他们把鲁迅说成是"法西斯蒂""封建余孽"，最客气的也是"醉眼陶然地眺望窗外的人生"。

后来得苏俄共产国际指示，成立了中国左翼作家联盟。王明"左"倾路线当道，革命文学受到重创。

鲁迅横眉冷对这些没有经验的年轻作家，反对他们脱离社会实际，空谈口号，鼓吹不是革命就是反革命的唯心主义二元论，将文学等同政治宣传工具的反马克思主义的错误做法。

"孺子牛"出自《左传·哀公六年》。齐景公喜欢孩子，常以自己为牛，趴在地上，口叼绳子，让孩子牵行他为乐。又，清洪亮吉著《北江诗话》载："同里钱秀才季重，工小词，然饮酒使气，有不可一世之槩。有三子，溺爱过甚，不令就塾，饭后即引与嬉戏，惟恐不当其意。"说的是秀才钱季重，略有才学，溺爱孩子，爱与孩子饭后嬉戏，有一柱帖云："酒酣或化庄生蝶，饭饱甘为孺子牛。"鲁迅所说"偷得半联"，即将"饭饱"改成"俯首"，后面"甘为孺子牛"借用。

1929年9月27日，许广平在上海福民医院生下一男婴。四十八岁的鲁迅老来得子，不胜喜悦。1931年4月15日，鲁迅在致弟子李秉中的信中说：

> 生今之世，而多孩子，诚为累坠之事，然生产之费，问题尚轻，大者乃在将来之教育，国无常经，个人更无所措手，我本以绝后顾之忧为目的，而偶失注意，遂有婴儿，念其将来，亦常惆怅，然而事已如此，亦无奈何，长吉诗云：已生须已养，荷担出门去。只得加倍服劳，为孺子牛耳，尚何言哉。

1936年鲁迅病重之时，冯雪峰等人劝鲁迅到国外疗养，鲁迅说："其实，也不能长期疗养，我就只有为了海婴教育费的一点储蓄……还是就在上海罢，每天少做一点事，要玩就玩它一天。我实在不想动。不疗

▲鲁迅画的小白象

养，我想也不会马上呜呼哀哉的。"（冯雪峰《回忆鲁迅》）

查鲁迅日记，海婴出生之后就成为鲁迅日记的主角，鲁迅日记和书信中详细记录了海婴的生活状态。

人们惯看鲁迅那张严肃的脸，突见他有了海婴之后，不仅疼爱有加，脸上也绽出幸福之态。他不让用人给海婴洗澡，他亲自来为海婴沐浴。夜晚，他放下书案上的工作，必须到婴儿室看看熟睡的儿子。孩上能牙牙学语了，他硬是用浓重的绍兴腔教孩子发声。孩子要玩具，他从不回绝，以至于玩具多得让人下不去脚。有时海婴尚未睡着，他就让用人休息，自己哄他玩耍，或放在摇篮里，或抱在怀里哄睡。鲁迅为海婴唱着自己编的儿歌："小红、小象、小红象，小象、小红、小象红……"海婴一出生，鲁迅便称他为"小红象"。家里一来客人，鲁迅忙将海婴抱出来炫耀。原本鲁迅不爱上街，但有了孩子，他就到商场给孩子买各色玩具。查鲁迅1932年10月的日记，海婴幼时体弱，鲁迅亲自带海婴去了十四次医院，几乎每隔一天，五十出头的鲁迅便带海婴到医院看病。

熟悉鲁迅的朋友常笑他对孩子过于溺爱，鲁迅以《答客诮》诗曰：

无情未必真豪杰，怜子如何不丈夫。
知否兴风狂啸者，回眸时看小於菟。

鲁迅书信对海婴的描写，可以看作他的育儿日记，让人读到了鲁迅温情的一面。

海婴，我毫不佩服其鼻梁之高，只希望他肯多睡一点，就好。
他初生时，因母乳不够，是很瘦的，到将要两月，用母乳一次，牛乳加米汤一次，间隔喂之（两回之间，距三小时，夜间则只吃母乳），这才胖起来。米之于小孩，确似很好的，但粥汤似比米糊好，因其少有渣滓也。（1930年2月22日致章廷谦信）

海婴已出了三个半牙齿，能说的话还只三四句，但却正在学走，滚来滚去，领起来很吃力。（1930年11月19日致崔真吾信）

海婴是连一件完整的玩具也没有了。他对玩具的理论，是"看了拆掉"。（1932年5月31日致增田涉信）

海婴现已全愈，且又胖起来，与生病以前相差无几，但还在吃粥，明后天就要给他吃饭了。他很喜欢玩耍，日前给他买了一套孩子玩的木匠家生，所以现在天天在敲钉，不过不久就要玩厌的。近来也常常领他到公园去，因为在家里也实在闹得令人心烦。（1932年7月2日致母亲信）

海婴很好，脸已晒黑，身体亦较去年强健，且近来似较为听话，不甚无理取闹，当因年纪渐大之故，惟每晚必须听故事，讲狗熊如何生活，萝卜如何长大等等，颇为费去不少工夫耳。（1933年11月12日致母亲信）

我对海婴这小家伙讨厌的吵闹领教够了，已在罢工中，不想再有出品了。（1933年11月13日致增田涉信）

海婴则已颇健壮，身子比去年长得不少，说话亦大进步，但不肯认字，终日大声叱咤，玩耍而已。今年夏天，拟设法令晒太阳，则皮肤可以结实，冬天不致于容易受寒了。（1934年4月25日致母亲信）

海婴日见长大，自有主意，常出门外与一切人捣乱，不问大小，都去冲突，管束颇觉吃力耳。（1934年5月29日致母亲信）

我们都好，只有那位"海婴氏"颇为淘气，总是搅扰我的工

作，上月起就把他当作敌人看待了。（1934年6月7日致增田涉信）

海婴这几天不到外面去闹事了，他又到公园和乡下去。而且日见其长，但不胖，议论极多，在家时简直说个不歇。动物是不能给他玩的，他有时优待，有时则要虐待，寓中养着一匹老鼠，前几天他就用蜡烛将后脚烧坏了。至于学校，则今年拟不给他去，因为四近实无好小学，有些是骗钱的，教员虽然打扮得很时髦，却无学问；有些是教会开的，常要讲教，更为讨厌。海婴虽说是六岁，但须到本年九月底，才是十足五岁，所以不如暂且任他玩着，待到足六岁时再看罢。（1934年6月13日致母亲信）

海婴却好的，夜里虽然多醒一两次，而胃口仍开，活泼亦不减，白天仍然满身流汗的忙着玩耍。现于他的饮食衣服，皆加意小心，请释念为要。（1934年7月12日致母亲信）

海婴因大起来，心思渐野，在外面玩的时候多，只在肚饥之时，才回家里，在家里亦从不静坐，连看看也吃力的。（1934年7月30日致母亲信）

代表海婴，谢谢你们送的小木棒，这我也是第一次看见。但他对于我，确是一个小棒喝团员。他去年还问："爸爸可以吃么？"我的答复是："吃也可以吃，不过还是不吃罢。"今年就不再问，大约决定不吃了。（1934年12月20日致萧军、萧红信）

但我这里的海婴男士，却是个不学习的懒汉，不肯读书，总爱模仿士兵。我以为让他看看残酷的战争影片，可以吓他一下，多少会安静下来，不料上星期带他看了以后，闹得更起劲了。真使我哑口无言。（1935年2月6日致增田涉信）

海婴是好的，但捣乱得可以，现在是专门在打仗，可见世界是一时不会平和的。（1935年2月9日致萧军、萧红信）

海婴的顽皮颇有进步，最近看了电影，就想上非洲去，旅行费已经积蓄了两角来钱。（1935年2月27日致增田涉信）

海婴亦好，他只是长起来，却不胖。已上幼稚园，但有时也要赖学，有时却急于要去；爱穿洋服，与男之衣服随便者不同。今天，下门牙活动，要换牙齿了。（1935年10月18日致母亲信）

海婴是够活泼的了，他在家里每天总要闯一两场祸，阴历年底，幼稚园要放两礼拜假，家里的人都在发愁。但有时是肯听话，也讲道理的，所以近一年来，不但不挨打，也不大挨骂了。他只怕男一个人，但又说，男打起来，声音虽然响，却不痛的。（1936年1月8日致母亲信）

海婴已放假，在家里玩，这一两天，还不算大闹。但他考了一个第一，好像小孩子也要摆阔，竟说来说去，附上一笺，上半是他自己写的，也说着这件事，今附上。他大约已认识了二百字，曾对男说，你如果字写不出来了，只要问我就是。（1936年1月21日致母亲信）

海婴亦好，整日在家里闯祸，不是嚷吵，就是敲破东西，幸而再一礼拜，幼稚园也要开学了，要不然，真是不得了。（1936年2月1日致母亲信）

海婴学校仍未换，因为邻近也没有较好的学校。但他身体很好，很长，在同学中，要高出一个头。也比先前听话，懂得道理了。先前有男的朋友送他一辆三轮脚踏车，早已骑破，现在正在闹着要买两轮的，大约春假一到，又非报效他十多块钱不可了。（1936年4月1日致母亲信）

海婴很好，每日上学，不大赖学了，但新添了一样花头，是礼拜天要看电影；冬天胖了一下，近来又瘦长起来了。大约孩子是春

天长起来，长的时候，就要瘦的。（1936年5月7日致母亲信）

海婴刁钻了起来，知道了铜板可以买东西，街头可以买零食，这是进了幼稚园以后的成绩。（1936年7月17日致杨之华信）

海婴仍在原地方读书，夏天头上生了几个小疮，现在好了，前天玻璃割破了手，鲜血淋漓，今天又好了。他同玛利很要好，因为他一向是喜欢客人，爱热闹的，平常也时时口出怨言，说没有兄弟姊妹，只生他一个，冷静得很。见了玛利，他很高兴，但被他粘缠起来的时候，我看实在也讨厌之至。（1936年9月22日致母亲信）

进入老年的鲁迅，一改"一个也不宽恕"的阴冷，显现出对孩子的舐犊之情，溢出对文化人生的温暖情怀。这应该是"俯首甘为孺子牛"最正确的诠释，将这句诗政治化，便是牵强附会了。

* * *

秋天的西三条周家宅院的枣树打下来不少马牙大枣，让俞芳、俞藻吃了个够。马牙枣是老北京胡同里的特产，熟透时半红半绿，入口甜脆，枣核不大。

1930年秋，七十多岁的鲁瑞有了玩兴，想到北海漪澜堂去玩，俞芳姐妹就陪她去。俞芳搀着鲁瑞，俞藻搀着朱安，一行四人一面谈话，一面观赏北海的秋色。在漪澜堂找到一张靠栏杆的桌子，她们坐下喝茶，买点心，叫面，谈论着鲁迅、许广平和海婴。

鲁瑞和朱安有鲁迅的供养，生活无忧。许羡苏已离开，俞芳已经长大，鲁瑞与鲁迅之间的通信往来，就由俞芳负责。

一九三〇年三月至十二月底，大先生寄给太师母十一封信，大先生收到太师母十二封信。

大先生在四月十一日以海婴照片寄赠太师母，十二月十八日又以海婴照片寄赠太师母。其他托人带交的信件、食品、用品等不计在内。（俞芳《我记忆中的鲁迅先生》）

朱安之弟朱可铭于1931年5月26日（农历四月初十）病逝。两天后，鲁迅得到消息，次日上午就致赙金。鲁迅日记载："二十八日晴。午后得朱稷臣信，言其父（可铭）于阴历四月初十日去世。二十九日晴。上午由中国银行汇朱稷臣泉一百。"

朱稷臣是朱可铭的长子，原名朱积成，后又改名朱吉人。而鲁迅在《"这也是生活"……》一文中所说的"我有一个亲戚的孩子"之死，指的是朱可铭二子朱积功。

我有一个亲戚的孩子，高中毕了业，却只好到袜厂里去做学徒，心情已经很不快活的了，而工作又很繁重，几乎一年到头，并无休息。他是好高的，不肯偷懒，支持了一年多。有一天，忽然坐倒了，对他的哥哥道："我一点力气也没有了。"

"鲁迅同朱家一直保持往来，他对朱家长辈十分尊重，对朱家晚辈或介绍工作，或资助接济，是十分关怀的。朱家有时也送一些鱼干、酱鸭、笋干和干菜等绍兴土特产给鲁迅。这一些在《鲁迅日记》里都有记载。"（稽山《鲁迅和朱安婚姻问题史料补叙》）

1932年11月13日，鲁瑞患胃癌，鲁迅从上海回北京探望，到后就将情况告知许广平，鲁瑞"存款尚有八百余，足够疗治之用，故上海可无须寄来,看将来用去若干,或任之,或补足,再定"。11月15日,鲁迅在写给许广平的信中告知是虚惊一场,鲁瑞所患只是胃病,只是好好调养就无危险。

> 昨请同仁医院之盐泽博士来,为母亲诊察,与之谈,知实不过是慢性之胃加答,因不卫生而发病,久不消化,遂至衰弱耳,决无危险,亦无他疾云云。今日已好得多了。明日仍当诊察,大约好好的调养一星期,即可起坐。但这老太太颇发脾气,因其学说为:"医不好,则立刻死掉,医得好,即立刻好起",故殊为焦躁也,而且今日头痛方愈,便已偷偷的卧而编毛绒小衫矣。

11月15日,鲁迅在写给许广平的信中告知羽太信子虐待亲生父母。

> 她(鲁瑞)和我们的感情很好,海婴的照片放在床头,逢人即献出,但二老爷的孩子们的照相则挂在墙上,初,我颇不平,但现在乃知道这是她的一种外交手段,所以便无芥蒂了。二太太将其父母迎来,而虐待得真可以,至于一见某太太,二老人也不免流涕云。

第九章 上海大陆新村

> 死是等闲生也得，拟将何事奈吾何。
>
> ——唐·元稹《放言五首·其一》

1933年4月11日，鲁迅迁至施高塔路大陆新村。

9月30日，冯雪峰负责筹备的远东反战会议秘密举行，由宋庆龄主持。毛泽东、朱德和鲁迅等人被选举为名誉主席团成员。

1934年8月，茅盾、鲁迅、黎烈文发起创办《译文》杂志，茅盾推荐黄源担任责编。

8月23日，因内山书店某店员被捕，鲁迅暂避"千爱里"，9月18日夜回寓。

10月10日夜间，中共中央和红军总部从瑞金出发，进行战略转移，开始长征。

1935年6月18日，瞿秋白在福建长汀被国民党反动派杀害。

7月，鲁迅编选的《中国新文学大系·小说二集》由良友图书印刷公司出版。

8月1日，中共中央发表"为抗日救国告全国同胞书"，要求停止内战，一致抗日。

12月9日，"一二·九"抗日爱国运动爆发。

1936年2月，鲁迅和茅盾联名致电中国共产党中央委员会祝贺长征胜利。

3月16日，鲁迅开始在《译文》上发表俄国果戈理长篇小说《死魂灵》第二部，逝世前完成三章。

5月上旬，鲁迅将方志敏从监狱里送出来的给党中央信及文稿等交给冯雪峰，冯雪峰转呈党中央。

5月31日，美国肺病专家诊断鲁迅为晚期肺结核。

6月6日至30日，鲁迅病重，日记中断。

6月7日，解散后的左联部分负责人筹建的中国文艺家协会在上海成立，发表《中国文艺家协会宣言》。

9月20日，鲁迅与巴金、王统照、林语堂、周瘦鹃、茅盾、郭沫若、傅东华联名发表《文艺界同人为团结御侮与言论自由宣言》。

10月19日上午5时25分，鲁迅逝世。

10月22日，红军三大主力胜利会师。

* * *

1932年9月16日，林语堂在上海创办《论语》半月刊，任主编，第二十七期后由陶亢德任主编。1934年4月，林语堂、陶亢德创办《人间世》半月刊，一年多后停刊。1935年9月，林语堂又与陶亢德、徐訏在上海合办《宇宙风》半月刊，第五十期起改为旬刊。以林语堂和这些刊物为中心，逐渐形成了"论语派"。林语堂说："论语地盘向来完全公开，所谓'社'者，全（增嘏）、潘（光旦）、李（青崖）、邵（洵美）、章（克标）诸先生共同发起赞助之谓也。"（林语堂《与陶亢德》书）

一开始，鲁迅、茅盾及其他左翼作家也在《论语》半月刊上发表文章。1933年以后，国民党反动派对文化"围剿"加强。"论语派"的社会批判的锋芒越来越少，开始写作谈笑文章，提倡幽默文字，鼓吹小品文，"性灵""闲适"，同时越来越多地批评左翼文学。林语堂自己也说："信手拈来，政治病亦谈，西装亦谈，再启亦谈，甚至牙刷亦谈，颇有走入牛角尖之势，真是微乎其微，去经世文章远矣。"（林语堂《行素集》）

1934年4月21日，鲁迅致信陶亢德，评论刚刚收到的第三十八期《论语》：

> 《论语》顷收到一本，是三十八期，即读一过。倘蒙谅其直言，则我以为内容实非幽默，文多平平，甚者且堕入油滑。闻莎士比亚

时，有人失足仆地，或面沾污靧而不自知，见者便觉大可笑。今已不然，倘有笑者，可笑恐反在此人之笑，时移世迁，情知亦改也。然中国之所谓幽默，往往尚不脱《笑林广记》式，真是无可奈何。小品文前途虑亦未必坦荡，然亦只能姑试之耳。

因为与"论语派"之间的论战，鲁迅与林语堂之间的关系开始疏离直至破裂。林语堂后来在《鲁迅之死》中总结了他与鲁迅的关系，说："鲁迅与我相得者二次，疏离者二次，其即其离，皆出自然，非吾于鲁迅有轩轾其间也。"

1925年12月5日和6日，鲁迅给林语堂写了两封信，为《语丝》约稿。林语堂比鲁迅小十多岁，同时在北京大学任教，文笔了得。此后二人互通书信，林语堂经常登门造访鲁迅。鲁迅日记多有记载，如"午后收商务印书馆所寄英译《阿Q正传》三本，分赠语堂"。虽然胡适有恩于林语堂，但是在女师大风潮以及《语丝》与"现代评论派"论战期间，在周氏兄弟与陈源笔战时，林语堂是站在鲁迅一边的，以凌厉的文字参战。《语丝》提倡"任意而谈，无所顾忌""富于俏皮的语言和讽刺的意味"的文风，与林语堂自由的个性契合。林语堂完全顺乎自己心灵的选择，撰文批评"现代评论派"。

女师大风潮后，林语堂一度响应周作人倡导的"费厄泼赖"，发表《插论语丝的文本——稳健、骂人及费厄泼赖》一文，说："中国人的'忠厚'就有费厄泼赖之意，惟费厄泼赖决不能以'忠厚'二字了结他，此种健全的作战精神，是'人'应有的，大概是健全民族的一种天然现象。不可不积极提倡。""费厄泼赖"是fairplay的译音，原意为公平竞争，这里指"不穷追猛打"，"不打落水狗"。1926年1月10日，鲁迅在《莽原》创刊号上发表《论"费厄泼赖"应该缓行》一文，后收入《坟》。

鲁迅反对林语堂的观点，主张"打落水狗"。林语堂接受了鲁迅的观点。段祺瑞政府制造"三一八"惨案，林语堂与鲁迅的立场也是一致的。鲁迅和林语堂共同被列入段政府通缉的黑名单之中。林语堂举家返回福建，出任厦门大学文科主任兼研究院总秘书，马上向校方推荐鲁迅等一批北大教授来厦大执教。

在处世的人生哲学上，二人的分歧却是明显的。林语堂把鲁迅当成可交的朋友，而鲁迅并未将林语堂视为肝胆相照的挚友。1926年10月23日，鲁迅对厦门的事情不满，在写给许广平的信中说：

> 我于这里毫无留恋，吃苦的还是玉堂，但我和玉堂的交情，还不到可以向他说明这些事情的程度，即使说了，他是否相信，也难说的。我所以只好一声不响，自做我的事。

鲁迅离开厦门大学前往广州。1927年春，林语堂也前往武汉担任国民政府外交部秘书。蒋介石发动"四一二反革命政变"之后，林语堂到了上海，鲁迅也从广州来到上海定居。两人在上海专事写作。

林语堂的文字犀利幽默，含蓄而有战斗性。1928年12月，林语堂的第一部杂文集《翦拂集》出版。其书名"翦拂"二字，有剪纸招魂，追思往事，纪念友人之寓意。其中，《祝土匪》一文，以反讽笔致，讽刺了"双方讨好"，"将真理贩卖大人物"的学者，歌颂了敢于维护真理的"土匪傻子"。《家国絮语解题》一文，则将家国喻为黑暗社会，"少见的孤啸""草虫的悲鸣"喻为百姓在黑暗社会发出的愤懑之声。

中国散文历史悠久，是中国文学的源头，滋养了文学，也滋养了一代代文人作家，与中国诗歌一起构成中国文学的血脉和筋骨。鲁迅在《小品文的危机》一文中说："到了五四运动的时候，才又来了一个展开，散文小品文的成功，几乎在小说戏曲和诗歌之上。"当然，小说也是新文化运动中最有成就的文学样式，正是鲁迅的小说，让中国文学的面貌、气象、精神焕然一新。说散文有了新气质，是实事求是的，其中林语堂赋予散文一种幽默气象，丰富了散文的表现力。

林语堂的散文好，与他中西文化双修的学养有关。他曾在上海圣约翰大学、北京大学、清华大学求学，又到美国哈佛大学留学，后又转到法国勤工俭学，再到德国莱比锡大学求学，获得博士学位，之后才回到北京大学、北京女子师范大学任教。鲁迅是个孤独而又执着的殉道者，而林语堂则与胡适一样，是个崇尚自由思想、独立精神的自由主义者。

1929年8月28日，鲁迅日记记载："二十八日昙。上午得侍桁信。午后大雨。下午达夫来。石君、矛尘来。晚霁。小峰来，并送来纸版，由达夫、矛尘作证，计算收回费用五百四十八元五角。同赴南云楼晚餐，席上又有杨骚、语堂及其夫人、衣萍、曙天。席将终，林语堂语含讥刺，直斥之，彼亦争持，鄙相悉现。"

章廷谦也在宴席上，他说，那天李小峰请客，意在与鲁迅和解。席间谈及有关北新开纱厂的传闻是"奸人"造谣，鲁迅受了挑拨。林语堂也说"奸人"在跟他捣乱，暗指张友松传播他在汉口发了洋财的事。鲁迅当即予以抗议，两人争吵激烈。郁达夫在9月19日致周作人信中说："近事之足资谈助者，是鲁迅与北新算版税，与鲁迅和语堂反目两事。前者是鲁迅应有的要求，后者是出于鲁迅的误解。"（据《鲁迅年谱》）

四十年后，林语堂作《忆鲁迅》一文，说："有一回，我几乎跟他闹翻了。事情是小之又小。是鲁迅神经过敏所至。那时有一位青年作家……他是大不满于北新书店的老板李小峰，说他对作者欠账不还等等。

他自己要好好的做。我也说了附合的话，不想鲁迅疑心我在说他……他是多心，我是无猜。两人对视像一对雄鸡一样，对了足足两分钟。幸亏郁达夫作和事佬。几位在座女人都觉得'无趣'。这样一场小风波，也就安然流过了。"

郁达夫也在场，他在《回忆鲁迅》中说此事是"因误解而起正面的冲突……这事当然是两方面的误解，后来鲁迅原也明白了，他和语堂之间是有过一次和解的"。

林语堂具有善良、幽默的天性，没有很深的城府。无论是在文章中还是在生活中，都鲜明地体现了这一天性。在婚姻中，他与夫人廖翠凤真心相爱、举案齐眉。生活美满。一天，林语堂对夫人说：我们把婚书烧掉吧。夫人大惑：为什么？林语堂说：婚书只是结婚的证明书，只有离婚才用得着。在二人结婚五十周年纪念日，有人问林语堂婚姻美满的秘诀。林语堂笑说：我们是"金玉良缘"！秘诀只"给"与"受"二字，即尽量多给"给"，不计较"受"。这样一个林语堂应该不会在饭桌上挑衅讽刺朋友。

"南云楼事件"实际是双方的误解，但此后两人又因文艺观点不同开始论战。鲁迅先后写了《骂杀和捧杀》《读书忌》《病后杂谈》《论俗人应避雅人》《隐士》等文，林语堂回以《作文与作人》《我不敢再游杭》《今文八弊》等文。直到1933年初，林语堂当选为中国民权保障同盟临时中央执行委员兼任上海分会执行委员，鲁迅为上海分会执行委员，二人才恢复了往来。

1932年12月29日，中国民权保障同盟成立。1933年1月17日，上海分会成立。宋庆龄、蔡元培、林语堂、杨杏佛都是临时中央执行委员兼任上海分会执行委员。总会设在上海。鲁迅与宋庆龄正是相识于此。

宋庆龄与萧伯纳都是世界反帝大同盟的名誉主席，1933年2月17日，萧伯纳到上海游历时，宋庆龄安排接待，中国民权保障同盟的主要成员都参加。当天中午，宋庆龄设家宴招待萧伯纳，并派汽车将鲁迅接到家中。饭后，宋庆龄、蔡元培、鲁迅、林语堂、伊罗生、史沫特莱与萧伯纳一起合影留念。查鲁迅是日日记：

十七日　昙。晨得内山君笺。午后汽车赍蔡先生信来，即乘车赴宋庆龄夫人宅午餐，同席为萧伯纳、伊、斯沫特列女士、杨杏佛、林语堂、蔡先生、孙夫人，共七人。饭毕照相二枚。同萧、蔡、林、杨往笔社，约二十分后复回孙宅。绍介木村毅君于萧。傍晚归。夜木村毅君见赠《明治文学展望》一本。

鲁迅与林语堂的关系是缓和了，重新有了联系。然而，鲁迅与林语堂又展开了"幽默"问题和小品文的争论，鲁迅撰文批评"论语派"，鲁迅与林语堂终于断交了。

1934年8月13日，鲁迅在写给曹聚仁的信中说：

语堂是我的老朋友，我应以朋友待之，当《人间世》还未出世，《论语》已很无聊时，曾经竭了我的诚意，写一封信，劝他放弃这玩意儿，我并不主张他去革命，拚死，只劝他译些英国文学名作，以他的英文程度，不但译本于今有用，在将来恐怕也有用的。他回我的信是说，这些事等他老了再说。这时我才悟到我的意见，在语堂看来是暮气，但我至今还自信是良言，要他于中国有益，要他在中国存留，并非要他消灭。他能更急进，那当然很好，但我看是决不会的，我决不出难题给别人做。不过另外也无话可说了。

▲1933年2月17日摄于上海孙中山故居。左起：史沫特莱、萧伯纳、宋庆龄、蔡元培、伊罗生、林语堂、鲁迅

看近来的《论语》之类，语堂在牛角尖里，虽愤愤不平，却更钻得滋滋有味，以我的微力，是拉他不出来的。至于陶徐，那是林门的颜曾，不及夫子远甚远甚，但也更无法可想了。

* * *

1933年2月17日中国民权保障同盟接待萧伯纳时，与鲁迅同席的伊罗生，是一位美国青年。他于1930年来到上海，任上海《大美晚报》和《大陆报》记者。因和鲁迅、茅盾、宋庆龄等走得很近，特别是在宋庆龄和史沫特莱的鼓励和帮助下，伊罗生创办了和中国共产党观点接近的英文周刊《中国论坛》。阳翰笙、史沫特莱、因写《西行漫记》而轰动西方世界的埃德加·斯诺、海伦·福斯特夫妇等都给《中国论坛》写过文章，鲁迅作品的译文也登在上面。《中国论坛》在中国和世界具有一定的影响。伊罗生也受到社会的普遍关注。

鲁迅与伊罗生之间，有一段充满温暖的友谊。

茅盾在回忆录《我走过的道路》中提到：

在史沫特莱的建议与协助下，由他（伊罗生）出面，于一九三二年一月十三日创办了英文刊物《中国论坛》。因为他没有政治倾向的身份，从公共租界工部局取得办《中国论坛》的执照比较容易。我和鲁迅是通过史沫特莱的介绍认识伊罗生的，当时他很年轻，才二十多岁。《中国论坛》出版了整整两年，这期间我们与伊罗生常有往来，许多中国报纸不准刊登的消息，我们就通过《中国论坛》报道出去，例如"左联五烈士"被国民党反动派杀害的消息，就首先公开登在《中国论坛》上。

▲1933年，鲁迅与宋庆龄、胡愈之、黎沛华摄于上海

茅盾说伊罗生没有"政治倾向",而《史沫特莱传》中写道:

> 伊罗生是个富有的年轻纽约人,在二十岁上,从哥伦比亚大学一毕业,就来到中国,在寻求冒险的历程中,他最初在上海一家为中国人所有而为国民党控制的英文报纸工作(《大美晚报》和《大陆报》——引者)。而后他接受了史沫特莱和弗兰克·格拉斯的影响。格拉斯是个年龄较大的南非新闻工作者,还是个在中国拥有一大批忠实追随者的热诚的托洛茨基分子。
>
> 和格拉斯一起到内地(中国西南地区——引者)作过一次旅行之后,他(伊罗生)经历了一种类似于皈依宗教的过程:回来时已是一个以天下为己任而有着日益增强的托洛茨基主义倾向的左派分子。

人民文学出版社出版的《鲁迅全集》中,介绍伊罗生的"人物注释"是:

> 伊罗生(H.R.Isaacs,1910—1986),中文名伊罗生,日记又作伊、伊君、罗生、伊洛生,美国人。1930年到上海,任上海《大美晚报》记者,1932年时为上海出版的《中国论坛》(*China Forum*)编辑。1933年约请鲁迅和茅盾编选中国现代短篇小说集《草鞋脚》,随即往北平翻译。1935年7月回国。

事实恰恰证明,伊罗生是有明显的支持当时进步力量的政治倾向的。伊罗生主编的《中国论坛》最早透露丁玲被捕并被反动当局秘密杀害的消息。乍听到丁玲被害,大家都很沉痛。因为丁玲是左翼文艺运动兴起后出现的第一个有才华的女作家。1933年6月28日鲁迅日记写道:

"又为陶轩书一幅云：'如磐遥夜拥重楼，剪柳春风导九秋。湘瑟凝尘清怨绝，可怜无女耀高丘。'"此诗三个月后发表在《涛声》上。茅盾也写了一篇《悼丁玲》，因文章题目过于鲜明，悼文内容又很尖锐，当时没有哪个报刊敢于发表，还是发表于《中国论坛》。文章一经发表，令社会震惊，对国民党起到震慑作用，便放弃杀害丁玲的阴谋。

关于国民党杀害柔石等"左联五烈士"，以及应修人拒捕壮烈牺牲，社会各界救援、声讨、纪念等活动，《中国论坛》也都做了及时的配合。

伊罗生与史沫特莱合作创办《中国论坛》，支持、宣传中国革命事业，宣传中国共产党的正确主张，支持中国革命文学揭露蒋介石残暴黑暗统治斗争，声援日益高涨的民主运动及抗日运动，起到积极作用。两人于1932年合作的《国民党反动的五年》，详尽地揭露和控诉了国民党反共反人民的残暴统治，在国内外引起重要反响。后来伊罗生、史沫特莱在思想上发生了分歧，办《中国论坛》的方针政策也产生歧义。这是伊罗生从斯大林立场转化为反斯大林立场引起的。1933年11月，伊罗生写了一篇纪念十月革命的文章，没有提到斯大林一句话。上海的"革命左派"大为光火。他们在一次会议上，责令伊罗生再写一篇赞颂斯大林的文章，被断然拒绝。随后又给他一次到苏联学习的机会，以促使他转变立场"认识错误"。伊罗生再次拒绝。上海的左派给他扣上托派的帽子。伊罗生原本就不是共产党人，只是一个同情革命的年轻人，他的选择不是信仰主义所驱使，而只是在理性的引导下，转了转身而已。

这与史沫特莱不同。史沫特莱于1929年12月自苏俄进入中国，经由沈阳、旅顺、北京、南京，1930年5月到达上海，她一直被英国、日本视为赤色危险分子，加以严密监控。甚至英国情报机关曾建议美国驻上海领事馆注销她的护照。史沫特莱一直与苏俄有特殊关系，是一个坚定的亲斯大林分子。她对中国革命的看法，多是受斯大林的影响。20世纪

30年代与伊罗生的政治分歧，导致《中国论坛》两年后停刊。

1934年1月13日，伊罗生找到鲁迅和茅盾，说他想要编一本中国现代作家的短篇小说集《草鞋脚》。希望鲁迅和茅盾为他提供一个选目，同时向他介绍一下中国左翼期刊。鲁迅对此也颇感兴趣。他曾在这之前，应美国进步记者埃德加·斯诺之请，协助编选过小说集《活的中国》，并推荐丁玲等人的小说入选。鲁迅在译介外国优秀小说入中国的同时，也希望将中国进步作家的好小说介绍给世界。伊罗生编中国短篇小说集《草鞋脚》，正与他的想法不谋而合，所以鲁迅表现出极大的热情。

鲁迅与茅盾几经商议之后，编选了二十六篇短篇小说，并亲自为每位作家写了小传。3月23日，鲁迅还为此小说集写了《〈草鞋脚〉小引（英译中国短篇小说集）》：

在中国，小说是向来不算文学的。在轻视的眼光下，自从十八世纪末的《红楼梦》以后，实在也没有产生什么较伟大的作品。小说家的侵入文坛，仅是开始"文学革命"运动，即一九一七年以来的事。自然，一方面是由于社会的要求的，一方面则是受了西洋文学的影响。

但这新的小说的生存，却总在不断的战斗中。最初，文学革命者的要求是人性的解放，他们以为只要扫荡了旧的成法，剩下来的便是原来的人，好的社会了，于是就遇到保守家们的迫压和陷害。大约十年之后，阶级意识觉醒了起来，前进的作家，就都成了革命文学者，而迫害也更加厉害，禁止出版，烧掉书籍，杀戮作家，有许多青年，竟至于在黑暗中，将生命殉了他的工作了。

这一本书，便是十五年来的，"文学革命"以后的短篇小说的选集。因为在我们还算是新的尝试，自然不免幼稚，但恐怕也可以看见它恰如压在大石下面的植物一般，虽然并不繁荣，它却在曲曲折折地生长。

至今为止，西洋人讲中国的著作，大约比中国人民讲自己的还要多。不过这些总不免只是西洋人的看法，中国有一句古谚，说："肺腑而能语，医师面如土。"我想，假使肺腑真能说话，怕也未必一定完全可靠的罢，然而，也一定能有医师所诊察不到，出乎意外，而其实是十分真实的地方。

查鲁迅日记，3月25日"夜招知味观来寓治馔，为伊君夫妇饯行，同席共十人"。伊罗生拿到这些文稿并小引，离开上海去往北京。经过书信沟通，由伊罗生于1935年最后编定二十六篇。

宴请宾客，在当时上海的文人圈子里，原是一种极为平常的事情，况且文坛一直有定期饮宴的传统。但鲁迅在家设宴饯行伊罗生，却轰动了上海滩。当时，上海左派多认定伊罗生是托派。鲁迅居然为这样的人治馔饯行，实在是有公开挑战左派之嫌，让人很难接受。对早就受到左派攻击的伊罗生来讲，左联的领袖能有此举，更让他不胜感慨。后来他著文回忆此次鲁迅宴请时，说：

> 这件小事之所以重要，乃是因为它让我们看到鲁迅是怎样的一个人……当时我已经停止和所有共产党朋友往来，他们也不再理睬我，也就是断绝了一切个人关系。然而尽管鲁迅当时很接近在上海的共产党……但还是这样礼遇于我……这样一个小小的友谊行为，其实有很重的政治和个人的力量。

伊罗生是1935年7月返回美国的，临行前曾到鲁迅寓所辞行。查鲁迅日记，6月25日"上午得山本夫人信。得胡风信。仲方来。伊罗生来"。鲁迅的友谊让伊罗生格外珍惜，他回美国不久即写信给鲁迅。鲁迅是10月7日收到这封信的，日记有"上午得萧军信。得伊罗生信"的记载。10月16日夜，鲁迅复信给伊罗生。鲁迅和一个关心中国文学的外国青年，能保存一份纯洁的友谊，让我们看到了鲁迅身上的真实性情。

1935年12月30日，鲁迅在《且介亭杂文》编讫的《附记》中介绍说，《草鞋脚》是现代中国作家的短篇小说集，是应美国伊罗生之托由他和茅盾选出的，由伊罗生译成英文，但"至今好像还没有出版"。

* * *

1933年2月17日中国民权保障同盟接待萧伯纳时，与鲁迅同席的，除了伊罗生，还有唯美颓废派作家邵洵美。鲁迅与邵洵美没有个人交往，此乃二人第一次见面。

当时，唯美颓废小说褪去二十世纪二三十年代新文学社会小说的"先锋"色彩，适应了上海现代消费文化的环境。具有讽刺意味的是，唯美颓废小说的开创者乃自命最革命的创造社元老张资平。张资平自1928年自办乐群书店，便一本一本地炮制性爱小说，由"五四"时期有成就的小说家，堕落成新市民庸俗作家。张资平打着以自然写实主义反映青年经济和性双重压迫的旗号，写了二十多部长篇小说、五个短篇小说集，几乎都充斥着肉欲和色情气息。但客观地说，其小说对性爱、性恋心理的描写，丰富了现代小说的艺术手段。除去小说的粗制滥造、故事雷同、色情恶俗，其小说对性爱本质的探寻，构成对人的现代认识的一部分，其意义也不能全部抹杀。从这个意义上，鲁迅说张资平是"三角多角恋爱小说家"，并非完全贬义。

沈从文不认同张资平小说的恶俗倾向，他在《论中国创作小说》一文中说：

> 张资平的作品，得到的"大众"，比鲁迅作品还多，然而使作品同"海派"文学混淆，使中国新芽初生的文学态度与倾向，皆由热诚的崇高的企望，转入低级的趣味的培养，影响到读者与作者，也便是这一个人。

沈从文的严厉批评与张资平的俗小说是一悖论，新文学的严肃文学与俗的商业文学并存，形成了上海文学的特质，"海派"商业文学的形成，是文学自身规律和市场选择的结果。

另一位创造社成员叶灵凤，也是一个色调复杂、社会意识弱、个人色彩强的唯美颓废派作家。

他以小说《女娲氏之遗孽》一举成名。他受英国唯美主义作家比亚兹莱的影响，美术方面模仿王尔德唯美主义同人杂志《黄面志》的风格。

还有一位该派的成员，叫曾虚白。曾虚白是晚清谴责小说《孽海花》作者曾朴之子。在上海，他们父子俩于1929年到1931年，创办了《真美善》杂志。曾虚白是上海圣约翰大学毕业的，接受西方唯美派和浪漫派的影响，自己又翻译过法国梅里美的作品。所以，《真美善》杂志所发表的作品，既有曾朴旧谴责、言情小说的遗风，又有曾虚白法国小说之风的流韵。《真美善》与张资平创办的《乐群》《絜茜》杂志周围，聚集了一批唯美派作家，其中重要的除了张资平、叶灵凤、曾虚白，还有林微音、邵洵美、徐蔚南、张若谷、崔万秋等人。

上海还有一个唯美派社团——绿社，主要成员有邵洵美和林微音诸人。邵洵美开办了金屋书店，出版宣扬为艺术而艺术的杂志《狮吼》《金屋》。《金屋》的编辑是章克标。章克标，浙江海宁人，用自己出版的方式，以"绿杨堂"的名义印行《文坛登龙术》。这是一本以轻浮无聊的态度叙述当时部分文人种种投机取巧手段的书，因而遭到鲁迅的批评。

1933年9月1日，鲁迅以笔名"苇索"在《申报·自由谈》上发表《登龙术拾遗》一文，后收入《准风月谈》。

> 章克标先生做过一部《文坛登龙术》，因为是预约的，而自己总是悠悠忽忽，竟失去了拜诵的幸运，只在《论语》上见过广告，解题和后记。但是，这真不知是那里来的"烟士披里纯"（英语Inspiration的音译——引者），解题的开头第一段，就有了绝妙的名文——
>
> "登龙是可以当作乘龙解的，于是登龙术便成了乘龙的技术，那是和骑马驾车相类似的东西了。但平常乘龙就是女婿的意思，文坛似非女性，也不致于会要招女婿……
>
> ……术曰：要登文坛，须阔太太，遗产必需，官司莫怕。穷小子想爬上文坛去，有时虽然会侥幸，终究是很费力气的；做些随笔或茶话之类，或者也能够捞几文钱，但究竟随人俯仰。最好是有富岳家，有阔太太，用赔嫁钱，作文学资本，笑骂随他笑骂，恶作我自印之……

《文坛登龙术》的《解题》和《后记》曾发在林语堂等编的《论语》上。鲁迅写《登龙术拾遗》，意在讽刺邵洵美等人，鲁迅很看不惯邵洵美娶清末大官僚、富豪盛宣怀孙女为妻，还办什么金屋书店。故在文中用"要登文坛，须阔太太"这类语言，顺便嘲讽了林语堂以及"女诗人"。女诗人即当时上海大买办虞洽卿的孙女虞岫云。她曾以笔名"虞琰"出版诗集《湖风》。其诗多抒发心中悲愁伤痛的私人情怀，一些报刊加以赞扬，唯美作家曾今可写过《女诗人虞岫云访问记》予以推崇。

鲁迅的《登龙术拾遗》中还有这样的文字：

> 但其为文人也，又必须是唯美派，试看王尔德遗照，盘花钮扣，镶牙手杖，何等漂亮，人见犹怜，而况令闻……
>
> 但也可以从文坛上去做女婿。其术是时时留心，寻一个家里有些钱，而自己能写几句"阿呀呀，我悲哀呀"的女士，做文章登报，尊之为"女诗人"。待到看得她有了"知己之感"，就照电影上那样的屈一膝跪下，说道："我的生命呵，阿呀呀，我悲哀呀！"——则由登龙而乘龙，又由乘龙而更登龙，十分美满。

鲁迅多次批判王尔德。时至今日，王尔德依然是先锋派，依然惊世骇俗。王尔德的《不可儿戏》，已在中国上演，这是世界公认的王尔德"巅峰之作"。王尔德的创作的确喜欢揭露生活中那些令人不堪的真相，但骨子里，他每每对社会的受害者给予更多的同情。

1934年，鲁迅与邵洵美从围绕"捐班"诗人和"富家婿"的争论，转向"文学漫骂"和"人言"事件，展开新的笔墨交锋。

邵洵美在1月1日《十日谈》"新年特辑"上发表《新罪恶》，把鲁、邵间的文事纠葛公布于众，并批评鲁迅是"漫骂家"，文中还说：

> 把文学作品当政治论著看，这是前年从外国学来的方法；但是把秽俗的漫骂来代替真实的批评却是二十二年中国的新发明……发

明家是谁？无从考据，但鲁迅乃公认的一个正统的谩骂家。鲁迅化名不一，骂场是《申报》副刊《自由谈》。从曾今可起一直骂到施蛰存止：金瓶梅、性史上的字眼都搬进了《自由谈》的一个方块里……所以鲁迅尽不妨提倡在文学中号立"谩骂"门类，切勿叫它批评，而铸成本人所谓的"罪恶"……

邵洵美此篇文章，说政界文坛同一天下，政界既密布了怪雾，文坛定也充斥着妖气。这篇文章指名道姓批评鲁迅，这在当时文坛也不多见。鲁迅自然要针锋相对，1月22日，他在《申报·自由谈》上以笔名"倪朔尔"发表《漫骂》一文回击，此文后收入《花边文学》：

还有一种不满于批评家的批评，是说所谓批评家好"漫骂"，所以他的文字并不是批评。

这"漫骂"，有人写作"嫚骂"，也有人写作"谩骂"，我不知道是否是一样的函义。但这姑且不管它也好。现在要问的是怎样的是"漫骂"。

假如指着一个人，说道：这是婊子！如果她是良家，那就是漫骂；倘使她实在是做卖笑生涯的，就并不是漫骂，倒是说了真实。诗人没有捐班，富翁只会计较，因为事实是这样的，所以这是真话，即使称之为漫骂，诗人也还是捐不来，这是幻想碰在现实上的小钉子。

有钱不能就有文才，比"儿女成行"并不一定明白儿童的性质更明白。"儿女成行"只能证明他两口子的善于生，还会养，却并无妄谈儿童的权利。要谈，只不过不识羞。这好像是漫骂，然而并不是。倘说是的；就得承认世界上的儿童心理学家，都是最会生孩子的父母。

说儿童为了一点食物就会打起来,是冤枉儿童的,其实是漫骂。儿童的行为,出于天性,也因环境而改变,所以孔融会让梨。打起来的,是家庭的影响,便是成人,不也有争家私,夺遗产的吗?孩子学了样了。

漫骂固然冤屈了许多好人,但含含胡胡的扑灭"漫骂",却包庇了一切坏种。

鲁迅针对邵洵美指责自己是"谩骂家",除了文章的最后一句算是回敬,整篇文章东拉西扯,无甚战斗力。鲁迅总是以教师的身份俯视别人,文章霸气十足。尤其让鲁迅恼怒的是,邵洵美对他提倡的木刻的嘲讽,对他翻译方面的轻蔑,用的是极为平静的口吻,比起太阳社、创造社诸公的粗暴简单的批评,显得老辣而深刻。

1935年6月22日,邵洵美在《人言》杂志上发表《劝鲁迅先生》一文,一改以往轻慢之态,而变得颇为诚恳和无辜,所谓"兵之形避实而击虚"。

这种现象在文学杂志上最明显,即使是编辑同人们的互相咒骂。我不知道是否是"文如其人"的新注解,文学批评竟然变成了对个人行为的指摘,甚至造谣诽谤无所不至……譬如说鲁迅先生便总骂我"有钱"。我有没有钱已经是一个问题;即使有,那么它的来源是否如鲁迅所说的更是一个问题;但无论如何,它和我的文章究竟有多少关系呢?鲁迅先生似乎批评我的文章不好,但始终没有说出不好在什么地方。假使我的文章不值得谈,那么,为什么总又谈着我的钱呢?鲁迅先生在文学刊物上不谈文章而谈人家的"钱",

是一种什么作用呢？这一类的文章，他写了已有一年多，我从未与他"相骂"；但是一方面他还是写个不停……为玩弄一些文字上的技巧而个人满足，倒也罢了；可是鲁迅先生不比别人，他的确有号召的力量，于是咒骂之声便洋溢乎文坛了……

鲁迅仍旧话重提，还是以讥讽嘲骂，写《文坛三户》《六论"文人相轻"——二卖》（《且介亭杂文二集》）等文反击邵洵美。

《文坛三户》发表于1935年7月《文学》月刊第五卷第一号"文学论坛"栏，署名"干"。

> 已非暴发，又未破落的，自然也颇有出些著作的人，但这并非第三种，不近于甲，即近于乙的，至于掏腰包印书，仗奁资出版者，那是文坛上的捐班，更不在本论范围之内。所以要说专仗笔墨的作者，首先还得求之于破落户中。他先世也许暴发过，但现在是文雅胜于算盘，家景大不如意了，然而又因此看见世态的炎凉，人生的苦乐，于是真的有些抚今追昔，"缠绵悱恻"起来……
>
> 这"沾沾自喜"的神情，从破落户的眼睛看来，就是所谓"小家子相"，也就是所谓"俗"。风雅的定律，一个人离开"本色"，是就要"俗"的。不识字人不算俗，他要掉文，又掉不对，就俗；富家儿郎也不算俗，他要做诗，又做不好，就俗了。这在文坛上，向来为破落户所鄙弃……
>
> 暴发户爬上文坛，固然未能免俗，历时既久，一面持筹握算，一面诵诗读书，数代以后，就雅起来，待到藏书日多，藏钱日少的时候，便有做真的破落户文学的资格了。然而时势的飞速的变化，有时能不给他这许多修养的工夫，于是暴发不久，破落随之，既

> "沾沾自喜",也"顾影自怜",但却又失去了"沾沾自喜"的确信,可又还没有配得"顾影自怜"的风姿,仅存无聊,连古之所谓雅俗也说不上了。向来无定名,我姑且名之为"破落暴发户"罢。这一户,此后是恐怕要多起来的。但还要有变化:向积极方面走,是恶少;向消极方面走,是瘪三……

《文坛三户》一文扯得太远,又无趣。但鲁迅谈兴正浓,又于10月《文学》月刊第五卷第四号"文学论坛"栏发表《六论"文人相轻"——二卖》一文,署名"隼"。

> 其实呢,罪是并不在"老",而在于"卖"的,假使他在叉麻酱,念弥陀,一字不写,就决不会惹青年作家的口诛笔伐。如果这推测并不错,文坛上可又要增添各样的罪人了,因为现在的作家,有几位总不免在他的"作品"之外,附送一点特产的赠品。有的卖富,说卖稿的文人的作品,都是要不得的;有人指出了他的诗思不过在太太的奁资中,就有帮闲的来说这人是因为得不到这样的太太,恰如狐狸的吃不到葡萄,所以只好说葡萄酸……有的就是衔烟斗,穿洋服,唉声叹气,顾影自怜,老是记着自己的韶年玉貌的少年哥儿,这里和"卖老"相对,姑且叫他"卖俏"罢。

鲁迅此文亦无新意,只是在重复《登龙术拾遗》中的老话,对于别人的具体作品没有总体评价和分析,并非文学评论,所以只能算是鲁迅的杂文。

鲁迅逝世后,邵洵美在《论语》第九十九期(1936年11月1日)的"编辑随笔"中,对死后的鲁迅做出了与众不同的评价:

他们似乎都把他当作是一位思想家，或所谓"时代前驱"。我以为这是对于死者有损无益的误会。我们可以用无论什么头衔加到鲁迅的顶上：诗人，小说家，翻译家，随笔家，幽默著作家，木刻收藏家；但他绝对不是个思想家。他晚年的动作和口吻，的确会使许多青年受到影响，他的谩骂式的杂感文还成为一时的风气；但他有什么独创的思想可以述说？他不过是一个共产主义的赞赏者，（不差，他有没有摆脱布尔乔亚的劣根性？）他不过是一个以共产主义思想来做他对青年谈话的题材的聪明人；假使他的确忠实于他的信仰，那么，他自己也不过是一个信徒，追随于红旗子后面的同路人：所谓"时代前驱"，假使加到他身上去，是无知，是欺骗，对于死者更是一种侮辱。

同时，他的笔法刻薄，气量小。所以称他为"小说家"也不适当。小说要是太夸张了，便失掉了它的人生价值。他写出来的故事也许是很好的文章，但在小说上的地位不够重要。

对鲁迅最大的恭维，莫如称他为"讽刺文学家"。在"讽刺"方面他的确有不少成绩：他的小说是对于人生的讽刺，他的收藏木刻是对于艺术界的讽刺；他的批评文也不过是讽刺；我们甚至可以说他的信仰也无非是对于思想界的讽刺。他永久带着一张生青碧绿的脸……

1945年10月5日《时代文艺》第二期发表了署名"郭明"的《鲁迅的诗及其他》一文。有人据邵洵美曾用笔名"郭明"，判定邵洵美是《鲁迅的诗及其他》的作者。细读此文，实为一篇盛赞鲁迅功绩的文章。首先对鲁迅的文学创作成就进行简要的分析，对鲁迅诗歌创作也有独到的见解和推崇。这与邵洵美对鲁迅的评价相去甚远。邵洵美怎么会突然冰释前嫌，化解与鲁迅多年的恩恩怨怨？缺乏逻辑性。

查《丁景唐八十纪年》一文，有"一九四五年八月抗日战争胜利……又与郭明、陈绐、董乐山、董鼎山等支持圣约翰大学毕业生张朝杰创办《时代文艺》"之记。证明此郭明非彼郭明。郭明，另有其人。《郭锡洪与上海滑稽剧团》记有："郭明，革命烈士（1921—1950），原名郭锡洪……1938年在（上海）青年会中学读高中时参加地下党组织的'上海学生界抗日救亡协会'。1939年参加共产党。1940年考入之江大学。"

文学史忘记把邵洵美的《自由谭》写进去。邵洵美与钱锺书同属"《天下》那班人"，都是学贯中西的饱学之士和正直文人。邵洵美办书店，出期刊、写文章。钱锺书夫人杨绛回忆，邵洵美"字写得好"，"身穿淡颜色的长衫，小胡子，很秀气"。1937年，淞沪会战爆发。次年，邵洵美创办《自由谭》月刊，成为孤岛文人在沦陷时期生活和战斗的文学阵地，它记载了以邵洵美为代表的文化人在孤岛时期的战斗生活。邵洵美在《自由谭》创刊号上，以笔名"都仁"发表三篇宣言式的文章，呼吁孤岛作家团结起来，共同抗日，很快，邵洵美的呼吁得到了回应。《自由谭》发表了在香港的徐迟写的《旅港文化人新闻片第一号》，报告在港文人新闻战线的抗战努力：金克木编辑《立报》国际版，戴望舒、穆时英编辑《星岛日报》，翻译国际电信等。

《自由谭》的撰稿者，多为邵洵美的熟人，如徐訏、章克标等，刊物所载的文学作品，多为反映抗战的纪实作品：战火破坏、离乱之苦、敌人暴行、汉奸罪恶、抗日将士的英雄壮举，既写侵略战争苦难，又表现抗战必胜信心。

邵洵美自己创作了长篇纪实《一年在上海》，记叙了1937年八一三淞沪会战以来，他在上海的生活困境及战争带给人民的灾难，既有战争图景，又有民众颠沛流离的生活状态。显示了邵洵美个人的人格精神、品质操守。孤岛时期，邵洵美避难法租界。生活拮据，却拒绝已成为伪税务局局长的弟弟的帮助，并晓以做人要有骨气和民族气节的大义。

邵洵美在文学上选择了唯美派，这是作家美学趣味决定的，也是一个作家的艺术追求。文学流派的多样性，构成文学的丰富品格。正如文学之雅俗，没有高下之分，只有文野之别。鲁迅鄙视唯美派文学，只能说是文学观过于狭隘。邵洵美在抗日战争中的表现，证明文学流派只是创作方法和风格的选择。曾自诩革命作家的张资平，当了汉奸。而被鲁迅嘲弄批判的唯美派作家却在伟大的抗日战争中，表现出崇高的民族气节。

* * *

1933年暑期，结束青岛大学课程的沈从文回到了北京。9月23日，沈从文与杨振声合编《大公报·文艺副刊》。10月18日，沈从文在《大公报·文艺副刊》第九期发表了《文学者的态度》一文，批评一些文人对文学创作缺乏认真的态度，讥讽这类人"在上海寄生于书店，报馆，官办的杂志，在北京则寄生于大学，中学，以及种种教育机关中"，"或在北京教书，或在上海赋闲；教书的大约每月皆有三百元至五百元的固定收入，赋闲的则每礼拜必有三五次谈话会之类列席"。

12月，"第三种人"苏汶（杜衡）在上海《现代》月刊第四卷第二期发表《文人在上海》一文反击，对"不问一切情由而用'海派文人'这名词把所有居留在上海的文人一笔抹杀"表示不满，说"仿佛记得鲁迅先生说过，连个人的极偶然而且往往不由自主的姓名和籍贯，都似乎也可以构成罪状而被人所讥笑，嘲讽"。

1934年2月3日，鲁迅用笔名"栾廷石"，在上海《申报·自由谈》

上发表《"京派"与"海派"》，对"京派"和"海派"都进行了批评，指出"京派"并不都是北京人，"海派"并不都是上海人。此文后收入《花边文学》。

> 自从北平某先生在某报上有扬"京派"而抑"海派"之言，颇引起了一番议论。最先是上海某先生在某杂志上的不平，且引别一某先生的陈言，以为作者的籍贯，与作品并无关系，要给北平某先生一个打击。其实，这是不足以服北平某先生之心的。所谓"京派"与"海派"，本不指作者的本籍而言，所指的乃是一群人所聚的地域，故"京派"非皆北平人，"海派"亦非皆上海人。梅兰芳博士，戏中之真正京派也，而其本贯，则为吴下。但是，籍贯之都鄙，固不能定本人之功罪，居处的文陋，却也影响于作家的神情，孟子曰："居移气，养移体"，此之谓也。北京是明清的帝都，上海乃各国之租界，帝都多官，租界多商，所以文人之在京者近官，没海者近商，近官者在使官得名，近商者在使商获利，而自己也赖以糊口。要而言之，不过"京派"是官的帮闲，"海派"则是商的帮忙而已。但从官得食者其情状隐，对外尚能傲然，从商得食者其情状显，到处难于掩饰，于是忘其所以者，遂据以有清浊之分。而官之鄙商，固亦中国旧习，就更使"海派"在"京派"的眼中跌落了。

"北平某先生"正是指湖南凤凰作家沈从文。上海某先生，指苏汶。文中顺便嘲讽了梅兰芳。

曹聚仁等人也参加了这一次论战。

沈从文与鲁迅始终未曾谋面，却能掀起这么大的论战。1923年，受五四运动余波的影响，湖南凤凰作家沈从文来到北京，阅读鲁迅、冰心、胡适、张东荪、梁启超等人的作品，努力创作，步入文坛。1925年，沈从文以笔名"休芸芸"在《国语周刊》第五期上发表了诗歌《乡间的夏》。《国语周刊》是《京报》附刊之一，6月14日在北京创刊，钱玄同等人任编辑。7月12日，鲁迅致信钱玄同，说："这一期《国语周刊》上的沈从文，就是休芸芸，他现在用了各种名字，玩各种玩意儿。欧阳兰也常如此。"

查鲁迅1925年4月30日日记，"得丁玲信"。当时丁玲在北京上学无门，生活艰难，想求助于鲁迅。但当时鲁迅没有听说过丁玲这个名字，就托荆有麟、孙伏园打听。第二天，孙伏园说周作人那里也有一封信笔迹很像"休芸芸"。休芸芸是湖南凤凰作家沈从文的笔名，当时他步入文坛不久。沈从文、丁玲、胡也频三人同住，喜欢用硬笔头在窄行稿纸上写密密麻麻的小字，字间的疏密及涂抹勾勒方式非常相似。后来沈从文在《记胡也频》中说："丁玲女士给人的信，被另一个自命聪明的人看来，还以为是我的造作。"

鲁迅认为沈从文以"丁玲"之名给自己写信，很恼火，所以于7月12日致钱玄同的信中说他"用了各种名字，玩各种玩意儿"。7月20日，鲁迅致信钱玄同：

> 且夫"孥孥阿文"，确尚无偷文如欧阳公之恶德，而文章亦较为能做做者也。然而敝座之所以恶之者，因其用一女人之名，以细如蚊虫之字，写信给我，被我察出为阿文手笔，则又有一人扮作该女人之弟来访，以证明实有其奴（鲁迅戏造的字，强调其为女性——引者）。然则亦大有数人"狼狈而为其奸"之概矣。总之此辈之于著作，大抵意在胡乱闹闹，无诚实之意，故我在《莽原》已

张起电气网，与欧阳公归入一类也耳矣。

"孥孥阿文"也是指沈从文。《乡间的夏》一诗中有"欤耶欤耶屑——孥孥唉"一句。"欧阳公"就是上封信中说的"欧阳兰"。欧阳兰是北京大学学生，抄袭别人的文章受到批评，就经常换笔名写文章为自己辩白。在这封信中鲁迅对沈从文充满轻蔑的态度，将他与欧阳兰归入一类。二人因为这一次误会产生了隔阂，但是沈从文对于鲁迅的作品一直是予以肯定的。

1928年，沈从文与丁玲、胡也频一起来到上海办杂志。1929年在中国公学被胡适破格提为讲师。此年冬，沈从文因兼教上海暨南大学中国小说史课程编写《中国小说史》教材，其中教材绪论部分说，这本文学史教材是依据鲁迅《中国小说史略》补充而成。

1931年，胡也频牺牲了，沈从文应国立青岛大学校长杨振声之聘前往青岛从教，直到1933年回到北京。

沈从文一向厌恶文坛的纷争，所以他才会挑起1933年那一场"京派"和"海派"之争。

1935年8月，沈从文以笔名"炯之"，又在《大公报》发表《谈谈上海的刊物》一文，又批评上海那几年的文坛争斗，认为《太白》《文学》与《论语》《人间世》之间的论争是私骂性的争斗，没有必要。沈从文批评双方都是丑角，"凡骂人的与被骂的一古脑儿变成丑角，等于木偶戏的互相揪打或以头互碰，除了读者养成一种'看热闹的情趣以外，别无所有'"。

鲁迅立刻以《七论"文人相轻"——两伤》一文进行回敬。《七论"文人相轻"——两伤》发表于10月1日的《文学》月刊上，后收入《且介亭杂文二集》。鲁迅批评道：

试看路上两人相打,他们何尝没有是非曲直之分,但旁观者往往只觉得有趣;就是绑出法场去,也是不问罪状,单看热闹的居多。由这情形,推而广之以至于文坛,真令人有不如逆来顺受,唾面自干之感……纵使名之曰"私骂",但大约决不会件件都是一面等于二加二,一面等于一加三,在"私"之中,有的较近于"公",在"骂"之中,有的较合于"理"的,居然来加评论的人,就该放弃了"看热闹的情趣",加以分析,明白的说出你究以为那一面较"是",那一面较"非"来。

这些批评没有影响双方对各自文学成就的评价,沈从文在论述中国新文学成就时,总是将鲁迅的创作摆在最重要的位置上。1936年,鲁迅在与埃德加·斯诺的谈话中肯定了沈从文在中国近现代文学史上的地位。

自从新文学运动开始以来,茅盾、丁玲女士、郭沫若、张天翼、郁达夫、沈从文和田军大概是所出现的最好的作家。这里包括了最好的短篇和长篇小说家,到现在为止,还没有真正重要的小说家。沈从文、郁达夫、老舍等人的"小说"实际上只是中篇小说或长的短篇小说,他们是以短篇而闻名的,不是由于他们对长篇小说的尝试。(尼姆·威尔士《现代中国文学运动》)

* * *

在跟鲁迅建立联系的东北作家群中,萧军、萧红得到鲁迅的厚爱,建立了密切的师生关系。从日本占领下的哈尔滨辗转青岛来到上海的年轻人萧军、萧红，在与鲁迅见面之前，先跟鲁迅通信，将自己的政治身份和政治面貌做了介绍，然后寄去在哈尔滨时期出版的短篇小说与散文合集《跋涉》，同时附上二人的一张合照。即便如此，鲁迅在见面之前还是派人从侧面对于他们在上海的各方面关系进行了考察。

通信一个月后，萧军要求见面，1934年11月3日，鲁迅回信谢绝了，说：

> 先前的信，书本，稿子，也都收到的，并无遗失，我看没有人截去。
>
> 见面的事，我以为可以从缓，因为布置约会的种种事，颇为麻烦，待到有必要时再说罢。

通信来往几次之后，月底，11月27日，鲁迅终于约他们在内山书店见面：

> 本月三十日（星期五）午后两点钟，你们两位可以到书店里来一趟吗？小说如已抄好，也就带来，我当在那里等候。
>
> 那书店，坐第一路电车可到。就是坐到终点（靶子场）下车，往回走，三四十步就到了。

11月30日，鲁迅与萧军、萧红在内山书店见面，然后将他们领到附近一家外国人开设的咖啡店继续交谈。许广平也领着海婴过来。萧红将自己帮萧军抄好的《八月的乡村》原稿交给鲁迅，请鲁迅指导和帮助寻找书店出版。萧军回忆："我听了鲁迅先生说了关于在上海的一些左翼革命作家被国民党特务逮捕、暗杀……的事实，使我很激怒，就天真地向先生建议着：'我们每人准备下一枝手枪，能用笔时就用笔，不能用笔时就用枪拼一下！……'先生回答说：你不知道，拿笔的人，全不能拿×（枪）的。"（萧军《让他自己……》）萧军、萧红到上海之后租了房子，买了些面粉、烧饭用具之后，已经"山穷水尽"，之前曾写信向鲁迅借贷二十元。离开之前，鲁迅将早就准备好的二十元钱交给他们，他们回家路上的钱也是从鲁迅那里拿的。（据《鲁迅年谱》）

随后，鲁迅向萧军、萧红公开自己的住处。鲁迅发现他们是有着高度爱国主义激情的有才华的文学新人。萧军、萧红将他们的重要作品《八月的乡村》与《生死场》交托给可以信赖的老师鲁迅，得到了鲁迅充分的肯定。

查鲁迅日记，1934年12月14日"夜脊肉作痛，盗汗"，12月17日"病后大瘦，义齿已与齿龈不合，因赴高桥医师寓，请其修正之……夜涂莨菪丁几以治背痛"，1935年1月13日"夜胃痛"，在这样的病痛之中，鲁迅仍然坚持工作，仍然不忘关心萧军、萧红。1935年1月21日，鲁迅致信萧军、萧红，说：

> 自己吃东西不小心，又生了几天病，现在又好了。两篇稿子早收到，写得很好，白字错字也很少，我今天开始出外走走，想绍介到《文学》去，还有一篇，就拿到良友公司去试试罢。
>
> 前几天的病，也许是赶译童话的缘故，十天里译了四万多字，以现在的体力，好像不能支持了。但童话却已译成，这是流浪儿出身的Panterejev做的，很有趣，假如能够通过，就用在《译文》第二卷第壹号（三月出版）上，否则，我自己印行。

信中提到的"两篇稿子",是萧军的《职业》和《樱花》,后来分别载于1935年3月《文学》第四卷第三期和5月第五期。

1935年8月28日,鲁迅为萧军的《八月的乡村》写下序文《田军作〈八月的乡村〉序》,其中说:

人民在欺骗和压制之下,失了力量,哑了声音,至多也不过有几句民谣。"天下有道,则庶人不议。"就是秦始皇隋炀帝,他会自承无道么?百姓就只好永远箝口结舌,相率被杀,被奴。这情形一直继续下来,谁也忘记了开口,但也许不能开口。即以前清末年而论,大事件不可谓不多了:雅[鸦]片战争,中法战争,中日战争,戊戌政变,义和拳变,八国联军,以至民元革命。然而我们没有一部像样的历史的著作,更不必说文学作品了。"莫谈国事",是我们做小民的本分。我们的学者也曾说过:要征服中国,必须征服中国民族的心……

但是,不知道是人民进步了,还是时代太近,还未湮没的缘故,我却见过几种说述关于东三省被占的事情的小说。这《八月的乡村》,即是很好的一部,虽然有些近乎短篇的连续,结构和描写人物的手段,也不能比法捷耶夫的《毁灭》,然而严肃,紧张,作者的心血和失去的天空,土地,受难的人民,以至失去的茂草,高粱,蝈蝈,蚊子,搅成一团,鲜红的在读者眼前展开,显示着中国的一份和全部,现在和未来,死路与活路。凡有人心的读者,是看得完的,而且有所得的。

"要征服中国民族,必须征服中国民族的心!"但这书却于"心的征服"有碍……

鲁迅借评萧军的小说，强调人民应反抗日本侵略者和国民党政府对普通民众的"治心"。

萧红、萧军经常到鲁迅家做客，向鲁迅请教。鲁迅特意将两人介绍给茅盾、聂绀弩、叶紫、胡风等左翼作家。这些人后来都成为萧红的好朋友，对她的创作和生活产生一定影响。鲁迅和许广平在创作上指点他们，还十分关心他们的生活。萧红、萧军、叶紫在鲁迅的支持下还结成了"奴隶社"。

1935年12月，《生死场》以"奴隶丛书"的名义由上海容光书局出版，署名"萧红"。鲁迅为之作序，胡风为其写后记，作品在文坛上引起巨大的轰动和强烈的反响，萧红一举成名。因为跟萧军的感情破裂，萧红东渡日本。

1936年7月15日，鲁迅为萧红饯行。

许广平回忆："鲁迅先生不时在病，不能多见客人，他们到北四川路离我们不远的地方来住下。据萧军先生说：靠近些，为的可以方便，多帮忙。但每天来一两次的不是他而是萧红女士，因此我不得不用最大的努力留出时间在楼下客厅陪萧红女士长谈。她有时谈的很开心，更多的是勉强谈话而强烈的哀愁，时常侵袭上来，象用纸包着水，总没法不叫它渗出来。自然萧红女士也常用力克制，却转象加热在水壶上，反而在壶外面满都是水点，一些也遮不住。终于她到日本去了。直至鲁迅先生死后才回到上海来。"（许广平《忆萧红》）

* * *

1935年12月，朱光潜在上海开明书店发行的《中学生》杂志第六十号发表《说"曲终人不见，江上数峰青"——答夏丏尊先生》一文。文中谈到佳句的好处，提出诗歌的最高境界在"静穆"，并认为古希腊诗歌的极境是"静穆"。鲁迅立刻在1936年1月《海燕》月刊第一期发表《〈题未定〉草（之六）》和《〈题未定〉草（之七）》两篇文章对朱光潜进行批评。

"曲终人不见，江上数峰青"是唐代诗人钱起《湘灵鼓瑟》中的名句，朱光潜说："我爱这两句诗，多少是因为它对于我启示了一种哲学的意蕴。'曲终人不见'所表现的是消逝，'江上数峰青'所表现的是永恒。可爱的乐声和奏乐者虽然消逝了，而青山却巍然如旧，永远可以让我们把心情寄托在它上面。人到底是怕凄凉的，要求伴侣的。曲终了，人去了，我们一霎时以前所游目骋怀的世界猛然间好像从脚底倒塌去了。这是人生最难堪的一件事，但是一转眼间我们看到江上青峰，好像又找到另一个可亲的伴侣，另一个可托足的世界，而且它永远是在那里的。'山穷水尽疑无路，柳暗花明又一村'，此种风味似之。不仅如此，人和曲果真消逝了么；这一曲缠绵悱恻的音乐没有惊动山灵？它没有传出江上青峰的妩媚和严肃？它没有深深地印在这妩媚和严肃里面？反正青山和湘灵的瑟声已发生这么一回的因缘，青山永在，瑟声和鼓瑟的人也就永在了。"

时人对鲁迅突然批评朱光潜不明所以，其实鲁迅与朱光潜争论的关注点，是青少年的读书教育问题，很久之前二人就有交锋。

朱光潜（1897—1986），字孟实，安徽桐城人，美学家、文艺理论家、教育家、翻译家。1922年毕业于香港大学文学院，三年后留学英国爱丁堡大学，致力于文学、心理学与哲学的学习与研究。归国后，朱光潜先后成为北京大学、四川大学、武汉大学教授，成为中国现代美学奠基人。朱光潜撰写了《悲剧心理学》《文艺心理学》《谈美》《变态心理学派别》《诗论》《谈文学》《克罗齐哲学述评》《谈美书简》等学术著作。

1927年出版的鲁迅的论文集《坟》中，有一篇《写在〈坟〉后面》，其中说：

> 记得初提倡白话的时候，是得到各方面剧烈的攻击的。后来白话渐渐通行了，势不可遏，有些人便一转而引为自己之功，美其名曰"新文化运动"。又有些人便主张白话不妨作通俗之用；又有些人却道白话要做得好，仍须看古书。前一类早已二次转舵，又反过来嘲骂"新文化"了；后二类是不得已的调和派，只希图多留几天僵尸，到现在还不少。我曾在杂感上掊击过的。
>
> 新近看见一种上海出版的期刊，也说起要做好白话须读好古文，而举例为证的人名中，其一却是我。这实在使我打了一个寒噤。

文中所说的"上海出版的期刊"是指当时立达学会编辑，由上海开明书店出版的《一般》月刊，在英国留学的朱光潜是重要撰稿人。朱光潜以笔名"明石"，在《一般》月刊1926年11月第一卷第三号发表了《〈雨天的书〉》一文，其中说："想做好白话文，读若干上品的文言文或且十分必要。现在白话文作者当推胡适之、吴稚晖、周作人、鲁迅诸先生，而这几位先生的白话文都有得力于古文的处所（他们自己也许不承认）。"

是的，鲁迅是"不承认"的，还以极快的速度在文中表达了自己的不快。但是，鲁迅对其白话文写作受到古文影响这一观点并无异议。他在文中接着写道：

> 别人我不论，若是自己，则曾经看过许多旧书，是的确的，为了教书，至今也还在看。因此耳濡目染，影响到所做的白话上，常

不免流露出它的字句，体格来。但自己却正苦于背了这些古老的鬼魂，摆脱不开，时常感到一种使人气闷的沉重。（《坟·写在〈坟〉后面》）

由此可见，鲁迅的白话文深深受到古文的影响，学古文的经历让他感到"气闷的沉重"。朱光潜与比他大十多岁的鲁迅，他们的白话文都写得得心应手，皆得益于读过大量优秀的古文。而朱光潜说："我看到胡适提倡白话文的文章，心里发生过很大的动荡。我始而反对，因为自己也在'桐城谬种'之列，可是不久也就转过弯来了，毅然决然地放弃了古文和文言，自己也学着写起白话来了。我在美学方面的第一篇处女作《无言之美》就是用白话文写的。写白话文时，我发现文言的修养也还有些用处，就连桐城派古文所要求的纯正简洁也还未可厚非。"（《朱光潜全集·作者自传》）

鲁迅和朱光潜对古文与白话问题的思考都是基于自身体会，得出的结论却不同。鲁迅生怕古文上面附着"古老的鬼魂"会影响青少年，而朱光潜看中文辞上的"纯正简洁"。1927年，鲁迅在《无声的中国》一文最后写道："我们此后实在只有两条路：一是抱着古文而死掉，一是舍掉古文而生存。"

朱光潜在《〈雨天的书〉》中还说："周先生自己说是绍兴人，没有脱去'师爷气'。他和鲁迅是弟兄，所以作风很相近。但是作人先生是师爷派的诗人，鲁迅先生是师爷派的小说家，所以师爷气在《雨天的书》里只是冷，在《华盖集》里便不免冷而酷了。"

朱光潜说"鲁迅先生是师爷派的小说家"，可见他认为鲁迅的文学成就主要在小说方面，但作为评论家，他未评价过鲁迅的小说，只是评论杂文集"《华盖集》里便不免冷而酷"。

这一期的《一般》月刊同期登载了周作人《雨天的书》和鲁迅《彷徨》的评论文字。朱光潜的文章对《雨天的书》非常欣赏。商务印书馆编辑樊仲云对鲁迅《彷徨》的评论只是短评，称《彷徨》的"作者是我国文坛的重镇"，但认为"在《彷徨》中，只《孤独者》与《伤逝》两篇，能使人阅后，有深刻的反省"，说鲁迅的笔锋"是常含着冷隽的讽刺的，并且颇多诙谐的意味，所以有许多小说，人家看了，只觉得发松可笑"。

1927年8月13日，鲁迅在发表于《语丝》周刊第一四四期的《略谈香港》一文中提及：

> 从予（樊仲云）先生在《一般》杂志（目录上说是独逸）上批评我的小说道："作者的笔锋……并且颇多诙谐的意味，所以有许多小说，人家看了，只觉得发松可笑。换言之，即因为此故，至少是使读者减却了不少对人生的认识。"悲夫，这"只觉得"也！但我也确有这种的毛病，什么事都不能正正经经。便是感慨，也不肯一直发到底。

当时鲁迅无法在北京立足，怅然来到厦门，内心矛盾又痛苦。但此时鲁迅与朱光潜虽有分歧，并无宣战之意。

1929年3月，开明书店出版了朱光潜的《给青年的十二封信》，一时风行于市，深受青少年欢迎。1932年12月，开明书店又出版了朱光潜的《谈美》一书，同样广受好评。1933年，《中学生》杂志每期都登书的广告，称此书是继《给青年的十二封信》之后的第十三封信。

1933年3月18日，鲁迅署名"何家干"，在《申报·自由谈》上发表《"人话"》一文，意在批评1933年3月号《中学生》刊载的王历农

《动物的本能》一文。鲁迅在文中突然提及：

> "人话"之中，又有各种的"人话"……现在很有些人做书，格式是写给青年或少年的信。自然，说的一定是"人话"了。但不知道是那一种"人话"？为什么不写给年龄更大的人们？年龄大了就不屑教诲么？还是青年和少年比较的纯厚，容易诓骗呢？

朱光潜《给青年的十二封信》的第一篇《谈读书》中，四次谈到"青年必读书"，但没有提及鲁迅，可见朱光潜对鲁迅作品的态度。而且朱光潜推荐的书籍，也体现出对鲁迅鉴赏能力的不认同。

鲁迅在《〈题未定〉草（之六）》和《〈题未定〉草（之七）》中直接批评了朱光潜的"摘句"之议，认为从先贤的文章中摘句学习，会对青年产生不良影响，应"纠正"，一个有影响的学者，应该引导青年读全面、真实、确凿的知识。鲁迅在《〈题未定〉草（之七）》中说：

> 世间有所谓"就事论事"的办法，现在就诗论诗，或者也可以说是无碍的罢。不过我总以为倘要论文，最好是顾及全篇，并且顾及作者的全人，以及他所处的社会状态，这才较为确凿。要不然，是很容易近乎说梦的。但我也并非反对说梦，我只主张听者心里明白所听的是说梦，这和我劝那些认真的读者不要专凭选本和标点本为法宝来研究文学的意思，大致并无不同。自己放出眼光看过较多的作品，就知道历来的伟大的作者，是没有一个"浑身是'静穆'"的。陶潜正因为并非"浑身是'静穆'，所以他伟大"。现在之所以往往被尊为"静穆"，是因为他被选文家和摘句家所缩小，凌迟了。

对于鲁迅的批评，朱光潜保持沉默，没有进行持续的论争。后来在《谈文学选本》中所说，或许可以当作朱光潜的回应："选本都不免反映选者的个人好恶以及当时的风气。所以公允只是一个理想，事实上都难免有所偏向。有偏向就有缺陷……专靠选本也有很大的危险，那就是依傍一家之言，以一斑揣想全豹。很少有选本能把所选的作家的真正面目揭出来。"

鲁迅逝世后，朱光潜在1937年2月22日发表于《北平晨报》的《与梁实秋先生论"文学的美"》一文中说："'摘句'不是妥当的办法，你提出很多的例证说明你的基本主张，要完全明白你的意思，自然要读你的原文全豹。"

1948年1月，朱光潜在《文学杂志》第二卷第八期发表了《现代中国文学》一文。这是一篇概述现代中国文学发展的文章，对新诗、小说、话剧创作进行了评述，在对小说家进行评述时说："小说的成绩似比较好，原因或许是小说多少还可以接得上中国的传统。"对鲁迅仅用了一句话："鲁迅树了短篇讽刺的规模。"

* * *

1933年，党在上海的地下工作受到严重破坏，上海笼罩在严酷、血腥的白色恐怖之中。在这样的危险之下，除夕之夜，鲁迅邀请冯雪峰一家辞旧迎新。鲁迅买"花爆十余"，带着五岁的海婴在屋顶燃放。回到屋中，鲁迅让冯雪峰喝茶，让孩子吃饼饵。冯雪峰知道，鲁迅是以沉着、从容、轻蔑的姿态，笑对黑暗和鬼魅。

查鲁迅日记，1933年1月25日，"旧历除夕也，治少许肴，邀雪峰夜饭，又买花爆十余，与海婴同登屋顶燃放之，盖如此度岁，不能得者

▲1933年9月13日，鲁迅摄于上海

已二年矣"。

农历新年之后，冯雪峰帮助陈赓将军认识鲁迅，成为一段佳话。据学者考证和当事人回忆，1932年秋，红四方面军参谋长陈赓将军因伤到上海治疗。朱镜我将陈赓的革命事迹、传奇人生写成材料，油印成册，由冯雪峰转交给鲁迅。冯雪峰、朱镜我劝说鲁迅写成中篇小说，以扩大红军的影响。冯雪峰依旧用"韧性"说服鲁迅，鲁迅既没推辞，也没接受，只说"看罢"。

春天，双方决定会见，鲁迅让许广平准备好菜肴，由冯雪峰将陈赓约到家中。陈赓来到鲁迅家中，谈了一下午，吃过晚饭才离去。不久，冯雪峰又托楼适夷引陈赓再访鲁迅。陈赓向鲁迅详细介绍了红军及红军作战情况，又谈及苏区人民群众生活情况。鲁迅一直认真倾听。

（鲁迅）不时插进一二句问话……谈到鄂豫皖军事形势时，鲁迅先生请他在桌上绘了一张草图。谈了整整一个下午，先生一直坐在躺椅上，连身子也没有躺下过一次，始终很有兴味地听着，问着，默默地点着头。傍晚了，许广平同志才出来，邀我们在厨房边一间小屋里吃饭。先生亲自打开一瓶保藏已久的三星斧头白兰地，大家稍微喝了几杯酒，饭后又闲谈了一会，然后由我送这位同志下楼出门，他雇了一辆车，独自回去了。（楼适夷《鲁迅二次见陈赓》）

后来鲁迅对冯雪峰表示，陈赓将军的有关介绍让他非常感动，认为可以写一部中篇小说，连题目都拟好了，叫《红军西征记》。冯雪峰说，鲁迅为此小说酝酿很久，只因苦于对红军艰苦卓绝的斗争生活不太熟悉，又无亲身经历，所以无法动笔。鲁迅去世后，其遗物中发现一张陈

▲1933年9月13日，鲁迅全家摄于上海

赓将军亲手绘制的鄂豫皖红军作战示意图,足见当时二人谈话之深入。

3月24日,陈赓在上海被捕,5月才从南京逃出,后来参加了长征。

12月中旬,冯雪峰奉命前往江西瑞金。那时,冯雪峰的第二个孩子已临产,夫人自然不能与之同行,又不能送回老家。冯雪峰将妻儿托付鲁迅。

冯雪峰离开后,鲁迅和许广平将冯雪峰妻儿照顾得无微不至,让冯雪峰毫无牵挂地干革命工作。查鲁迅日记:

五日　晴。上午寄须藤先生信,为海婴取药。午后得罗清桢信并木刻七幅,即复。得陶亢德信,即复。下午海婴与碧珊(冯雪峰女儿)去照相,随行照料。寄西谛信。夜为大阪《朝日亲闻》作文一篇。(1933年12月5日)

二十三日　晴。上午得洛扬(冯雪峰)信。得紫佩信附心梅叔笺。午后同广平邀冯太太及其女儿并携海婴往光陆大戏院观儿童电影《米老鼠》及《神猫艳语》。夜寄孙师毅信。赠阿玉及阿菩泉五,俾明日可看儿童电影。收申报月刊社稿费十六元。(1933年12月23日)

三十一日　星期。晴。上午内山夫人赠松竹梅一盆。午今关天彭寄赠《五山の詩人》一本。晚须藤先生来为海婴及碧珊诊,即同往其寓取药。治肴分赠内山、镰田、长谷川三家。夜蕴如及三弟来。(1933年12月31日)

七日　星期。昙。上午寄语堂信。下午诗荃来。晚蕴如及三弟来。夜雨雪。同广平邀蕴如、三弟、密斯何及碧珊往上海大戏院观电影《Ubangi》。(1934年1月7日)

二十二日　晴。上午寄天马书店印证二千枚。午后同广平携海婴并邀何太太携碧山往虹口大戏院观电影。晚得母亲信,十八日发。

▲1935年，鲁迅摄于上海大陆新村寓所前

得古飞信，即复。得陈霞信，即复。得葛贤宁信并诗集一本，即复。（1934年2月22日）

由此可见，鲁迅对冯雪峰妻儿的照顾周到细心，在精神上让朋友家眷的寄居生活愉悦、温暖，在经济上对冯雪峰妻儿也非常慷慨。1934年3月6日，鲁迅在写给曹靖华的信中提到："上海仍冷如一月前，我们均好。雪夫人于十日前生一男孩，须自养，生活更困难了。"可以想见，在冯雪峰不在的情况下，鲁迅一定施以援手了。

1936年4月间，冯雪峰接受中央委员会委派的新任务，秘密从陕北瓦窑堡重返上海，在国民党高层及地方有实力的派别中进行统战工作。4月24日或25日，冯雪峰再度踏上上海这座大城市。夜深人静，冯雪峰在一家小客栈住了一夜，第二天一早便到内山书店打探鲁迅的消息。下午，冯雪峰提着简单的行李来到大陆新村鲁迅寓所。不巧，鲁迅携许广平、海婴外出看电影去了。老女工识得冯雪峰，便带他上二楼鲁迅的卧室兼写作室小憩，并送上茶水。

鲁迅一行返家之时，路上的灯已亮起昏黄的光。一进门，老女工告知冯先生正在楼上等他。鲁迅上了楼，分别三年的老友重逢，冯雪峰激动万分跨前一步，拉住鲁迅的手，紧紧相握。他知道鲁迅是不习惯与人握手的，但情之所至，他早就忘记了。但是鲁迅只是悄然地握了握冯雪峰的手，并不为他的到来感到意外，说："这两年来的事情，慢慢告诉你罢。"

晚饭时，冯雪峰兴奋地向鲁迅介绍长征的详细情况，以及到上海来准备做的工作。鲁迅关切地倾听，并以微笑鼓励他继续讲下去，偶尔会咳嗽几声。许广平忧郁地告诉冯雪峰，先生不停歇地咳嗽，有时手帕上有血块。当天晚上，冯雪峰就住在鲁迅家，两个星期后找到住处才搬走。

这一年，鲁迅的健康状况持续恶化。之前鲁迅的病一直是日本退职军医须藤五百三在诊治。3月7日，鲁迅在给茅盾的信中说，3月2日的下午，"因为到一个冷房子里去找书，不小心，中寒而大气喘，几乎卒倒，由注射治愈，至今还不能下楼梯。S那里现在不能去，因为不能走动。倘非谈不可，那么，她到寓里来"。宋庆龄派英文秘书史沫特莱约茅盾来看望鲁迅。3月23日鲁迅日记记载："下午史女士及其友来，并各赠花，得孙夫人信并赠糖食三种，茗一匣。"5月间，鲁迅的病已经引起大家的担忧，宋庆龄写信给鲁迅，提议好好诊疗和休息。史沫特莱和茅盾劝说更换医生、离开上海疗养。鲁迅觉得辞去须藤是不尊重人家，也不是待友之道，一直不愿意更换。

5月底，史沫特莱、茅盾、冯雪峰等人同许广平商量，决定不事先征求鲁迅本人同意，请来当时上海最好的肺病医生——美籍德国人托马斯·邓恩。邓恩来到寓所楼下后，他们仍怕鲁迅拒绝，就让冯雪峰先上楼跟鲁迅谈。冯雪峰是有韧性的，上楼后便说，都是史沫特莱太热情了，而且将邓恩医生请到楼下了，怎么也得让人家诊疗一下，别让她太为难了。鲁迅听后，浓眉皱了皱，也就同意了。

邓恩诊断后，说病情极其严重，如果是欧洲人早就没命了。史沫特莱立即请求邓医生同意鲁迅入院治疗三周，然后离开上海养病。鲁迅只答应考虑考虑。

6月5日，同样在病榻上的宋庆龄致信鲁迅，请求他立刻入院治疗，信中说：

> 我恳求你立即进医院去医治！因为你迟延一天，你的生命便增加一天的危险！你的生命并不是你个人的，而是属于中国和中国革

命的！！为着中国和中国革命的前途，你有保存、珍重你身体的必要，因为中国需要您，革命需要您！

6月6日，病重以致卧床不起的鲁迅没有中断工作，但中断了日记写作，直到30日补记：

自此以后，日渐委顿，终至艰于起坐，遂不复记。其间一时颇虞奄忽，但竟渐愈，稍能坐立诵读，至今则可略作数十字矣。但日记是否以明日始，则近颇懒散，未能定也。六月三十下午大热时志。

鲁迅其实也有过离开上海疗养的打算，但除了经济困难和没有适当地点外，就是他自己有两种心情使他没有认真打算。

一种心情，就是他不愿意离开工作，觉得不做工作过日子将会无聊到很难堪……"我觉得，那么躺着过日子，是会无聊得使自己不像活着的……我总这样想，与其不工作而多活几年，倒不如赶快工作少活几年的好，因为结果还是一样，多几年也是白白的。"

另一种心情，是他顽强地仍旧不以自己的病为事。例如有一次，我先和许广平先生谈过以后，很想促成他的疗养的打算，和他谈起来，他也确实认真地沉吟了好一会，然后和我商量似地说："就是决不定什么地方。日本，我想过，不好……苏联，我不懂俄文，也太不便。此外，就没有地方能去了。"接着，沉默了一下，又说："其实，也不能长期疗养，我就只有为了海婴教育费的一点储蓄……还是就在上海罢，每天少做一点事，要玩就玩它一天。我实在不想动。不疗养，我想也不会马上呜呼哀哉的。"（冯雪峰《回忆鲁迅》）

鲁迅不愿意离开上海，上海又难找到疗养的地方。9月20日，鲁迅在《中流》半月刊第一卷第二期上发表《死》一文，后收入《且介亭杂文附集》：

> 直到今年的大病，这才分明的引起关于死的豫想来。原先是仍如每次的生病一样，一任着日本的S医师的诊治的。他虽不是肺病专家，然而年纪大，经验多，从习医的时期说，是我的前辈，又极熟识，肯说话。自然，医师对于病人，纵使怎样熟识，说话是还是有限度的，但是他至少已经给了我两三回警告，不过我仍然不以为意，也没有转告别人。大约实在是日子太久，病象太险了的缘故罢，几个朋友暗自协商定局，请了美国的D医师来诊察了。他是在上海的唯一的欧洲的肺病专家，经过打诊，听诊之后，虽然誉我为最能抵抗疾病的典型的中国人，然而也宣告了我的就要灭亡；并且说，倘是欧洲人，则在五年前已经死掉。这判决使善感的朋友们下泪。我也没有请他开方，因为我想，他的医学从欧洲学来，一定没有学过给死了五年的病人开方的法子。然而D医师的诊断却实在是极准确的，后来我照了一张用X光透视的胸像，所见的景象，竟大抵和他的诊断相同。

以当时鲁迅的经济情况，到国外或任何地方疗养都不成问题，至于说多工作以为海婴以后教育储蓄资金，只是不愿离开的一种托词。他不相信自己会病死，而且舍不得书案上那许多要干的事。

时日无多，鲁迅没有被疾病压倒，反而只争朝夕地要给钟爱的文学事业留下更多的遗产。他病情严重，却完全不顾，顽强地工作。鲁迅在逝世前的那段时间，整理出版《凯绥·珂勒惠支版画选集》，筹划《译文》复刊并作《复刊词》，编辑出版《海燕》杂志，夜校重排《花边文学》，还要翻译俄国果戈理长篇小说《死魂灵》第二部，编校瞿秋白译著《海上述林》。

5月底，鲁迅同史沫特莱合编的《凯绥·珂勒惠支版画选集》出版。鲁迅一直倡导中国的现代革命美术，很早就注意到德国进步美术家凯绥·珂勒惠支的作品。1931年《北斗》创刊，鲁迅选了她的作品《牺牲》作为封面，以纪念柔石等人。之后，鲁迅收集了凯绥·珂勒惠支的作品。史沫特莱旅居德国时认识凯绥·珂勒惠支，鲁迅委托她购置凯绥·珂勒惠支的版画，并和她合作编辑《凯绥·珂勒惠支版画选集》，请她作序。

> 她不但为周围的悲惨生活抗争，对于中国也没有像中国对于她那样的冷淡：一九三一年一月间，六个青年作家遇害之后，全世界的进步的文艺家联名提出抗议的时候，她也是署名的一个人。现在，用中国法计算作者的年龄，她已届七十岁了，这一本书的出版，虽然篇幅有限，但也可以算是为她作一个小小的记念的罢。(《〈凯绥·珂勒惠支版画选集〉序目》)

鲁迅每日工作的状态，让冯雪峰都怀疑邓恩医生的诊断结果。冯雪峰只好努力工作，尽力改变鲁迅因"两个口号论争"受到批评和怀疑而忧郁的心境，尽力减轻鲁迅的精神负担。

> 一九三六年四五月间，我们在上海重见了。他（冯雪峰）是从遥远的新世界带着党的使命回到上海的。有一两个月几乎天天和他在鲁迅先生家会面，听他谈长征路上的故事，听他谈毛主席的坚强性格和为人的风度等。在谈到文艺问题时，他认为"国防文学"这

提法不好，和我商量提一个更全面的口号，这样就提出了"民族革命战争的大众文学"，并由我写了一篇短文，经鲁迅先生审阅，先介绍给读者……后来徐懋庸写信给鲁迅先生……这才有了鲁迅先生的《答徐懋庸的公开信》，围攻才算是稍微收敛了些。（胡风《深切的怀念》）

6月1日，胡风在《文学丛报》第三期发表《人民大众向文学要求什么？》，公开提出"民族革命战争的大众文学"口号。此后，"两个口号论争"开始。

六七月间，上海的抗日救亡热情空前高涨。此时左联已自行解散，上海文艺界关于"国防文学"和"民族革命战争的大众文学"的论争也达到高潮。争论双方相互指责，"国防文学"的支持者力量和声势很大，将矛头指向病中的鲁迅。为了消除论争双方的对立情绪，冯雪峰一直设法在一个共同目标的旗帜下将两派团结起来，但困难太多。占据巨大优势的"国防文学"派，坚持以"国防文学"作为作家加入统一战线的根本条件，极力反对"民族革命战争的大众文学"口号，甚至不许两个口号并存。鲁迅被视为"左的宗派主义者"，被视为托派。

胡风于6月1日提出了"民族革命战争的大众文学"口号之后，支持这一口号的一批文章就陆续在《夜莺》《现实文学》《文学丛报》上发表；《夜莺》一卷四期还出了"民族革命战争的大众文学特辑"。接着，赞成"国防文学"口号的文章群起反驳，主要的刊物有《文学界》《光明》以及日本东京的《质文》等，《文学界》也出了"国防文学特辑"。7月1日，鲁迅的《论现在我们的文学运动》发表后，"民族革命战争的大众文学"一方的文章就基本上停止了发表，但"国防文学"一方的文章继续发表，直到鲁迅逝世之后，才逐渐停息下来。（茅盾《左联的解散和两个口号的论争——回忆录［十九］》）

8月1日，徐懋庸给鲁迅写了一封信。2日下午，冯雪峰来到鲁迅处，看到了信件。鲁迅很气愤地说：真的打上门来了，他们明明知道我有病，这是挑战。过一两天我来答复。6月份鲁迅病重的时候，冯雪峰笔录了鲁迅的两篇重要文章《答托洛斯基派的信》《论现在我们的文学运动》发表，他看过徐懋庸的信后，还想按照鲁迅的意思去起一个稿子。

鲁迅说：不要了，你已经给我抢替过两次了。这回，我可以自己动手。不过，冯雪峰临走时仍然向鲁迅要了徐懋庸的信，说带去再看看。冯雪峰回到住处后，当晚就动笔，想写下一些话给鲁迅做参考。用意还是因为他身体确实不好，而有许多话是他答复徐信时必须说的，也是他一定要说的，他平日又是谈到过多次的。冯雪峰按照鲁迅的意思和态度写了一份草稿。冯雪峰回忆："鲁迅大约修改和加写了一两天时间（现在保存下来的原稿可以证明，不但全篇到处有修改的地方，而且后半篇几乎全部都是他自己重写和加写的）。我过了二三天再到他那里去时，他已经请许广平誊抄了一份清稿，还没有寄出去发表。他说：'正等你来，有几个字眼斟酌一下。'"冯雪峰为鲁迅起草《答徐懋庸并关于抗日统一战线问题》，经鲁迅修改、补充后发表于8月《作家》月刊第一卷第五期。

徐懋庸（1910—1977），浙江上虞人，作家，左联成员，20世纪30年代初，曾编辑《新语林》半月刊和《芒种》半月刊。1935年6月，由生活书店出版杂文集《打杂集》（收杂文四十八篇，附录别人作品六篇），1937年7月又由上海千秋出版社出版《不惊人集》。1938年8月，经艾思奇和张庚介绍,在延安加入中国共产党。抗日战争期间,他在山西临汾民族革命大学、延安文化界抗敌协会、抗大、晋冀鲁豫文联、冀热辽军区政治部、热河省文化界建国联合会等单位工作,历任教员、主任、学院院长、校长等职。中华人民共和国成立后,历任第四野战军南下工作团三分团政委,武汉大学秘书长、副校长、中共中南军政委员、中南文化部副部长、中南教育部副部长等职务。

鲁迅早就认识徐懋庸,而且颇欣赏这位年轻的杂文家。1935年5月5日,鲁迅为徐懋庸杂文集《打杂集》写了序,发表在徐懋庸当编辑的《芒种》半月刊第六期,收入《且介亭杂文二集》。从序中看,鲁迅对徐懋庸的杂文是肯定的。

> 这本集子的作者先前有一本《不惊人集》,我只见过一篇自序;书呢,不知道那里去了。这一回我希望一定能够出版,也给中国的著作界丰富一点。我不管这本书能否入于文艺之林,但我要背出一首读来比一比:"夫子何为者?栖栖一代中。地犹鄹氏邑,宅接鲁王宫。叹凤嗟身否,伤麟怨道穷。今看两楹奠:犹与梦时同。"这是《唐诗三百首》里的第一首,是"文学概论"诗歌门里的所谓"诗"。但和我们不相干,那里能够及得这些杂文的和现在切贴,而且生动,泼剌,有益,而且也能移人情。

前文提及曹聚仁与鲁迅的几次聚餐以及活动,徐懋庸都在场。1934年6月,鲁迅写给魏猛克的一封表达对大众语运动意见的信,也是交给徐懋庸代转的。足见鲁迅对徐懋庸还是很信任的。

1935年下半年,中国共产党确定了建立抗日民族统一战线政策。上海左翼文化运动领导人周扬等"四条汉子",接受中国共产党驻共产国际代表团一些人委托萧三写建议的影响,认识到左联组织已不能适应新的形势,决定让左联自动解散,另筹建以抗日救亡为宗旨的"文艺家协会"。左联时期,"四条汉子"执行"左"的关门主义和宗派主义路线,不尊重甚至排挤鲁迅,打击与鲁迅交好的冯雪峰、胡风,鲁迅对他们的"左得可怕"本来就不满意。后来解散左联也未与鲁迅商量,只是派茅盾通知一下,这种不够尊重他的做法,更让他难以接受。周扬提出"国防文学"的口号且在宣传中片面强调必须以"国防文学"为共同创作口号,忽视人民大众的抗战作用。鲁迅则提出"民族革命战争的大众文学"的口号。革命文艺界围绕这两个口号,展开了激烈尖锐的论争。

就在这样的背景下,徐懋庸给鲁迅写了那封信,谈了关于无产阶级在抗日民族统一战线中的领导权问题,反对"不以工作、只以特殊的资格去要求领导权",并说明"胡风是坏人"等。

徐懋庸批评道:"我总觉得先生最近半年来的言行,是无意地助长着恶劣的倾向的。以胡风的性情之诈,以黄源的行为之谄,先生都没有细察,永远被他们据为私有,眩惑群众,若偶像然,于是从他们的野心出发的分离运动,遂一发而不可收拾矣。胡风他们的行动,显然是出于私心的,极端的宗派运动,他们的理论,前后矛盾,错误百出。即如'民族革命战争的大众文学'这口号,起初原是胡风提出来用以和'国防文学'对立的,后来说一个是总的,一个是附属的,后来又说一个是左翼文学发展到现阶段的口号,如此摇摇荡荡,即先生亦不能替他们圆其说。对于他们的言行,打击本极易,但徒以有先生作着他们的盾牌,人谁不爱先生,所以在实际解决和文字斗争上都感到绝大的困难。"

8月28日,鲁迅在写给杨霁云的信中,针对此事说:

其实,写这信的虽是他一个,却代表着某一群,试一细读,看那口气，即可了然。因此我以为更有公开答复之必要。倘只我们彼此个人间事，无关大局，则何必在刊物上喋喋哉。先生虑此事"徒费精力"，实不尽然，投一光辉，可使伏在大纛荫下的群魔嘴脸毕现，试看近日上海小报之类，此种效验，已极昭然，他们到底将在大家的眼前露出本相。

鲁迅判断徐懋庸给他的这封信，是代表周扬等人的。左联成立前后，周扬等非常不尊重鲁迅，有事很少向鲁迅请教，甚或以党的领导自居，约鲁迅谈话，造谣胡风是南京方面的人，理由仅仅是听一个叛徒所云。对此，鲁迅以"四条汉子"称之。周扬等人提出"国防文学"，竟连个招呼都不打，如今又写信批评自己，鲁迅自然气恼。

但是，徐懋庸给鲁迅的这封信，并非如鲁迅判断"代表着某一群"。《答徐懋庸并关于抗日统一战线问题》中还有这样一句话："我看徐懋庸也正是一个喊喊嚓嚓的作者，和小报是有关系了。"这样无端的批评，激怒了年轻的徐懋庸。

徐懋庸在9月20日《社会日报》"星期论文"专栏发表《关于小报的种种》一文予以反驳："鲁迅先生也曾在《社会日报》上，用罗怃的笔名，把他写给别人的私信当作作品发表，别的许多高尚的作家也曾写过《星期论文》，他们都不怕发生'关系'，我怕什么来！责任分别，'罗怃'先生们不是并无'喊喊嚓嚓'之嫌么？"

《社会日报》这张报纸经常造谣生事，鲁迅从不给它写稿。但是，曹聚仁是《社会日报》聘用的撰稿人，他将鲁迅写给他的一封信（1933年6月18日）加上标题《旧信新抄之一》，擅自发表在1936年3月8日《社会日报》上，署名"罗怃"，让鲁迅也成为《社会日报》的撰稿人之一，给徐懋庸反驳鲁迅提供了子弹。

曹聚仁不得不为徐懋庸打抱不平："人生何处不相逢？这样破了脸，真会终身切齿成仇呢！"不久，鲁迅辞世，徐懋庸再无机会与鲁迅修好了。

后来，徐懋庸在1976年11月17日写给陈漱渝的信中说："你问我的一件事，本来很简单，但被人们弄得很复杂了。事实是：我给鲁迅先生的信，完全是我个人起意写的，没有任何人指使我。"但他也承认信中内容"是周扬平时多次对我谈论的，所以不能说周扬对我的信毫无责任"。

1936年9月中旬，冯雪峰按照党的指示，指出在抗日联合问题中"首先不应从文学问题上去求统一，而应从抗日的政治问题上联合作家"，所以"关于口号的名词的争论应该即刻停止"。（冯雪峰《对于文学运动几个问题的意见》）主要由革命营垒内部两部分有些意气用事而引起的一场热热闹闹的两个口号之争，便偃旗息鼓。

徐懋庸在鲁迅去世时敬献挽联一副曰："敌乎友乎，余惟自问；知我罪我，公已无言。"这表达了他热爱鲁迅却受到误解甚或诬陷而问天无语的悲愤。

* * *

自由主义作家朱自清原籍浙江绍兴，祖上姓余，母亲姓周，与鲁迅同族。当地周、朱联姻甚多，朱安也算朱自清远亲。查朱自清日记，1936年9月26日，朱自清"访鲁迅太太，借二十元，为吉人婚事也"。能借钱的关系，应该不一般。鲁迅病逝次日，朱自清到北京西三条"吊慰鲁迅太太"朱安。10月24日，朱自清"参加鲁迅追悼会，并发表演说"。

《清华周刊》所报道的"朱自清在追悼会上的讲话"的全文是："朱先生说鲁迅先生近几年来的著作看得不多，不便发什么议论。于是就只说了几点印象（关于这一点朱先生已经写成一篇文章，将在《益世报·文化生活周刊》发表，此处不必啰唆）。最后朱先生提到一点，那就是《狂人日记》中提到的一句话'救救孩子'，这句话在鲁迅不是一句空话，而是终生实行着的一句实话。在他的一生中，他始终帮助青年人，所以在死后青年人也特别地哀悼他。"

11月16日，朱自清"访鲁迅夫人，告以鲁迅一生之困难生活情形"。

朱自清不写悼念鲁迅的文章，但11月1日天津《益世报》刊出"追悼鲁迅先生专页"，首篇就是朱自清署名"佩弦"的《鲁迅先生会见记》。此文并非记述鲁迅的文学成就和事迹，仅仅记述了朱自清与鲁迅的三次会面经过。

第一次是1926年8月30日，前文提过，鲁迅自北京南下厦门，途经上海，鲁迅应郑振铎之邀，"与三弟至中洋茶楼饮茗，晚至消闲别墅夜饭"，座中人就有朱自清。据朱自清的文章，那晚上分两桌，上一桌有鲁迅、郑振铎、茅盾、胡愈之、夏丏尊，朱自清不大说话，和叶圣陶等坐在下一桌。那晚，鲁迅"穿一件白色纺绸长衫，平头，多日未剪，长而干，和常见的像片一样。脸方方的，似乎有点青，没有一些表情，大约是饱经人生的苦辛而归于冷静了罢。看了他的脸，好象重读一篇《〈呐喊〉序》"。

第二、第三次见面，是在北京西三条周宅。1932年11月，鲁迅因母病自上海回北京，北京各大高校都来请鲁迅演讲。朱自清时任清华大学中文系主任，也亲自前来请鲁迅到清华大学演讲。朱自清在11月24日日记中写道："访鲁迅，请讲演，未允。"鲁迅同日日记写道："上午朱自清来，约赴清华讲演，即谢绝。"

朱自清回忆道："第一回他大约刚起来，在抽着水烟。谈了不多一会我就走了。他只说有个书铺要他将近来文字集起来出版叫《二心集》，问北平看到没有。我说好象卖起来有点不便似的。"

11月27日，朱自清又来请鲁迅讲演，又被拒绝。朱自清回忆道："恰好他去师大讲演去了，朱夫人说就快回来了，我便等着。一会儿，果然回来了，鲁迅先生在前，还有T先生（台静农）和三四位青年。我问讲的是什么，他说随便讲讲……他说没工夫给我们讲演了；我和他同T先生各谈了几句话，告辞。"

鲁迅两次拒绝朱自清，可能实在是抽不出时间。朱自清真诚而来，沮丧而归。回校后，朱自清对学生感到抱歉。学生回忆："朱先生满头汗，不住用手帕抹着，说：'他不肯来。大约他对清华印象不好，也许是抽不出时间。他在城里有好几处讲演，北大和师大。'停停又说：'只好这样罢，你们进城去听他讲罢。反正一样的。'"（吴组缃《敬悼佩弦先生》）

三次相见，鲁迅都对朱自清保持距离。朱自清是一位谦和自省之人，《鲁迅先生会见记》是应酬之作，此文从未收入朱自清的文集。

由此可见，朱自清与鲁迅二人虽是亲戚，但因鲁迅对朱安的冷漠态度，二人并无亲密往来，虽算是文学阵营中的战友，却从不联手，始终保持一定的距离。

二十世纪二三十年代，朱自清与许多清高的文人对鲁迅及其作品淡然视之不一样，他们躲在文学的象牙塔里，与缪斯优雅地对话，而朱自清却非常理性地研究鲁迅，并对他做出公允的评价。

朱自清对鲁迅的小说、散文、散文诗及国学教育观都比较认同。他对《阿Q正传》是"百读不厌"，他认为鲁迅的杂文是有"理趣"的，是"理智的结晶"。

▲1932年11月27日，鲁迅在北京师范大学演讲

最近写了一篇短文讨论"百读不厌"那个批评用语，照笔者分析的结果，所谓"百读不厌"，注重趣味与快感，不适用于我们的现代文学。可是现代作品里也有引人"百读不厌"的，不过那不是作品的主要的价值。笔者根据自己的经验，举出鲁迅先生的《阿Q正传》做例子，认为引人"百读不厌"的是幽默，这幽默是严肃的，不是油腔滑调的，更不只是为幽默而幽默。鲁迅先生的《随感录》，先是出现在《新青年》上后来收在《热风》里的，还有一些"杂感"，在笔者也是"百读不厌"的。这里吸引我的，一方面固然也是幽默，一方面却还有别的，就是那传统的称为"理趣"，现在我们可以说是"理智的结晶"的，而这也就是诗。（朱自清《论雅俗共赏·鲁迅先生的杂感》）

1920年至1933年，朱自清在清华大学中文系任教，讲授新文学，并留下教案《中国新文学研究纲要》，对新文学十年来的重要作家及其作品做出评价。从中，我们可窥见学院派作家朱自清对新文学的文学观。

朱自清《中国新文学研究纲要》认定鲁迅是优秀的小说家，其短篇小说在文学革命初期达到最高水平。朱自清的评价与朱光潜对鲁迅小说谨慎的评价略有不同。

《中国新文学研究纲要》对鲁迅《狂人日记》的评价如下：

（一）"用写实笔法，达寄托的（象征的）旨趣"

（二）"冷隽的句子，挺峭的文调"

（三）"吃人"与"救救孩子"——"中国人一向自诩的精神文明第一次受到了最'无赖'的怒骂"

（四）对于青年最大影响在体裁上——"用新形式，来表现自己的思想"

朱自清早年在扬州就读，1916年考入北京大学预科，为提前投考本科，改原名朱自华为朱自清，字佩弦。次年考入北大哲学系。1919年参加五四运动，加入北大新潮社，后又加入邓中夏主持的平民教育演讲团，到通县等地讲演，热情宣传新思潮。是年又开始在《新潮》《时事新报·学灯》等发表诗歌，有《睡吧，小小的人》《怅惘》《光明》《小草》等诗，隽永清新。

1920年，朱自清提前从北京大学毕业，先后到杭州、上海、温州等地中学任教，加入文学研究会，并与叶圣陶等编辑出版中国现代第一个新诗刊物《诗》，并在《诗》上发表《送韩伯画往俄国》《匆匆》等诗。

1922年，朱自清发表长诗《毁灭》，诗中浸透着寂寞、空虚的东西。1924年，朱自清诗风大变，开始关注社会生活，其诗《赠AS》抒发出反封建反帝的激情。《血歌》是声讨"五卅惨案"帝国主义暴行的诗。"三一八"惨案时，朱自清又写下《执政府大屠杀记》，成为揭露控诉反动军阀的檄文。斯时朱自清的诗，是对当时重大社会问题的深切关注。

1924年，朱自清出版了第一本诗文集《踪迹》。1925年，经好友俞平伯介绍，朱自清到清华大学任中文系教授。斯时，鲁迅的《狂人日记》《阿Q正传》等小说在文坛和社会上已有广泛影响。胡适在1923年写的《五十年来中国之文学》中谈及新文学时，认为白话文学的成绩，首先是白话诗取得成功，接着又说：

> 短篇小说也渐渐的成立了。这一年多的《小说月报》已成了一个提倡"创作"的小说的重要机关，内中也有几篇很好的创作。但成绩最大的却是一位托名"鲁迅"的。他的短篇小说，从四年前的

《狂人日记》到最近的《阿Q正传》，虽然不多，差不多没有不好的。

《狂人日记》发表在《新青年》，《阿Q正传》连载于《晨报副镌》，《小说月报》发表了哪些好的作品，胡适没提，证明胡适对鲁迅小说更为看好。朱自清是1929年在清华大学开设"中国新文学研究"课程的，后来还在燕京大学、北京师范大学讲授"中国新文学研究"。他对新文学的评价，肯定受胡适影响。朱自清的《中国新文学研究纲要》是"中国新文学研究"的讲课教案。其内容包括上自1898年，下迄1933年的文学状况，分总论和各论两部分，共有八章。朱自清在教案中理性地肯定了鲁迅的小说。

但对鲁迅的杂文，朱自清有一个复杂的认识过程，有段时间，他看不惯鲁迅与人笔战中的激烈文字。1928年，朱自清在《〈背影〉序》中婉转地表达了对散文随笔的看法：

> 我只觉得体制的分别有时虽很难确定，但从一般见地说，各体实在有着个别的特性；这种特性有着不同的价值。抒情的散文和纯文学的诗、小说、戏剧相比，便可见出这种分别。我们可以说，前者是自由些，后者是严谨些：诗的字句、音节，小说的描写、结构，戏剧的剪裁与对话，都有种种规律（广义的，不限于古典派的），必须精心结撰，方能有成。散文就不同了，选材与表现，比较可随便些；所谓闲话，在一种意义里，便是它的很好的诠释。它不能算作纯艺术品，与诗、小说、戏剧，有高下之区别，但对于"懒惰"与"欲速"的人，它确是一种较为相宜的体制。这便是它的发达的另一原因了。我以为，真正的文学发展，还当从纯文学下手，单有散文学是不够的；所以说，现在的现象是不健全的。

朱自清对鲁迅杂文的臧否，皆在文字里，与那些把鲁迅的杂文捧上天的人显然不同。朱自清也表达过不喜欢鲁迅的《两地书》。1933年5月11日，朱自清在日记中写道：

> 读《两地书》(1925—1929)竟，觉无多意义，《大公》文副所论甚有见。书中鲁对许之昵称曰"小鬼"曰"害马"曰"孩子"曰"少爷"（最先），除"少爷"外，皆截引许信中语，所存问者，除关于学校生活者外，只及眠食。鲁骂人甚多，朱老夫子、朱山根（顾颉刚）、田千顷（陈万里）、白果皆被骂及；连伏老也不免被损了若干次，更有长虹亦挨骂，书中于革命军消息颇多述及。

1933年5月10日，鲁迅致信王志之，说："郑朱皆合作，甚好。我以为我们的态度还是缓和些的好。其实有一些人，即使并无大帮助，却并不怀着恶意，目前决不是敌人。"郑指郑振铎，朱指朱自清。1933年4月23日，二人应邀出席文学杂志社在北京北海公园举行的文艺茶话会，消息传到鲁迅那里，鲁迅对二人的合作表示理解。

的确，从知识结构、脾气秉性、文化人格上考量，鲁迅与朱自清是不可能成为朋友的，一个是"恬淡无人见，年年常自清"，一个是"薄言往愬，逢彼之怒"。人的命运，性格使然。朱自清是个传统文人，性格不像鲁迅那般张扬，人生注定了低调。于是，朱自清常常是有所不为中有所为，请看他的诗《盛年自怀》：

> 前尘顼背遥难忘，当世权衡苦太苛。
> 剩欲向人贾余勇，漫将顽石自蹉磨。

五四时期的知识分子，在大时代的潮流中，各自寻觅出路，却在"磋磨"中奋斗着，在一路实践和选择中，总会找到志同道合者，然后相知相惜，很少反目成仇。在教育、文学、出版领域的耕耘中，朱自清以其个性和文化人格，与叶圣陶、丰子恺、刘半农、闻一多、俞平伯、沈从文等正直善良、有着淡泊人生态度者成为朋友。他个人寄怀于顾炎武"自今以往，当思以'中材而涉末流'之戒"，却给中国文苑留下了一串深深的脚印。

朱自清与鲁迅淡然相处，鲁迅乘鹤仙逝后，他以独特的方式不写悼念文章，不送挽联，而是走出清华园，两次来到西三条二十一号周宅慰问朱安。

* * *

查鲁迅日记，1936年10月17日，"上午得崔真吾信。得季市信。得靖华信，午后复。须藤先生来诊。下午同谷非访鹿地君。往内山书店。费君来并交《坏孩子》十本。夜三弟来"。

冯雪峰详细地回忆了鲁迅去世前两天的情景：

> 十月十七日下午，他曾出外看朋友，途中受了风；但晚上他还写《因太炎先生而想起的二三事》，到深夜热又高起来，疲劳到不能支持，这篇文章也就没有写完。到十八日早晨四点钟前后就开始不停止的气喘，病即刻转为剧烈了。（冯雪峰《回忆鲁迅》）

鲁迅服用了气喘药，不见效。六时许，鲁迅起床用日文给内山完造写下便条，这也是鲁迅的绝笔："老板几下：没想到半夜又气喘起来。因

▲1936年10月8日，鲁迅摄于上海八仙桥青年会"第二回全国木刻流动展览会"

此，十点钟的约会去不成了，很抱歉。托你给须藤先生挂个电话，请他速来看一下。草草顿首。L拜十月十八日。"

不久，内山完造来了，给鲁迅吃药、按摩背脊。须藤也赶到了。鲁迅已面色苍白，冷汗淋漓，呼吸纤弱，双足冰冷，须藤立即进行注射。八时许，鲁迅坐在躺椅上，血压反常，指甲绀紫，还向许广平要日报看消息和文章。中午，鲁迅的症状不见减轻，喝了大半杯牛奶，喘息仍然不停，须藤诊断已转"气胸"。下午六时，须藤医院女护士田岛给鲁迅注射、输氧。

> 十八日下午，我去看他时才知道他的病已转为剧烈；我上楼去，他直坐在藤躺椅上，只是气喘；见我去，曾想向我说话，我连忙摇手，因为他那时说话是十分困难的。我看他自己也很焦急。我在那里坐了有二十多分钟，见他只是气喘；偶尔看我一下，他那表现出肉体的疲乏和痛苦的眼睛，好像是说："想不到，突然就这样严重了。"这时候，许广平先生和别的人，都只能依照鲁迅先生自己的意思，依赖一个长期给他看病的日本医生的诊治；只希望先把气喘止住；然后再想其它的办法。（冯雪峰《回忆鲁迅》）

傍晚七时多，鲁迅勉强喝了小半杯牛奶。周建人也赶到鲁迅家，与许广平、内山书店职员和护士田岛轮流看护鲁迅。

> 十九日早晨五点多时，我接到了周建人先生的电话，说情况很坏了。我知道，如果不是太严重，周建人先生是不会打电话给我的；因此，我也立刻打了一个电话，告诉了宋庆龄先生。等我到鲁迅先生家里时，他已经断气三十多分钟了。

不久宋先生就到了，当即商量成立了治丧委员会，由治丧委员会发出了讣文给各报记者。（冯雪峰《回忆鲁迅》）

六时左右，冯雪峰、内山完造、黄源、萧军、鹿地亘夫妇先后赶到。冯雪峰分别给宋庆龄、胡愈之等人打电话。宋庆龄很快赶到。

冯雪峰匆匆写就讣告，刊登在当天上海发行量较大的《大晚报》第二版上，上面还附有鲁迅治丧委员会十三人名单：蔡元培、宋庆龄、内山完造、史沫特莱、沈钧儒、茅盾、萧参、胡愈之、曹靖华、胡风、许季茀、周作人、周建人。冯雪峰没有公开的"合法"身份，无法出面料理丧事，请一向深居简出的宋庆龄出面。宋庆龄果断地同意了，她担负了其他人无法担负的任务，重要的关键性事件都是她主持和承担的。

宋庆龄赶到沈钧儒律师办事处，委托他向虹桥万国公墓买一块墓地。次日上午，宋庆龄与冯雪峰、沈钧儒、许广平看过墓地。随后，宋庆龄又在茅盾夫人孔德沚的陪同下，以三千元从外国百货公司中购买了一口西式楠木棺材以盛殓鲁迅遗体。

鉴于在《大晚报》所发讣告是急就章，经与宋庆龄商议，冯雪峰重新起草一份讣告，治丧委员会删去周作人、许寿裳、胡愈之、胡风、周建人等，增添了毛泽东、马相伯，一共为九人。

史沫特莱已离开上海去西安，但她仍在治丧委员会名单中。听到鲁迅逝世的消息，她想："对于鲁迅先生之死我却觉得不仅是一件引起个人悲哀的事，并且也是一个民族的不幸。"

治丧委员会下设办事处，具体负责招待来宾、签名、灵堂布置缚纱祭物发收、通告文书，接见记者等丧事工作。办事处由巴金、黄源、欧阳山、田军、鹿地亘等人组成。与第一份治丧委员会名单相比，第二份名单中文人、亲人大大减少，进步的政治人物明显增加，符合鲁迅作为革命家的身份。10月20日的《申报》《新闻报》《大晚报》，10月21日的《申报》刊登第二份讣告时，不敢登载治丧委员会所有成员的名单。只有日文报纸《上海日日新闻》的日文版和中文版刊登了九人版的鲁迅治丧委员会名单。

10月21日，宋庆龄就鲁迅逝世向上海《立报》记者发表谈话，号召把鲁迅那种求中国民族解放斗争的精神，扩大宣传至全世界去。她还指出："鲁迅先生底死，是中国一种重大的损失。至于'身后'问题，鲁迅先生既然为中国民族求解放而奋斗不懈，死后我们便得拿他这种精神去宣扬给全国的民众。"（周正章《试论宋庆龄在鲁迅丧仪活动中的贡献》）

10月21日，鉴于吊唁人群仍然很多，治丧委员会决定继续瞻仰鲁迅遗容一日。

上海《大公报》报道："自晨至暮络绎往吊者不绝于途。吊者多系青年学生及工人，吊客中竟有痛哭失声者，余均肃穆起敬，鞠躬为礼，气象极为庄严。"

鲁迅遗体停放于万国殡仪馆三天，来瞻仰遗容者（签了名的）九千四百七十人，团体五十六个，未签名者也不少。郑育之在《无私无畏的冯雪峰同志》一文中说：

> 有关鲁迅丧事是他和潘汉年同志商量以后，再打电报请示了中央。鲁迅先生这个追悼会，群众自动来的不少，由组织发动的也不少，从早到晚，不断地来悼念，与遗体告别。当时，冯雪峰同志是通过工会、共青团、救国会这些群众性团体去发动广大群众参加追悼会的。所以，当时万国殡仪馆川流不息，馆外胶州路还排满了队伍，等候顺序而进入灵堂。鲁迅先生的追悼会开得那样成功，影响

那么大，冯雪峰同志所起的作用是不小的。

冯雪峰不仅动员了工人群众、年轻学生参加鲁迅的追悼会，还动员社会名流和民主人士，此外，还联系外国友人。鲁迅葬礼能在上海搞得这么隆重、这么有声势，甚至超出了预想地顺利，是因为国共两党正在酝酿再度合作，在下共同抗日这盘关乎中华民族存亡的大棋。

巨星殒命，举国哀痛。

10月22日下午，鲁迅遗体出殡。两时左右，胡风、巴金、黄源等人扶柩上车，半小时后，葬仪的行列出发。一幅巨大的横幅"鲁迅先生丧仪"为前导，由欧阳山、蒋牧良等人执掌前行。挽联队、花圈队、挽歌队、遗像、灵车、家属车以及执绋者随后，然后是众多送殡者和送殡汽车。行列两旁，在租界区有骑马的印度巡捕和徒步的巡捕，中国界有中国警察，全部武装戒备。

路过之地，皆是衣袖上缠黑纱的青年男女。队伍"将近虹桥路时，灵车后面，半路上的群众已超过先前胶州路出发时一倍以上，队伍足足有二里多长"（《鲁迅先生纪念集》）。

四时多，送殡人群到达墓地，举行葬仪。蔡元培、宋庆龄、沈钧儒、内山完造都讲了话，萧军代表治丧办事处及《译文》《作家》等四个杂志社同人做了致辞。上海民众代表将一面由沈钧儒所书的白底黑字之"民族魂"旗帜，覆盖在棺木上，然后将棺木徐徐置入墓穴。墓前人垂泪鞠躬。

出殡结束后，许广平回到大陆新村，将所经历的一切告知等候的冯雪峰。二人皆无语，涕泗长流。第二天一早，冯雪峰独自一人到墓地拜谒了鲁迅之墓。他待了很久，似昔日与鲁迅交谈，鲁迅捏着烟，专注地倾听……

1936年11月1日，在鲁迅治丧委员会工作结束会上，决议成立"鲁迅纪念委员会"，并推选蔡元培、沈钧儒、内山完造、茅盾、许广平、周建人为筹备委员。

"一九三七年一二月间，冯雪峰回延安向毛泽东同志汇报工作。在许多次的深夜长谈中，毛泽东同志一再关切地询问鲁迅逝世前后的情况，表示了对鲁迅的怀念之情。毛泽东同志和中央其他领导同志对冯雪峰的工作给予肯定。"（冯夏熊《冯雪峰——一位坚韧不拔的作家》）

1940年2月20日延安出版的《解放》第九十八、第九十九期合刊登出毛泽东《新民主主义论》，其中说：

> 鲁迅，就是这个文化新军的最伟大和最英勇的旗手。鲁迅是中国文化革命的主将，他不但是伟大的文学家，而且是伟大的思想家和伟大的革命家。鲁迅的骨头是最硬的，他没有丝毫的奴颜和媚骨，这是殖民地半殖民地人民最可宝贵的性格。鲁迅是在文化战线上，代表全民族的大多数，向着敌人冲锋陷阵的最正确、最勇敢、最坚决、最忠实、最热忱的空前的民族英雄。鲁迅的方向，就是中华民族新文化的方向。

1956年1月，国务院做了鲁迅墓迁建于上海虹口公园的决定，并成立了以上海市长陈毅为首的"鲁迅墓地委员会"。7月19日破土动工，10月9日墓地落成。10月14日，鲁迅灵柩迁葬仪式举行。鲁迅灵柩由茅盾、周扬、许广平、巴金等十人扶上灵车，安放于虹口公园西北隅。周围苍松翠柏环抱，占地一千六百平方米。时间到了1961年3月4日，国务院颁布鲁迅墓为全国重点文物保护单位，并在鲁迅铜塑像下的草坪前安放了花岗岩标志。

＊　＊　＊

鲁迅逝世后，朱安悲痛欲绝，在家里设置了灵堂，灵堂日夜点着香和烛，把上面挂着的那幅鲁迅最喜欢的陶元庆画的肖像炭画都熏黄了。记者都蜂拥前去采访朱安，朱安回答也很有分寸。

许广平筹划出版《鲁迅先生纪念集》和《鲁迅全集》，经由胡适介绍，商务印书馆答应出版《鲁迅全集》，但提出要有鲁迅家属的版权委托书。朱安即让宋紫佩代写委托书寄给许广平。

景宋女士：闻

先夫鲁迅遗集全部归商务书馆出版，姊甚赞成，所有一切进行以及订约等事宜，即请女士就近与该书馆直接全权办理为要。女士回平如有定期，祈先示知，以免老太太悬念。其余一切统俟面谈。

此颂时祺，并祝婴儿健康。

姊朱氏裣衽七月二日

宋紫佩也给许广平附了一封信："大先生遗集出版有日，不胜欣喜之至。大师母处已与说明，兹按照她的意思代写委托书一封附上，即请检核，此事自当由先生全权办理。大师母亦甚明白，外间自无从造谣也。"朱安也从未向许广平提出过鲁迅作品的版税问题。

鲁迅去世当月，朱安就给周建人写信，要他转告许广平，欢迎他们母子搬回北京同住，如果许广平接受她的建议，她"当扫往相迓，决不能使稍有委曲"，还愿意"同甘共苦扶持堂上，教养遗孤"，"倘许妹尚有踌躇，尽请提示条件"，她"无不接受"。当然许广平母子没有去。（据

周海婴《直面与正视：鲁迅与我七十年》)

11月3日，鲁瑞首次以婆婆身份给许广平写信，说"以后我与你即系婆媳，两不客气"，"只要海婴一长大成人，你就是我周家的功臣"，还告诉朱安对他们母子的态度，"我的大媳妇很明白，也很想念你和海婴呢"(《许广平往来书信选》)。

鲁迅逝世前，家属的生活费用是他和许广平按月汇寄的。鲁迅逝世后，许广平也照常寄钱到北京。1938年底，周作人答应承担母亲生活费，而朱安生活费仍由许广平承担。如遇修理房屋的额外支出，鲁瑞也会写信给许广平。据余一卒《朱安女士》，1936年10月鲁迅逝世至1938年6月，许广平每个月给西三条二十一号汇生活费一百元。1938年7月至1940年4月，许广平从《鲁迅全集》版税四千元中抽出一千三百元用作鲁瑞、朱安的生活。

1941年12月15日，许广平被日本宪兵逮捕，次年3月1日才由内山完造保释。许广平无法向北京寄钱。但有周作人在，鲁瑞和朱安生活无虞。

1943年春，侄儿朱吉人暂留北京陪伴朱安和鲁瑞，帮助外出采购家乡特产及点心。没有子嗣的朱安之前就想将与自己关系甚密的长侄招为养子，1934年5月16日，朱安致信鲁迅征询意见。5月29日，鲁迅在写给母亲信中同时给朱安做了答复，说："男为生活计，只能漂浮于外，毫无恒产，真所谓做一日，算一日，对于自己，且不能知明日之办法，京寓离开已久，更无从知道详情及将来，所以此等事情，可请太太自行酌定，男并无意见，且亦无从有何主张也。""太太自行酌定"，鲁迅是尊重朱安的。但当时朱吉人要照顾家里，无法到北京。

1943年4月22日，鲁瑞去世。弥留之际，她要求周作人以后将每月给她的十五元（折成伪币一百五十元）给朱安。

朱吉人在北京闲居了半年，朱安托人在唐山为他找了一份工作。朱吉人也离开了朱安身边。

朱安搬到北房东头的房舍居住，将自己原来住的房间改为存放鲁迅藏书之处，南屋则租借给鲁迅的表兄阮文同一家。阮文同在鲁迅日记中常被记作"和森""和孙"。

原来侍候鲁老太太的女工年纪也大了，无处可去，仍与朱安一起生活。由于没有经济来源，物价上涨，周作人给的钱也没有增加，两位老人生活越来越艰难，朱安决定出售鲁迅藏书。

1944年8月25日，《新中国报》突然登出消息："鲁迅先生在平家属拟将其藏书出售，且有携带目录向人接洽。"消息传到上海，许广平与文化界震惊了。许广平立刻致信安抚朱安，将自身情况告知，并表示一直未曾忘记她，将尽快设法筹款，或者让周作人先行垫付她再还。同时，许广平委托律师事务所在《申报》上刊登声明，鲁迅遗产不得单独处分，以阻止购买者。朱安立刻回信表示实在是日暮途穷、迫不得已才出此下策，并停止了售书行为。

1944年10月上旬，唐弢、刘哲民受许广平的委托从上海到北京。10月14日，宋紫佩陪同唐弢、刘哲民前往西三条二十一号。唐弢的《〈帝城十日〉解》生动地记录了这一次见面，让后人得以窥见良善的朱安的面貌。

那天宋紫佩陪着哲民和我去到西三条二十一号的时候，天色已近黄昏，朱夫人和原来侍候鲁老太太的女工正在用膳，见到我们，两位老人都把手里的碗放了下来，里面是汤水似的稀粥，桌上碟子里有几块酱萝卜。朱夫人身材矮小，狭长脸，裹着南方中年妇女常用的黑丝绒包头，看去精干。听说我们来自上海，她的脸色立刻阴沉下来。

宋紫佩说明来意，我将上海家属和友好对藏书的意见补说几句。她听了一言不发。过一回，却冲着宋紫佩说："你们总说鲁迅遗物，要保存，要保存！我也是鲁迅遗物，你们也得保存保存我呀！"说着有点激动的样子。

她也是鲁迅遗物，要保存她，这是天经地义，没有什么可说。我便将许广平被日本宪兵逮捕，上海书籍抄走，直到导致汇款中断的经过，仔细说了一遍。听我谈到海婴，朱夫人脸上现出关切的神情。我想了一下，索性将许广平当宪兵抄家的时候，安排将海婴转移到外边的计划，尽我所知的告诉她。她脸上渐渐露出笑意，动问孩子的哮喘病好了没有。出于我的意料之外，当我回答已经痊愈的时候，她以微微责备的口气，问我为什么不将海婴带到北京来，让她看看。

"兵荒马乱的，我们来一次都不容易，怎么带得了孩子！"我说。

朱夫人点点头，自己也笑了。

满天的乌云已经过去，又开始谈到藏书出售的问题……我告诉朱夫人：生活费仍由在沪家属负担，倘有困难，几个朋友愿意凑起来代付，千万不能将藏书出售。

"每月拿他一百五十元，"朱夫人低下头，细声说，"我的眼泪一直往肚里咽。"

"的确太少了。"

"不！"她望了望我说，"我不是这意思，你知道，大先生生前，从来没有要过老二一分钱。"

"…………"

"一百五十元我不要。我没有办法，才卖书。"

……老太太临终嘱咐，不管怎样，都得收下。这是她的钱，与别人无关，她要留给终身服侍她的自己的儿媳。朱夫人眼泪汪汪地，接下去说："我生为周家人，死为周家鬼。娘娘（婆婆）怎样说，我怎样办，决不违背！……"

年底，朱安收到许广平转寄的一万元法币，三天后又收到鲁迅好友沈兼士派女儿送来的"准备票"五万元（合法币一万元），她即托人写信给海婴，诉说自己沦落到靠人施舍度日的羞愧，希望他"能早日努力光大门楣，汝父增色，亦一洗我一生之耻辱也"。

朱安先后拒绝了《民强报》记者和朝鲜剧人艺术协会理事长徐廷弼等人的赠款，声明自己"宁自苦，不愿苟取"（《许广平往来书信选》）。

深明大义的朱安，通过地方法院，订立《赠与契约》，将北京西三条二十一号房产地基以及其他房产、书箱、用具、出版权等鲁迅遗留的动产不动产赠给周海婴，并写明朱安生养死葬之费用全部由周海婴的法定代理人许广平承担。（叶淑穗、杨燕丽《从鲁迅遗物认识鲁迅》）

这年，朱安在家招待参加鲁迅去世十周年纪念活动的亲友。秋冬之交，朱安心脏病加重。许广平回到北京整理鲁迅遗物，见朱安病重，为其寻医问药。离开前，她托老同学刘清扬照料朱安生活及看管鲁迅故居。

朱安去世前几年，拒拿周作人的钱，却接受了许广平汇寄的生活费。她对许广平的评价是："许先生待我好，她懂得我的想法……她的确是个好人。"

朱安去世后一年，许广平在一篇散文里写道："鲁迅原先有一位夫人朱氏……她名'安'，她的母家长辈叫她'安姑'。"

朱安治病耗去不少钱，她写信向许广平索要生活费。许广平为她筹集了不少钱。1947年3月，六十八岁的朱安夜夜气喘不能眠，全身浮肿，她预感自己将不久于人世。

6月24日，朱安全身已肿，不能仰卧，翻身亦须有人帮忙，夜中时时胡语，醒后就说梦中见到去世的各位亲友。

6月28日，宋紫佩去看望朱安，此时她已不能起床，但神志清醒。她泪流满面地说："请转告许广平，希望死后葬在大先生之旁；另外，再给她供一点水饭，念一点经。"她还说很想念许广平和海婴。

次日凌晨，朱安在黑夜中孤独地走了，第三日葬于西直门保福寺周作人所有的一处私地，没有墓碑，并未与鲁瑞葬在一起，更不可能与鲁迅合葬。朱安为鲁迅"陪着做一世的牺牲"，做到了她说的话："生为周家人，死为周家鬼。"

"婚姻者，祸福之机。"原本，婚姻应是"妻子好合，如鼓琴瑟"，"上和下睦，夫唱妇随"，但是，朱安的婚姻完全与这些相反。朱安虽是被周家明媒正娶，拜过天地的鲁迅的妻子，而且一生尽力侍奉婆婆鲁瑞，却一直遭到丈夫嫌弃、冷落。可怜的弃妇过着孤独、凄冷的生活，直到命绝。其一生贤惠、正直磊落、顾全大局，有君子之风，值得敬重。

一九三七年厦大時期的魯迅

左鋒 二〇〇八

魯迅画像

鲁迅在上海八仙桥青年会参观苏俄木刻展
一九三六年十月八日 病逝前十一日
亚明

鲁迅画像

鲁迅画像

浙江绍兴同乡会京师学校旅会合影时鲁迅的影像摄于一九一八年一月十五日

左鐸
二〇二四·六

鲁迅画像

鲁迅摄于一九零九年 左锋 二〇二四.六

鲁迅画像

鲁迅与海婴
一岁5
摄于
一九三
零年九
月二十五
日于沪
二三.一○.六

鲁迅画像

一九三六年三月二十三日 鲁迅 大病後
在門前留影
史沫特莱華振
左鄰

鲁迅画像

现存最早的鲁迅单身照，照片人梅鲁迅照片
二○二○
左藏

鲁迅画像

鲁迅《阿Q正传》英译本卷造像 摄於一九二五年七月四日 左诚 二〇二三四·二八

鲁迅画像

鲁迅五十三岁生辰照 摄于一九三三·四 上海 左藜 二〇一六